汪文学学术作品集

贵州地域形象史研究

汪文学 著

贵州出版集团

贵州人民出版社

图书在版编目（CIP）数据

贵州地域形象史研究 / 汪文学著 . -- 贵阳 : 贵州
人民出版社 , 2020.11
　（汪文学学术作品集）
　ISBN 978-7-221-16408-7

　Ⅰ . ①贵… Ⅱ . ①汪… Ⅲ . ①文化史－研究－贵州
Ⅳ . ① K297.3

中国版本图书馆 CIP 数据核字 (2020) 第 229655 号

贵州地域形象史研究

汪文学 / 著

出 版 人：王　旭

责任编辑：刘泽海

封面题签：李华年

封面设计：陈　电

版式设计：元典文化 / 温力民

出版发行：贵州出版集团　贵州人民出版社

地　　址：贵阳市观山湖区会展东路 SOHO 办公区 A 座

印　　刷：深圳市新联美术印刷有限公司

开　　本：787 毫米 × 1092 毫米　1/16

字　　数：270 千字

印　　张：22.75

版　　次：2020 年 11 月第 1 版

印　　次：2020 年 11 月第 1 次印刷

书　　号：ISBN 978-7-221-16408-7

定　　价：90.00 元

作者简介

　　汪文学，男，1970年生，苗族，贵州思南人，文学博士，教授。现任贵州省安顺市人民政府副市长，九三学社贵州省委副主委，贵州省政协委员。曾任贵州民族大学图书馆副馆长、文学院院长、教务处处长，贵州省旅游发展委员会副主任、贵州省文化和旅游厅副厅长，全国青联第十、十一届委员。曾获得"全国各族青年团结进步优秀奖""贵州青年五四奖章"，获得"国务院全国民族团结模范个人""贵州省甲秀文化人才"称号，被评为贵州省高校哲学社会科学学术带头人、贵州省教学名师。主讲的"中国人的精神传统"被评为国家级中国大学精品视频公开课，获得贵州省哲学社会科学优秀成果奖、贵州省文艺奖、贵州省高校人文社科优秀成果奖、贵州省高校教学成果奖多项。主要从事中国古代文化与文学、贵州地域文化与文学研究，独立主持国家社科基金课题研究2项，发表学术论文60余篇，出版学术著述10余种，即《正统论——发现东方政治智慧》（2002）、《汉晋文化思潮变迁研究》（2003）、《传统人伦关系的现代诠释》（2004）、《汉唐文化与文学论集》（2008）、《贵州古近代文学理论辑释》（2009）、《诗性风月——中国古典文学中的情爱》（2011）、《中国古代性别与诗学研究》（2012）、《中国人的精神传统》（2012）、《道真契约文书汇编》（2014）、《边省地域与文学生产》（2016）、《扬雄与六朝之学》（2019）、《蟾香馆使黔日记（点校）》（2019）、《贵州地域文化精神研究》（2020）、《贵州地域形象史研究》（2020）、《温柔敦厚：中国古典诗学理想》（2020）等，主编大型地域文献丛书《中国乌江流域民国档案丛刊》《贵州古近代名人日记丛刊》《中国西南布依族抄本文献丛刊》等数种。

"汪文学学术作品集"序

　　在新近出版的一本学术专著的"后记"中，我曾写下这样一段话："人到中年，经营一些大的课题，常感力不从心。但此生已无改行的可能，学问之路还得继续走下去，只能勉力为之。孤灯夜伴，展玩书卷，摆弄文字，后半生的日子大概只能这样去过了。"（《边省地域与文学生产——文学地理学视野下的黔中古近代文学生产和传播研究》，上海古籍出版社2016年版）。当时提笔写下这段文字的时候，我的内心是真诚的，绝无半点矫情。可大大出乎意料的是，在我写下这段文字之后不到三个月，不可能的事情终于发生了，我真的改行了，从工作了二十三年的大学教师岗位，调到政府部门做公务员，从事文化和旅游管理工作。说实在的，这个变动完全出乎我的意料，真的是人世变幻，沧海桑田，人在江湖，身不由己。二十三年的学术生涯，几乎占去了一个人可以正常工作时间的三分之二，剩下三分之一的时间得从头开始去做一件完全陌生的工作，想起来确是心有余悸。从专业的学术研究者转身为职业的行政工作者，师友间戏称为是"学而优则仕"，或者称之为"华丽转身"。这个"转身"是否可称作"华丽"，现在很难断言。

在这样一个人生与学术之重要转折时期，对既往的学术工作进行总结，对未来的业余学术研究进行规划，当是一件很有意义的事情。因此，编辑个人学术作品集的计划便提上议事日程，并得到出版界朋友的积极支持和大力襄助。

在过去二十余年的学术经历中，我先后出版专题研究著述五种（《正统论——发现东方政治智慧》《汉晋文化思潮变迁研究——以尚通意趣为中心》《传统人伦关系的现代诠释》《诗性风月——中国古典文学中的情爱》《边省地域与文学生产——文学地理学视野下的黔中古近代文学生产和传播研究》），学术论文集两种（《汉唐文化与文学论集》《中国古代性别与诗学研究》），文献整理著述三种（《贵州古近代文学理论辑释》《道真契约文书汇编》《蟫香馆使黔日记》），学术普及读物一种（《中国人的精神传统》），主编地域文献丛刊两种（《贵州古近代名人日记丛刊》《中国乌江流域民国档案丛刊·沿河卷》），待出版的专题学术著述四种（《扬雄与六朝之学》《温柔敦厚：中国古典诗学理想》《贵州地域文化精神研究》《贵州地域形象史研究》），等等。

如今编选个人学术作品集，并非是对个人学术作品的汇编，而是选择其中自认为比较重要，有出版和再版之价值，围绕某问题进行专题研究并提出核心观点且能自圆其说的专题学术著述。经过慎重选择，共计十种：《正统论——中国古代政治权力合法性理论研究》《汉晋文化思潮变迁研究——以尚通意趣为中心》《中国传统人伦关系的现代诠释》《诗性风月之光华——传统中国语境中的情爱精神研究》《中国人的精神传统》《边省地域与文学生产——文学地理学视野下的黔中古近代文学生产和传播研究》《扬雄与六朝之学》《温柔敦厚：中国古典诗学理想》《贵州地域形象史研究》《贵州地域文化精神研究》。以下，略述各书要旨，以便读者选择阅读。

《正统论——中国古代政治权力合法性理论研究》。此书于2002年由陕西人民出版社首次出版，原名为《正统论——发现东方政治智慧》，这是当时应出版社的要求改定，现更名为《正统论——中国古代政治权力合法性理论研究》，如此与书稿本身的内容更加吻合。与传统学者仅仅将正统论视为一种史学观念不同，本书认为，作为一种观念或理论，正统论既属于史学范畴，又属于政治学范畴。准确地说，它首先是一种政治观念，然后才是一种史学观念。虽然古代中国的正统之争多以史书为载体，通过史家的褒贬书法表现出来。但是，史学上的正统之争是政治上的正统之争的一种手段，并且不是唯一的手段。所以，正统论，本质上是一种政治理论；正统之争，本质上是一种政治权力的合法与非法之争；正统论是具有古代中国特色的权力合法性理论。本书分析其产生的社会根源，探讨其本身的理论结构及其对中国古代政治文化的影响，辨析其与西方权力合法性理论之异同。通过这项研究，一方面试图对中国历史上遗留下来的一些聚讼不已的政治、文化问题提供一种可能的解释，另一方面是藉此发掘出中国古代的政治智慧，为当代中国的政治文化建设提供一些可资借鉴的制度文化资源。本书是我的第一本学术著作，写作于十五年前，虽然文字表述不免稚嫩，但其基本观点至今仍然坚持。本次再版，仅作部分文字上的修订和润饰，基本内容和框架结构未作大的改动。

《汉晋文化思潮变迁研究——以尚通意趣为中心》。此书于2003年由贵州人民出版社首次出版。本书研究汉晋文化思潮之变迁，以汉末魏初为转折点，以汉朝四百年为一阶段，以魏晋六朝四百年为一整体。汉晋文化思潮发生根本性的改变，是在东汉末年，与当时盛行的人物品鉴和尚通意趣，有密切关系。或者说，魏晋之学始于汉末，始于汉末之人物品鉴，起于汉末知识界盛行的尚通意趣。本书力图从汉末魏晋六朝知识界广泛盛行的尚通意趣之角度，对汉晋八百年间文化思潮之变迁作总体的考察，探讨其变迁之"内在理路"。揭示出在汉末魏晋六朝知识界普遍盛行而又被现当代学术界普遍忽略的尚通意趣，分析这种具有时代精神特点的尚通意趣，对其间人物品鉴、士风、学风和文风的影响。本书的目的在于，通过尚通意趣这个独特的视角，对汉晋文化思想史上的若干分歧问题，对汉晋文化思潮变迁之"内在理路"问题，增加一个理解的层面，提供一种可能的诠释。此次再版，在引用的材料上做了部分增减和再次核实，在文字上作了一些润饰和调整，但基本观点未作任何变动。

《中国传统人伦关系的现代诠释》。此书于 2004 年由贵州民族出版社首次出版，原名为《传统人伦关系的现代诠释》，现更名为《中国传统人伦关系的现代诠释》。本书研究传统中国社会的人伦关系，以儒家五伦（君臣、父子、夫妇、兄弟、朋友）为基础，旁及由父子伦理衍生而来的祖父、母子、父女、师徒伦理，援用现代社会心理学、民俗学等理论，对其伦理现状形成之原因，从历史、文化、心理、习俗等方面，进行追本溯源的诠释。尤其是对传统民间社会诸多隐而不显的人伦现状，或者是被道德家有意掩饰的人伦关系的真面目，进行充分的揭示和深入的阐释，从而展示传统中国民间社会秩序的真实状态。真实地展现传统人伦关系的本来面目，并用现代观点予以充分诠释，是本书的宗旨。本次再版，在章节题目上作了较大的变动，使之更为醒目；删去部分略显枝蔓的文字，使之更为紧凑；在文字表述上作了一些润饰，使之更为简练；在材料上作了部分补充，使之更为充实。至于其基本观点，则未作任何改动。

《诗性风月之光华——传统中国语境中的情爱精神研究》。此书于 2011 年由中央编译出版社首次出版，原名为《诗性风月——中国古典文学中的情爱》，这是当时应出版社的要求改定，现更名为《诗性风月之光华——传统中国语境中的情爱精神研究》。本书综论传统中国社会两性情爱关系之现状，研究传统中国人情爱生活的理想追求与现实现状的反差，讨论传统中国人诗意化、审美化的人生态度，探讨华夏民族文化心理中的诗性精神。传统中国人的诗性精神，在其情爱生活中得到最充分的体现。研究华夏族人的文化心理和诗性精神在其情爱生活中的具体呈现，是本书的主要目的。我们认为：诗性精神是传统中国社会情爱生活的基本特征。古典艺术作品是传统中国人诗性精神的直接体现，传统情爱生活是古代中国人诗性精神的间接展现。研究传统中国人的诗性精神，艺术作品是文本依据，情爱生活是鲜活证据。本次再版，在不影响整体阅读的情况下，删去了与《中国传统人伦关系的现代诠释》雷同的部分，增补了部分材料，在文字表述上作了一些修改。

《中国人的精神传统》。此书于 2012 年由武汉大学出版社首次出版。本书非专题研究著作，而是将自己过去从事的几项专题研究成果中，比较适合大众接受的十二个专题，如中国人的盛世精神、家国观念、经典意识、诗学理想、诗教传统、山水情怀、逐鹿策略、英雄崇拜、师道传统、父子伦理、地域意识、乡土情怀等，以通俗易懂、生动有趣的形式，呈现给读者。因此，本书介于专业研究与学术普及之间，论题的专业性与表述的通俗化，是我的工作目标和努力方向。因此，本书虽非专题学术著作，但论题的专业性是可以保证的，论题之观点亦非常识介绍，而是基于个人独立的学术见解。在表述上亦非原文照抄，而是做了尽量的通俗化和趣味性处理。本书曾作为大学文科学生通识课教材，部分内容录制成教学视频，发布在教育部"爱课程""网易公开课"等网站，被评为"中国大学精品视频公开课"。所以，作为"作品集"中的一种单独出版，亦有一定的价值。

《边省地域与文学生产——文学地理学视野下的黔中古近代文学生产和传播研究》。此书是 2012 年度立项的国家社科基金课题"边省地域对文学生产和传播的影响研究"的研究报告，于 2016 年由上海古籍出版社首次出版。本书以黔中古近代文学为例，依据文学地理学的理论和方法，研究边省地域空间对文学活动的影响，探讨边省地理环境、地域区位和地域文化对文学生产和传播的影响。认为以"多山多石"之黔中地理特征和"不边不内"之黔中地域区位为特点的黔中大山地理，孕育了多姿多彩、五方杂处、和而不同的黔中大山文化。在黔中大山地理和大山文化之影响下产生的黔中大山文学，不仅它的传播受到大山地理和大山文化之影响和制约，它的生产亦深深地打上了大山地理和大山文化的烙印。黔中大山地理和大山文化赋予黔中大山文学的创新精神和边缘活力，制约了黔中大山文学的文体选择，影响了大山文学的题材取舍，铸就了大山文学的大山风格。本次再版，在引用的资料上做再次核实，在文字表述上稍作修改，其他则未作大的改动。

《扬雄与六朝之学》。此书是我的博士论文，尚未公开出版。本书研究之论域有二：一是关于扬雄学术思想文化及其影响的研究，二是关于六朝之学之渊源的研究。简言之，就是关于扬雄与六朝之学之渊源影响关系的研究。通过对扬雄之生平经历、家族背景、师友网络、人生哲学、性情好尚等方面的研究，揭示其影响六朝之学的可能性；通过对其学术渊源、思想背景、学术观念、学术方法、学术思想、文学创作和文学理论等方面研究，揭示其对六朝之学的具体影响。其最终目的，就是证实"六朝之学始于扬雄"这个学术"假说"。本书是在《汉晋文化思潮变迁研究——以尚通意趣为中心》一书之基础上，在尚通意趣这个大背景下，对汉晋文化思潮变迁的持续研究，其基本观点亦有进一步的深化和修正（即从"魏晋之学始于汉末"发展至"六朝之学始于扬雄"）。

《温柔敦厚：中国古典诗学理想》。此书尚未公开出版，部分内容在研究生课程上讲授过。本书在区分中国古代诗学的古典美和现代性之基础上，力图呈现中国古典诗学之理想品格——温柔敦厚产生的理论基础、思想背景，分析其基本内涵和在诗歌创作中的体现，探讨其对中国文化特质之形成和中国人的精神传统之涵养所产生的影响，以及对当代国民教育的借鉴意义，对当代精神文化建设的现代价值。中国古典诗学以均衡、和谐为主要特征，以雅、厚、和为最高追求，以温柔敦厚为理想品格。本书即是从温柔敦厚这个理想品格的角度，讨论中国古典诗学的一般性特征，包括审美特征和教化功能。彰显温柔敦厚说的现实意义，消除长期以来积压在温柔敦厚之上的偏见和误解，还诗教说以本来面目，阐释诗教说的社会价值，是本书的主要目的。

《贵州地域形象史研究》。此书尚未公开出版。本书研究贵州地域形象的建构、解构和重构的历史过程，从对地域研究现状的反思和相关概念的界定入手，讨论地域意识之发生和地域形象的建构，分析地域形象建构之主体（"谁在建构"）、路径（"如何建构"）和目的（"为何建构"），并在地域历史的语境中，讨论作为地域称谓、地域空间、地域族群、地域文化和地域经济的"贵州"，回答"何谓贵州？何以贵州？"的问题。分析历代中央王朝对贵州的态度，呈现国家视野下的贵州形象。研究"他者"对贵州的异域感、"畏黔"心理及其在述异心态下对贵州的异化描写，"我者"的"去黔"心理、"向化"追求及其在"向化"追求的影响下对贵州地域文献的整理和地域文脉之建构。讨论在新时期建构"多彩贵州"地域新形象的方法和路径，建构以贵州形象、贵州精神和贵州文化三位一体的当代贵州精神文化体系的必要性和可能性。

《贵州地域文化精神研究》。此书尚未公开出版。本书通过对贵州地域文化及其所体现的文化精神的研究，呈现贵州地域文化精神的基本特质，揭示贵州地域文化精神的地理成因和文化背景，彰显贵州地域文化精神的现代价值，为建构"当代贵州人文精神"和"新时代贵州精神"提供文化资源，为建构以贵州形象、贵州精神和贵州文化三位一体的当代贵州精神文化体系提供理论支撑。概括地说，贵州地域文化精神，可名之为"大山精神"。"大山精神"是一种傲岸质直的精神，是一种包容创新的精神，是一种诗性浪漫的精神，是一种忠烈勇武的精神，是一种天人合一的精神。具体而言，多山多石的地理环境培育了贵州人的傲岸质直性格，不边不内的通道区位涵育了贵州人的包容创新精神，以阳明心学为核心的地域人文传统培育了贵州人的求真贵新精神，以游戏、情爱、歌舞为代表的民间文化传统培养了贵州人的浪漫精神和诗性气质，普遍流行的黑神崇拜培植了贵州人的忠烈勇武性格，广泛存在的生态民俗涵养了贵州人的"天人合一"精神。

从事学术研究，尤其是从事博大精深、积淀深厚的中国传统文化的研究，学术积累是一个长期的过程，传统经典文本和学者的研究著述，堪称汗牛充栋，需要大量的时间去理解、消化和思考。所以，在这个学科领域，"晚成"是必然的。在一般情况下，"不惑"之年方可"登堂"，"知天命"之年才算"入室"，"耳顺"之年才渐入佳境。而我在尚未步入"知天命"之年，就着手治学反思和学术总结，并编辑出版个人学术作品集，我深知这种做法有欠妥当，但亦是不得已而为之。在个人学术经历由"专业"转身"业余"之际，反思过往，展望未来，编选作品集，于自己是一个总结，亦是一个纪念；于长期以来关心、鼓励和支持我的师友，亦是一个交代。

汪文学

二〇一八年五月二十日

目 录

绪　论

本书以"贵州地域形象史研究"为题，是在国家视野和地域视角下，在"他者"与"我者"之合力与张力的背景下，研究作为地域空间的贵州及其形象之发生、发展和形成的历史。从论域上看，本书属于地域研究；从论题上看，本书属于地域研究中的地域形象史研究。因此，本书与一般的地域文化研究不同，它是在地域研究之基础上开展的地域形象史研究；与一般的地域形象之构建和地方文化名片之塑造不同，它是关于地域形象之建构、解构和重构的历史过程的研究。具体地说，本书是在国家与地方、"他者"与"我者"的多重视野下，研究作为地域空间的贵州，其地域形象之建构、解构和重构的历史过程及其意义。

一、地域研究之现状及其反思

1. 地域研究之现状

地域的范围是相对而言的。在全球视野下，亚洲、非洲、美洲等分别是一个个独立的地域。在亚洲视野下，域内的国家又分别是一个个独立的地域。在国家视野下，境内之省区又是若干不同的地域。本书讨论的地域，是指国家内部以省区为基本单元的地理空间。

地域研究，是一项综合性研究，包括地域内的政治、经济、文化、历史、思想、学术、礼法、风俗、伦理、教育等内容。亦就是说，每一个学科皆可以在地域内发现自己的研究对象，寻觅到自己的研究题材，大多数学科皆可以开展地域或地理视野下的研究。而且，在当代人文社科研究领域，与地域结缘，或者在地域视野下开展本学科研究，往往是许多学者开拓学术视野、拓展学术空间、寻求学术增长点、追求学科突围的一个重要途径。因此，地域研究亦就成为当代人文社科研究领域里的显学。

就当代人文社科研究的发展趋势和总体格局来看，以地域为重点研究对象，从地域角度切入学术研究，或者说对地域研究最感兴趣的，莫过于人类学、社会学、历史学和文学等学科。就历史学而言，20世纪的中国历史学，其学术发展趋势，呈现出两个显而易见的特点：一是"自上而下"的特点，二是"自整体而局部"的特点。所谓"自上而下"，即从长期以来主要关注上层政治秩序的研究，转向对民间社会秩序的研究，民间政治、民间经济、民间文化和民间生活等等，逐渐成为历史学家关注的重点领域。这当然是学术研究向纵深发展的必然结果，亦是对既往学术研究进行认真反思后的必然选择。所谓"自整体而局部"，即从过去长期以来主要关注国家整体史研究，转向对国家社会内部某些地理空间作深度的个案研究。相对于国家这个"大社会"来说，构成国家"大社会"的各个地域，亦是自成一体的"小社会"，"小社会"成为当代史学研究的一个热点领域，最近二十余年史学研究的代表性成果，多半是出自于地域研究。所以，从整体的国家史研究向个别的地域史研究转向，是历史学进行学科突围、拓展学术空间和寻求学术增长点的必然选择。并且，在地域研究中，亦有从地域整体研究向地域政治、地域文化、地域经济、地域意识、地域身份等方面纵深发展之趋势。这种向地域研究纵深发展的趋势，不仅可以丰富和充实整体的国史研究，而且还可以对既往的整体史研究进行反思和省察。其实，当代中国史学的这两大转向，皆是朝着一个共同的目标演进，即无论是"自上而下"的发展，还是"自整体而局部"的转向，皆指向着地域研究。因此，可以说，由整体史研究转向地域研究，是当代中国史学发展的显著特点。

与历史学这种"自整体而局部"的发展趋势相反的，是当代中国人类学和社会学呈现的"由局部而整体"的发展趋势。早期中国人类学家和社会学家大多主要从事以村落为单位的社区研究，产生了一批引人注目的重要研究成果，如费孝通的《江村经济》，是其显著代表。但是，一个显而易见的事实是，当代人类学家和社会学家似乎不再满足于仅仅做以村落为中心的社区研究，而呈现出由村落研究而走廊研究而流域研究的发展趋势，有逐渐扩大经营空间和研究范围的"野心"，有"由局部而整体"的发展特点。[1]

人类学家和社会学家扩展研究领域之"野心"，从村落研究走向走廊研究和流域研究，将来是否有及于国史研究之可能，目前尚难预料。其实，走廊研究和流域研究，是人类学家村落研究的自然延伸，从一个村落的研究，延伸到一条走廊或一个流域内具有相近自然、地理、气候、植被、生态特征，并且有经济交换、人际往来的系列村落之研究，这是学术延伸研究和学理自然演进的结果。无论是走廊，还是流域，相对于国家"大社会"而言，都是"小社会"，仍是相对整

---

[1] 田阡：《村落·民族走廊·流域——中国人类学区域研究范式转换的脉络与反思》，《新华文摘》2017年第10期。

体国家而言的局部地域。无论是走廊，还是流域，皆相当于历史学家关注的地域或区域。所以，引起我们兴趣的是，历史学与人类学或社会学的研究领域，在新时期有了一个共同的指向，即地域研究成为它们的交集之处。历史学是"自上而下""自整体而局部"走向地域研究，人类学或社会学是"自局部而整体"走向地域研究。历史人类学作为历史学与人类学之间的交叉学科，二者能够走到一起，且相互渗透，彼此影响，成为一门备受学者广泛关注的学科，应当与它们在论域上的交集有密切的关系。

地域研究的热潮亦影响到文学研究和文学创作。在当代文学研究领域，从地域角度切入文学研究，引起学者的高度重视，特别是在中国古代文学研究领域，文学的地域性研究成为一个重要的学术增长点。空间维度和地域视角的引入导致文学研究格局的重大变化，特别是对于宋元以来中国文学的研究，空间维度和地域视角的引入，可能是解决研究困境和进行学术突围的重要途径。由此，"文学地理学"这个概念被广泛使用，"文学地理学"作为一门独立学科被普遍接纳。实际上，文学地理学研究就是在传统文学研究的时间维度之外引入空间维度，从空间维度和地域视角重新审视作家作品、文学现象和文学思潮。在文学研究中引入地域视角和空间维度，从地理角度研究文学，探讨文学活动中的地理问题，阐释文学活动与地理环境之间的互动影响关系，这种研究，被称为文学地理学研究。[1] 在文学创作领域，从20世纪90年代以来，就有许多作家对地方性知识产生了浓厚兴趣，尝试用地方性知识进行创作，如孙惠芬、柯云路等取用方志资源和体例创作的"方志体"小说，韩少功解剖一个村庄语言文化习俗的"词

---

[1]　汪文学：《边省地域与文学生产——文学地理学视野下的黔中古近代文学生产和传播研究》"绪论"之第二节，上海古籍出版社 2016 年版。

典体"小说，以及某些集中于一个特定地域的"乡土小说"的创作，等等。[1]

应该说，自20世纪八九十年代以来，地域研究逐渐成为人文社科学者普遍关注的重点领域，各种地域文化研究机构先后成立，以地域命名的地域学，如蜀学、湘学、徽学、闽学、岭南学、桂学、黔学等先后产生。地域研究成为一时之显学，各种地域文化丛书和地方文学史丛书先后出版，如辽宁教育出版社出版的"中国地域文化丛书"，有《八桂文化》《滇云文化》《江西文化》《黔贵文化》《三秦文化》《琼州文化》《齐鲁文化》《三晋文化》《吴越文化》《台湾文化》，等等。湖南教育出版社出版的"20世纪中国文学与区域文化丛书"，有李怡的《现代四川文学的巴蜀文化阐释》、逢增玉的《黑土地文化与东北作家群》、朱晓进的《"山药蛋"与三晋文化》、李继凯的《秦地小说与"三秦文化"》、费振钟的《江南士风与江苏文学》、魏建和贾振勇的《齐鲁文化与山东新文学》、刘洪涛的《湖南乡土文学与湘楚文化》、马丽华的《雪域文化与西藏文学》，等等。以省级行政区划为单位的区域文学史亦先后出版，如陈伯海主编的《上海近代文学史》、王文英主编的《上海现代文学史》、陈庆元撰著的《福建文学发展史》、黄万机撰著的《贵州汉文学发展史》、崔洪勋和傅如一主编的《山西文学史》、王齐洲和王泽龙撰著的《湖北文学史》、陈书良主编的《湖南文学史》、邓经武撰著的《20世纪巴蜀文学史》、王嘉良主编的《浙江20世纪文学史》等等。还有跨省区的地域文学史，如马清福撰著的《东北文学史》、高松年撰著的《吴越文学史》，等等。

可以断言，在当下及今后相当长一段时期，地域研究是一门备受社会各界关注的显学。亦是包括历史学、文学等人文社会学科拓展学

---

[1]　於可训：《地方性秘闻与传奇》，《中华读书报》2018年8月22日。

术空间、追求学术突围、寻求学术增长点的必然选择。

2. 地域研究的学理依据与现实需要

地域作为一种客观存在，为何在当代引起学术界的特别关注，成为学者研究的重点领域，成为众多学科拓展学术空间、寻求学术创新的突破口，并且逐渐呈现出由地域研究向地域学建构，由研究对象的地域学向学术形态的地域学发展的趋势，这就是我们下面将要讨论的问题。我们认为，地域研究在当代之所以受到高度重视，主要基于以下几个方面的原因。

第一，地域本身的客观存在及其独特性质，使之可以成为一个具有学理依据的研究对象。地域的形成，有自然的因素，更有文化上的原因。连绵不断的山脉和奔腾不息的江河，把大地分隔成若干相对独立的地理单元，这是地域形成的自然原因。因山脉和江河的阻隔，导致交通的中断；因交通的中断而导致交流的停滞，包括经济交流、人际往来和文化渗透的受阻，致使不同地域之间形成相异的文化、思想、语言、习俗和礼仪，等等。因此，在同一地域内，因共同的地理特征和自然条件而形成趋同的地域文化；在不同地域之间，因为相异的地理特征和自然条件而形成不同的地域文化。地域的客观存在，以及地域内部的趋同和地域之间的差异，使不同的地域均可成为具有独立意义的研究对象。这是地域研究引起学者重视的客观原因。

第二，从学术方法论角度看，开展地域研究，从地域视角重新理解整体国家，或许会有意想不到的发现。而且，换一个视角看问题，过去常常被我们忽略的材料往往会有意想不到的价值。如程美宝说：

中国地方史的叙述，长期被置于一个以抽象的中国为中心的框架内，也是导致许多具有本土性的知识点点滴滴地流失，或至少被忽略或曲解的原因。18世纪以来广州的历史叙述，最好用来说明这一点。当历史学家以广东为例正面讨论"中西交流"的时候，不会忘记容闳，不会忘记康梁，不会忘记郑观应，更不会忘记孙中山，但他们往往会忘记大批为欧洲人提供服务的普通人，许多中西文化、生活、艺术和技术的交流，是通过这些人物特别是商人和工匠实现的。

他以为，地域研究只有"跨越以抽象的中国文化为中心的视角，才不致对焦错误"。[1]"以抽象的中国为中心的框架"或者"以抽象的中国文化为中心的视角"，即国史意义的视角，仅仅从这个视角出发，必然导致地方性知识的流失，甚至被曲解。美国学者柯文在《在中国发现历史》一书中，指出美国的当代中国史研究主要侧重于中国的地域研究，其所以如此，据他说："主要依据是因为中国的区域性与地方性的变异幅度较大，要想对整体有一个轮廓更加分明、特点更加突出的了解——而不满足于平淡无味地反映各组成部分的最小公分母——就必须标出这些变异的内容和程度。"[2] 所以，开展细致入微的地域研究，能够使我们"对整体有一个轮廓更加分明、特点更加突出的了解"，这当是地域研究备受关注的重要原因之一。更重要的原因，当如赵世瑜所说："问题的关键在于——就像美国、日本和中国部分学者所做的——在区域史意义上的历史理解，是否可以与在国家史意

---

[1]　程美宝：《地方史、地方性、地方性知识——走出梁启超的新史学片想》，见杨念群、黄兴涛、毛丹主编《新史学：多学科对话的图景》，第687页，中国人民大学出版社2003年版。

[2]　[美]柯文：《在中国发现历史》，第143页，林同奇译，中华书局1989年版。

义上的历史理解有所不同？"[1] 在赵世瑜看来，答案显而易见或者不言自明，因为"在区域史意义上的历史理解"，不仅如柯文所说，可以使我们"对整体有一个轮廓更加分明、特点更加突出的了解"，而且亦如程美宝所说，可以避免"具有本土性的知识点点滴滴地流失"，或者被误解和被曲解。更重要的意义是，基于地域视角的思考，可以促使我们"重新理解中国和世界"。他说：

> 我们往往是用具体领域的研究去印证或者填塞宏大叙事的框架结构，而不是从具体的领域或空间出发，去质疑或者至少是重新思考这个宏大叙事的结构，当年资本主义萌芽的讨论是如此，今天的许多近现代史研究，无论是以前的侵略与反侵略模式还是现在的现代化模式，仍是如此。当然这两种视角并不是截然对立的，也许是能够互补的，但这种基于区域社会的思考会导致对问题的全新认识。[2]

在赵世瑜这里，地域研究不仅仅是将地域作为研究对象，而是从地域视角重新思考国家历史，建构一种有别于"国家史意义的历史理解"的"区域史意义上的历史理解"。地域研究在这里具有了方法论的意义。实际上，赵世瑜的地域研究，是以从"眼光向上"到"自下而上"为学术取径，以"以民俗乡例证史，以实物碑刻证史，以民间文献证史"，通过"进村找庙，进庙找碑"，努力回到历史现场。这种地域研究，是"作为方法论的区域社会史研究"。他认为："新的中国通

---

[1] 赵世瑜：《叙说：作为方法论的区域社会研究——兼及 12 世纪以来的华北社会史研究》，见《小历史与大历史：区域社会史的理念、方法与实践》，第 3 页，三联书店 2006 年版。

[2] 赵世瑜：《小历史与大历史：区域社会史的理念、方法与实践》，第 3 ~ 4 页，三联书店 2006 年版。

史将是建立在'地方性知识'基础上的通史，而不是在一个'宏大叙事'或在某种经验指导下形成的'国家历史'的框架内进行剪裁的地方史的总和。"[1] 或者说，地域研究的目的，是为了重新认识和理解中国，重写国家整体史或中国通史。

第三，西方汉学家对中国地域社会的研究，对中国学者的影响和启发，亦是激发国内学者开展地域研究的重要原因之一。如美国学者柯文在其《在中国发现历史》一书中，指出 20 世纪 70 年代以来美国汉学界关于中国研究的一个明显特征，就是侧重于中国的地域研究。如施坚雅主编的《中华帝国晚期的城市》，就强调以城市为中心的地域研究，认为"在帝国时期，地区之间的不同，不仅表现在资源的天赋或潜力方面，而且也表现在发展过程所处的时间和性质方面"，并将古代中国分为九个地区进行研究。[2] 又如郝若贝在《750—1550 年中国人口、政区与社会的转化》一文中，认为在此八百年间中国历史的研究，应当充分重视各区域之间的差异，重点考虑各区域内部的发展、各区域之间的移民等问题。日本学术界亦很重视中国的地域研究，如 1981 年名古屋大学文学部东洋史学研究室编写题为《地域社会的视点：地域社会及其领导层》的报告书，以森正夫为代表的学者以地域社会作为方法论开展的名为"旧中国地域社会的特质"的研究，山本英史主编的《传统中国的地域形象》，斯波义信关于宁波的研究、关于江南经济史的研究，等等。这些域外汉学论著的汉译出版及其研究方法的引进，对国内学者的研究取向产生了重要影响。

第四，因为地理环境和地域区位的差异，以及由此而导致的经济

---

[1] 赵世瑜：《小历史与大历史：区域社会史的理念、方法与实践》，第 10 页，三联书店 2006 年版。

[2] ［美］施坚雅：《中华帝国晚期的城市》（第一编），第 242 页，叶光庭等译，中华书局 2000 年版。

文化、礼仪习俗之区别，致使地域之间的差异是客观存在的，亦是显而易见的。但是，在古代封建专制政治背景下，在高度集中的中央集权政治的统摄下，"大一统"是一个必然的要求，统一地域、统一政治、统一思想是封建"大一统"政治的基本方略。秦王朝实施车同轨、书同文、人同伦的统一策略，就是企图泯灭地域差异，实现"大一统"集权政治。因此，在这种政治背景下，过分彰显地域之间的差异性和特殊性，是不合时宜的，亦是危险的。所以，从封建国家集权政治的要求来看，尽管地域之间的差异性和特殊性是客观存在的，但却是不宜过分强调和特别彰显的。实际上，我们认为，强调地域之间的差异性和彰扬地域的特殊性，并不会亦不能对国家"大一统"政治构成障碍或者威胁（详后）。所以，在当代中国，中央政府不仅充分承认各地域之间的差异性，肯定各地域的特殊性，而且还鼓励地方政府根据各区域的特殊性，实施差异化发展策略。如此，便使以彰显地域差异性和特殊性为目的的地域研究，获得了制度上的保障，从而亦具备了政治正确性。20世纪八九十年代以来在人文社会科学领域蓬勃开展起来的地域研究，以及基于地域或乡土开展起来的根性文化探索和寻根意识研究，就是在这样的政治背景下展开的。

　　第五，地方政府在区域经济社会的发展中，为了提升区域竞争力，力图走与"他者"不同的差异化发展道路，因而特别重视地域特殊性的发掘，亦是地域研究备受社会关注的重要原因。地域社会之地方性的呈现和彰扬，对于凝聚地域人心，增进地域认同意识，彰显地域文化形象，构建地域竞争力，推动地域经济社会发展的积极作用，是显而易见的。故自汉魏以来，地域知识精英彰显地域意识和宣扬地域文化，虽然在封建政治"大一统"背景下颇感压抑，但其愿景或要求从未停止过，文人学士编撰的地记和郡书，地域知识精英和地方政府共谋地方志的编撰，便显示了他们在这方面的努力。[1]

在当代中国，特别是自 20 世纪八九十年代以来，地域研究呈现出蓬勃发展的趋势。在统一国家的大格局下，地方政府和地域知识精英高度重视地域文化的搜集、整理和研究，通过呈现地域特殊性，彰显地域竞争力，促进地方经济社会的发展。因此，地域文化精神的宣扬，地方文化形象名片的打造，地域学的构建，成为地方政府和地域知识精英关注和重视的工作。在这种背景下，地域研究受到人文社科学界的广泛关注和普遍重视，亦就是题中应有之义。

总之，由于中国各地域的差异性客观存在，由于从地域视角开展区域社会史研究的独特价值和方法论意义，由于西方学者基于中国地域差异而开展的地域研究的影响和启发，由于地方政府基于地域差异性和特殊性而发展地方经济社会的现实需要，致使 20 世纪八九十年代以来，地域研究蓬勃开展起来，逐渐成为显学，并呈现出方兴未艾之势。

3. 当代地域研究之反思

地域研究的学术价值，正如葛兆光所说：

> 公平地说，本来，这（引者按：即"地域研究"）应当是历史研究

---

[1] 在古代中国，地方志的编撰，是在中央政府的倡导下，通过地方政府和地域知识精英的共谋完成的。但是，政府（包括中央政府和地方政府）与地域知识精英在编撰地方志的意图或动机上是不完全相同的。政府主张地方志的编撰要尽可能地显扬地域社会的"向化"过程和"向化"程度，以呈显国家的"大一统"气象。而地域知识精英有时虽然亦迁就政府的"向化"要求，但更多的却是力图在"向化"的宏观愿景下呈现地域文脉的内在发展理路，彰显地域文化的独特价值和特殊魅力，彰扬地域之差异性和特殊性。所以，在编撰地方志的工作中，政府与地域精英，往往是共谋而不同志。

方法的进一步深化，中国研究确实在很长时间里忽略地方差异性而强调了整体同一性，这种研究的好处，一是明确了区域与区域之间的经济、政治和文化差异，二是凸显了不同区域、不同位置的士绅或精英在立场与观念上的微妙区别，三是充分考虑了家族、宗教、风俗的辐射力与影响力。[1]

当然，更重要的价值，就是发现了重新理解中国乃至世界的方法或视角，即赵世瑜特别强调的区域社会史研究方法和思考角度。

当地域研究备受学者关注，逐渐成为人文社科领域之显学的时候，对其研究的合法性和合理性的质疑亦时有所见。这种质疑大体有两种情况：一是关于地域研究是否具有典型性与代表性，微观的地域研究与宏观的通史叙述是否具有同等学术价值的质疑。[2]这是对地域研究合理性的质疑。二是关于其合法性的质疑，即如葛兆光所说："理论与方法的使用，并不一定是'种瓜得瓜，种豆得豆'，区域研究的方法，在很大程度上，却意外地引出了对'同一性中国历史、中国文明与中国思想是否存在'的质疑。"[3]即关于地域研究是否会对国家的统一性和同一性构成威胁的质疑。

关于地域研究合理性的质疑，即是从学术研究的角度，对其学理依据的质疑。20世纪八九十年代，地域研究被广泛关注的初期，部分学者对地域研究的典型性和代表性，的确是心有疑虑，地域研究的学术价值亦受到一定程度的质疑。应该说，这种疑虑或质疑，是因为我

[1] 葛兆光：《宅兹中国——重建有关"中国"的历史论述》，第7页，中华书局2011年版。

[2] 陈春声：《走向历史现场》，"历史·田野丛书"总序，见赵世瑜《小历史与大历史：区域社会史的理念、方法与实践》书首，三联书店2006年版。

[3] 葛兆光：《宅兹中国——重建有关"中国"的历史论述》，第9页，中华书局2011年版。

们长期以来已经习惯于国史整体研究，习惯于政治秩序研究，习惯于宏大政治叙事的结果。当地域研究逐渐深入，其学术价值逐渐彰显的时候，这种疑虑或质疑实际上已经不再存在。并且，随着我们对区域社会史研究方法的认识逐渐加深，在这个时候，疑虑或质疑的对象，不再是地域研究的代表性和学术价值，反而是以宏大叙事为特点的国家史的整体研究。

关于地域研究合法性的质疑，即深入的地域研究，地域差异性和特殊性的充分呈现，是否会造成中国历史、中国文明和中国思想的同一性的瓦解？其实，这种疑虑是可以理解的，但这种质疑是缺乏依据的。如前所说，在专制统治时代，为了维护"大一统"中央集权政治的统治，强调地域差异性和特殊性，在一定范围是被限制的。但是，在多元社会和多元文化发展的当代，在"多元一体"的民族构成和国家格局下，地域差异性和特殊性是客观存在的，亦是可以包容的。它虽然的确可能对长期以来我们习惯的中国历史和中国文化的同一性构成解构。但是，实际上，历史以来中国历史和中国文化的同一性，在一定程度上是我们想象出来的，或者说是我们建构起来的。费孝通关于中华民族"多元一体"格局的认识，亦可借用来概指中国文化。因此，我们在强调地域的差异性和特殊性，即地域文化的多元性时，并不否认中华文化的"多元一体"发展特点。或者说，我们在彰显地域差异性时，并不否定亦不妨碍国家的统一性和同一性。因此，正如程美宝所说：在中国，地方文化的存在，绝对不会对国家文化造成威胁。愈是强调地方文化的特色，亦就愈是要强调地方文化与中国文化的关系，地方文化的差异性完全可以整合到中国文化的统一性中。所谓地域文化，实际上亦是以维护中国文化为己任的士大夫知识分子眼中的地域文化。他们一般不会把地方与国家对立起来，这种实际上多元而在表述上又趋于统一的辩证的国家与地方之关系，恰恰是中国文化最诱人的地方。[1]

总之，在种种因素的综合影响下，自 20 世纪八九十年代以来，地域研究备受关注，呈现出蓬勃发展的趋势，虽然质疑之声和批评意见时有所闻，但是，我们认为，其合法性和合理性毋庸置疑。综观当代地域研究之现状，其成绩有目共睹，尤其是在开拓学术视野，拓展学术空间方面成效显著，在彰显地域特殊性、丰富历史文化内涵、深化国史研究方面效果明显。当然，其不足之处亦比较明显，主要体现在以下几个方面。

其一，在学术方法上存在简单化的问题。当代的地域研究，在学术方法上，普遍存在两个问题：一是简单地采用国家与地方二元对立的分析框架。如陈春声说：

> "国家"的存在是研究者无法回避的核心问题之一。在提倡"区域研究"的时候，不少研究者们不假思索地运用"国家—地方"、"全国—区域"、"精英—民众"等一系列二元对立的概念作为分析历史的工具，并实际上赋予了"区域"、"地方"、"民众"某种具有宗教意味的"正统性"意义。……以"贴标签"的方式对人物、事件、现象和制度等做非彼即此的分类。[2]

应该说，这是早期地域研究在方法论上普遍存在的问题。二是简单地以地方史印证国家史的做法，以国家史的宏大叙事框架叙写地方史，

[1] 程美宝：《地域文化与国家认同——晚清以来"广东文化"观的形成》，第 354、357 页，三联书店（香港）有限公司 2018 年版。

[2] 陈春声：《走向历史现场》，"历史·田野丛书"总序，见赵世瑜《小历史与大历史：区域社会史的理念、方法与实践》书首，三联书店 2006 年版。

将本来自成体系的地方性知识分解成若干片断，去印证国家史的宏大叙事，或者说是割裂和分解地方史的内在发展逻辑，去呼应国家史的宏观发展规律。这两种研究方法的形成，归根结蒂，还是长期以来学者习以为常的国家整体历史研究的宏大叙事思路之影响所致。或者是以国家史的研究方法研究地域史，或者是无法摆脱国家史研究的框架。因此，我们认为，赵世瑜提出的"眼光向下"的、回到历史现场的区域社会史研究方法，对于开展深度的、有价值的地域研究，无疑有重大现实意义。因为它正是为了克服上述两种过于简单和机械的研究方法而提出来的。

其二，在研究成果上存在着高度与深度未能有机统一的问题。学术研究应该追求深度与高度的统一，深度是高度之基础，高度是深度的提升，有高度而无深度的研究是空中楼阁，有深度而无高度的研究是一盘散沙。当代的地域研究，呈现出两个比较突出的特点：一是仅限于地方性资料的发现与整理，地方性知识的描述，缺乏学术创造和思想发明。陈春声说：

> 时下所见大量的区域研究作品中，具有严格学术史意义的思想创造还是凤毛麟角，许多研究成果在学术上的贡献，仍主要限于地方性资料的发现与整理，以及在此基础上对某些过去较少为人注意的"地方性知识"的描述。更多的著作，实际上只是几十年来常见的《中国通史》教科书的地方性版本，如有一些心怀大志、勤奋刻苦的学者，穷一二十年功夫，最后发现他所作的只不过是一场既有思考和写作框架下的文字填空游戏。

当然，任何研究都应当从资料的整理和知识的描述做起，这是开展学术创造和思想发明的基础和前提。特别是一些新兴学科和新的研究领域，资料积累和知识储备是早期研究必须做的工作。但是，如果长期以来仅仅局限于资料的整理和知识的描述，则是缺乏高度的研究。因为地域研究之目的，不仅仅是地方性知识的整理和描述，而是要通过研究，梳理地方性知识发展的内在脉络，建构地方性知识的体系，呈现地域社会的发展规律和地方文化的独特价值。二是热衷于对区域社会历史的特色做一些简洁而便于记忆的归纳，由此而陷入学术上的假问题中。陈春声批评说：

> 用便于记忆但差不多可到处适用的若干文字符号来表述一个地区的所谓特点，再根据这种不需下苦功夫就能构想出来的分类方法，将丰富的区域历史文献剪裁成支离破碎的片断粘贴上去，这样的做法再泛滥下去，将会使中国社会经济史研究的整体水平继续与国际学术界保持着相当遥远的距离。[1]

这种研究是有高度而无深度的研究，因为它的"简洁而便于记忆的归纳"，不是对地域社会的地方性知识进行深度研究后总结出来的，即它的高度不是以深度为基础的，是想当然的，或者是为着某种政治目的和现实利益想象出来的，似是而非之论，所以不可避免地陷入学术上的假问题中。

其三，在研究动机上存在泛功利化的问题。学术研究本应保持独立的学术姿态，但是，在具体的研究工作中，学者或多或少都免不了功利因素的制约和行政权力的影响，尤其是像地域研究这样的论题，通常都免不了乡土情结、地域意识和社会功利的影响，而呈现出泛功

---

[1] 陈春声：《走向历史现场》，"历史·田野丛书"总序，见赵世瑜《小历史与大历史：区域社会史的理念、方法与实践》书首，三联书店 2006 年版。

利化的倾向。一般而言，具体的地域研究，往往是由本土学者率先开展起来的，本土人文学者是本地地域研究的主力军。比如，宋元以来的地域性文学总集或选集，差不多都是由本土人文学者编撰出来的；当代的地域文化史、文学史的编著，亦基本上是由本土学者担纲完成的。因此，地域研究和地域文化史、文学史的撰著，需要规避两个问题：一是乡土情结的介入，二是地方行政力量的干扰。

地域研究通常是由本土学者率先做起来的，而且正是其浓郁的乡土情结激发了他们研究本土地域文化的热情，撰写地域文化史的壮志。但是，本土学者研究本土地域文化，出于对家乡先贤前辈的景仰，出于对故土的热情与偏爱，或为表彰乡土先贤之需要，或为美化故土文化风物的目的，往往无法避免乡土情结的影响，而对其文化的评价常常有拔高的嫌疑，做出有失客观的评论。虽然这种乡土情结的介入可以理解，但是携带乡土情结而拔高乡土先贤的文化或文学成就，则是不科学的，亦是不可取的。应该说，在当前的地域研究中，这种现象比较普遍。因此，客观的地域研究，应该尽量避免研究者乡土情结的介入，最好是以"他者"视角审视本土地域文化，在比较的视野（与其他地域文化比较，与国家文化比较）中论定本土地域文化的特色和成就。

地域研究和地域文化史、文学史的撰写，往往能够得到地方政府的赞许和地方势力的支持，因为这样的研究，对于建构地域人文传统和提升地方文化形象，大有裨益。因此，地方政府和其他地方势力往往会介入地域研究，影响地域研究的客观性。地方政府为了提升地域文化形象，打造地方文化品牌，为政治经济建设提供文化软实力，常常不遗余力地表彰乡土先贤，包装乡土文化名人，夸大乡土先贤的文化成就和社会影响，这就必然会影响到地域研究的客观性和科学性。

因此，我们应该将地方政府的文化建设和专家学者的学术研究区别开来，将地方政府的地域文化品牌打造与专家学者的地域文化研究区别看待。政府开发利用地方文化资源，打造地方文化品牌，提升地方文化形象，是为了实现政治、经济目的，追求的是宣传上的轰动效应，其夸大或夸张，不可避免，亦可以理解。而学者研究地域文化，追求的是科学、客观和真实，所以，学者应当保持独立的学术品格，尽量避免乡土情绪的介入和规避政治权力的渗透。

其四，在研究对象上存在着地域空间的不平衡问题。晚清民国时期，西北史地研究，成为中外学术界关注的一个重点领域，它与当时西北地域的政治敏感性和中外政治势力对此地域的密切关注有关。20世纪八九十年代以来，关于华南、华北和江南的区域社会史研究，成为学术界关注的热点，成为中外学者开展中国区域社会史研究的前沿阵地，产生了大批有影响的学术成果。而关于西南区域社会史研究，除了在抗战时期因为一批著名学者的迁入而一度比较热闹外，其他时期则相对比较沉寂，产生的重要研究成果不多。

形成此种地域研究不平衡的现状，其原因是多方面的。一般而言，一个地域能够成为域外学者关注的研究对象，通常有些偶然的原因。如晚清民国时期中外学者重点关注西北史地研究，特殊的政治局势是其重要原因。在抗战时期，一批著名大学和重要研究机构内迁到西南各地，西南地区特异的民族文化和地域文化引起学者的兴趣，一时之间，西南区域社会史研究成为学界研究的热点。在当代，如前所述，地域研究往往都是由本土知识精英率先做起来的，其研究队伍主要是由本土知识精英和本土研究机构的学者构成。因此，地域研究成就的大小，往往与本土学者的研究水平密切相关。当代地域研究以华南、华北和江南的水平最高，其原因就在于此。西南地区作为一个区域社会史的研究对象，其本身具备有别于华南、华北和江南的特殊性，如地理特征、地域区位、文化习俗、民族构成与分布，在国家政治格局和军事形势上的地位，等等，其学术价值绝对不低于甚至还可能高于华南等其他地区。但是，由于其本土学者的研究水平未能达到相应的水准，因而亦就无法引起域外学者的关注和重视。除非有像清水江文书这样的新材料发现，才可能吸引域外学者的目光。总之，西南地域是开展区域社会史研究的一个绝佳题材，但目前学术界对它的关注度还远远不够，研究成果之高度与深度，与其本有的学术价值之间，还有相当大的差距。

总之，地域研究，包括从地域角度切入的其他学术研究，成为当代人文社科研究的重点领域。地域研究的合理性和合法性毋庸置疑。但是，当代的地域研究在学术方法上存在着简单化的问题，在研究成果上存在着高度与深度未能有机统一的问题，在研究动机上存在着泛功利化的问题，在研究对象上存在着地域之间不平衡的问题。

二、概念诠释与理论借鉴

本书开展贵州地域形象史的研究，其中地域、区域、地域形象、地域形象史、地域文化形象等等，是频繁使用的几个关键词。为便于讨论，本节将对这几个概念做必要的诠释和界定。开展地域形象史的研究，在缺乏必要的理论参考和方法借鉴的情况下，比较文学中的形象学理论和方法，有一定的参考价值，本节联系本书的研究内容略作说明。

1. "地域形象"释义

就当代地域研究的现状看，关于地域政治、地域经济、地域文化、地域文学、地域意识等方面的研究，比较受关注，产生的研究成果亦比较多，基本形成了一些学者普遍认可的研究范式和有影响的研究成果。但是，关于地域形象或地域身份的研究，则比较少见，或者多是一些关于当下地域形象或地域身份之塑造与宣传方面的议论文字，从学理上探讨地域形象建构的理论文章较为少见；从历史与文化角度，立足于地域形象之建构、解构与重构的具有历史意义的研究著述就更是稀见。因此，本课题开展贵州地域形象史的研究，便是一次缺乏借鉴和参考的尝试。所以，首先应当说明的是：何谓地域形象？ 地域形象构成的要素等问题。

何谓地域形象？ 根据个人的理解，地域形象是指特定的地域空间在长期的历史发展过程中逐渐积淀而成的、包括自然和人文两个方面的整体风貌，具体包括地理风貌、地域区位、自然物产、经济基础、历史文化、礼仪风俗、精神心理等方面内容综合呈现出来的特征。地域形象不是自然生成的，它有一个逐渐形成或建构的历史过程。具体地说，它是被逐渐建构起来的，是在国家与地方、"我者"的塑造与"他者"的描写之合力与张力下，通过建构、解构和重构的复杂过程逐渐建立起来的。地域形象有正面的，亦有负面的。因此，其价值亦有消极和积极之两个方面。地域形象就是地域身份，对于地域经济社会的发展，有重要意义。

地域形象是地域空间内政治、经济、地理、历史、文化、礼仪、风俗等因素综合凝聚形成的外在形象。它是在自然条件和人文传统之基础上，在长期的历史发展过程中，通过国家的干预与地方的努力、"我者"的塑造与"他者"的描写等因素的综合作用下逐渐建构起来的。

概括地说，建构地域形象的要素主要包括以下几个方面：

一是地域称谓。地域称谓与地域之关系，犹如人名与人之关系。一个有意味的地域称谓，犹如一个人有一个好的名字，本身即有形象标志的意义。所以，地域称谓实际上就是一个地域的形象标识。

二是地域空间。包括空间的地理风貌和地域区位两个方面，优美的地理风貌和良好的地域区位是塑造地域形象的物质基础，对于地域形象之建构有决定性影响。

三是地域族群。包括族群身份、精神风貌、思想性格、道德情操和文化心理等方面的内容。地域族群是建构地域形象的重要内容，是地域形象的形象代表。

四是地域文化。包括地域历史、思想、学术、艺术、语言、风俗、礼仪等方面内容，是建构地域形象的核心内容，甚至在一定程度上可以说，地域形象就是地域文化形象，地域文化最能体现地域形象的独特性，地域文化就是地域形象的身份特征。

五是地域经济。地域经济体现地域物产之发展水平，物产的丰盈与贫俭，经济发展水平的先进与落后，是决定地域形象的重要依据。

如果说，地域称谓是地域形象的符号标识，那末，地域空间和地域经济则是地域形象的物质符号，地域族群是地域形象的形象标识，地域文化是地域形象的精神符号。具体而言，地域形象是在地域称谓之统领下，由地域空间、地域族群、地域文化、地域经济等元素综合构成。

如前所说，地域形象不是自然生成的，而是人为建构的。程美宝说：

某种"文化"得以被定义和宣示，实际上得经过一个建构的过程，是各种势力讨价还价的结果；这个定义和再定义的过程是连绵不断的，备受不同时代的知识结构、权力和政治的变动所规范。[1]

地域形象的建构亦是如此，它有一个被定义和被宣示的过程，被建构和被描写的过程。它的建构，需要通过对地域形象构成要素的搜集、整理，经过凝练、提升和宣传等环节，并且是在较长时期内，通过连续不断的努力，在各种因素的综合作用下，逐渐建构起来的。如同地域文化之被定义和被宣示，是"各种势力讨价还价的结果"。地域形象之建构亦是如此。具体地说，地域形象之建构，主要来自于两种势力的"讨价还价"，即"我者"（本土人士）与"他者"（域外人士）。包括"我者"的建构与"他者"的描写，"我者"的正面建构与"他者"的负面描写，以及"我者"与"他者"的认知性建构和想象性描写。在这里，有"我者"与"他者"的"讨价还价"，有正面建构与负面描写的"讨价还价"，有认知性建构与想象性描写的"讨价还价"。就是在上述两种势力和多重建构或描写的"讨价还价"之过程中，地域形象便被历史性地建构起来。同时，在各种势力的"讨价还价"中，地域形象的建构，还有一个建构、解构和重构的历史发展过程。通过各种势力"讨价还价"建构起来的地域形象，因为时过境迁或者地域元素本身的变化而可能被解构，因为某种现实的需要或某种力量的介入而可能被重构。因此，地域形象史，实际上呈现的就是地域形象被建构、被解构和被重构的历史。

概括地说，地域形象有两种类型：一是在长期的历史过程中形成的地域形象，如历史形成的"天府之国"地域形象，至今仍为四川所

---

[1]　程美宝：《地域文化与国家认同——晚清以来"广东文化"观的形成》，第34页，三联书店（香港）有限公司2018年版。

通用。二是当代地方政府基于地域经济社会发展之需要，而与地方知识精英共谋建构的当代地域形象，如当代贵州区域社会对历史形成的"三言两语"负面地域形象的解构之基础上重构的"多彩贵州"地域形象。

地域形象有正面形象和负面形象之分，如"三言两语"是贵州地域的负面形象，"多彩贵州"是贵州地域的正面形象。当代地方政府和地域知识精英基于重塑地域形象、重建地域认同的需要，常常是通过对负面形象之解构而重构当代正面地域形象。因此，地域形象之价值亦有正面价值和负面价值之分。具有正面价值的地域形象，如"天府之国"之于四川，至今仍是四川人引以为自豪的地域名片。具有负面价值之地域形象，如"三言两语"之于贵州，长期以来成为贵州人挥之不去的心理阴影，严重阻碍了贵州地域经济社会之发展。而具有正面价值的地域形象，如"多彩贵州"之于当代贵州人，则具有凝心聚力的作用，成为推动贵州经济社会发展的精神动力。当代地方政府和地域知识精英热衷于建构、张扬和传播地域形象，就是利用地域形象的感召力和影响力，凝聚人心，激励民情，彰显特色，激扬动力，助推地方社会经济和文化的发展。

本书开展贵州地域形象史研究，就是通过对历史以来贵州地域形象特征的发生、发展的研究，揭示在各方势力参与下的贵州地域形象的建构、解构和重构过程，阐释当代贵州地域形象"多彩贵州"的意义和价值。

2. 几组相近概念的界定

在本书中，地域和区域、地域形象和地域文化形象、地域形象和地域形象史、地域形象和地域旅游形象等等，将是频繁出现、意义相近而又略有区别的几组关键词。为便于讨论，在进入论题之前，需要对这几组概念进行区分和界定。

一是地域与区域。在一般情况下，学者于地域和区域这两个概念的使用，往往不加区分。但是，从严格意义上讲，这两个概念有一定的区别。本书由于论题的特点和论述之需要，应当对这两个概念加以区分。一般而言，区域即行政区划，有明显的政治特征，是国家权力意志的产物，是为方便政治权力的推行和社会秩序的管理而划定的行政版图。地域则是基于自然环境和人文传统形成的地理版图。地域是一个自然的概念，文化的概念；区域则是一个政治的概念，权力的概念。因此，如法律、制度等政治性因素比较明显的东西，在区域之间的差异性就比较大；如文学、艺术、语言、风俗、礼仪等人文性因素比较明显的东西，在地域之间的差异性就比较大。换句话说，在同一地域中的文学艺术和语言风俗往往有较大的相似性，而在同一区域中的文化艺术和语言风俗则不一定具有相似性，有时甚至有较大的区别。与区域的明确界线相比，地域的疆界往往比较含混和模糊。但是，地域空间的凝聚力和向心力，要明显优于区域空间。因为在地域空间中，不仅有大体相似的地理风貌、气候特征和植被条件等自然环境，而且在风俗、礼仪、语言、历史等人文传统方面亦存在着同一性，所以更容易产生认同感，形成强大的向心力和凝聚力。当然，行政区域的划分，亦常常要考虑因自然环境和人文传统而形成的地域因素，所以，区域与地域在相当程度上常常是重叠的，但其区别亦是显而易见的。所以，学术界在"地域文化"概念之外，又有"区域文化"的提法。自然环境和人文传统对文化艺术的影响，远远大于政治和权力的影响，因为真正的文化艺术往往具有超越阶级、远离政治、疏淡权力的特点，所以文化艺术的地域性特征远较其区域性特征显著。虽然我们可以从理论上作长景预测，即在全球化语境和一体化经济条件下，文化的地域性特征正在逐渐消逝，区域性特征将日趋明显。但是，在历史上，在当下，乃至在今后相当长一段时期内，文化的地域性特征仍将长期存在，仍是文化研究的主要内容。以行政区划为界线的区域文化，以省市区为题名的区域文学史或文化史，能否成立，仍是一个备受质疑的问题。本书在写作过程中，针对具体语境，区别使用"地域"和"区域"这两个概念。

二是地域形象与地域形象史。一个地域形象的建构，本身就是一个历史的过程，需要经过历代地域知识精英和地方政府连续不断地凝练、总结、提升和传播。所以，地域形象不是自然生成的，亦不是短期即成的，而是历史形成的，甚至还要经历一个从建构到解构到重构的历史过程。虽然地域形象的形成是一个历史的过程，但是，地域形象和地域形象史这两个概念，仍有明显区别，即地域形象史是地域形象形成的历史。具体在本书的表述中，本书不是关于贵州地域形象的研究，而是关于贵州地域形象史的研究，不是静态地研究贵州地域形象的建构问题，而是研究贵州地域形象的动态形成过程，研究自汉代以来国家与地方、"我者"与"他者"关于贵州地域形象的认知与想象、建构与重构的历史过程。因此，在本书中，地域形象是研究基础，贵州地域形象建构史的呈现是研究目标。

三是地域形象与地域文化形象。在非严格的语境中，一般人常常把地域形象与地域文化形象混同使用。但是，从严格学术意义上讲，二者有明显区别。地域文化形象主要是指地域社会在长期的历史发展过程中逐渐积淀或者凝聚而成的精神文化形象，包括历史、文化、思想、文学、艺术、观念、礼仪、民俗等精神文化层面上的内容，重点呈显的是地域社会在人文精神方面的形象特征。此种以人文精神为主要内容的地域文化形象，是构成地域形象的重要组成部分，是最能彰显地域特色的核心内容。一个地域，如果没有浓郁的人文氛围和世代相传的人文精神，缺乏一批在文化、艺术、学术和思想方面具有创造力并且在全国有相当影响的文化名人，其地域文化形象不彰显，其地域形象之美誉度亦将大打折扣。或者说，地域文化是建构地域形象的重要基础，一个地域文化单薄、历史积淀和人文传统不深厚、地域文化形象美誉度不高的地域，很难建构出一个良好的地域形象。但是，我们认为，与地域文化形象相比，地域形象是一个内涵更加丰富的概念。因为地域形象是一个综合体，它除了精神层面的文化形象外，还包含物质层面的内容，包括地理风貌、地域区位和地域经济等方面的内容。或者说，地域形象是由地域文化形象和地域物质形象共同构成。所以，在本书中，我们研究的是贵州地域形象史，而不是贵州地域文化形象史。贵州地域文化形象是贵州地域形象的重要组成部分，但是，贵州地域形象的构成，不止于此，它还包括"多山多石"的贵州地理风貌和"不边不内"的贵州地域区位，以及相对贫穷困乏的贵州地域经济等方面的内容。因此，在本书中，我们将对这两个概念作严格的区分使用。

四是地域形象与地域旅游形象。随着社会经济的发展，当物质生活条件的需求基本满足后，精神生活的追求和美好生活的愿景逐渐成为人心所向。或者说，当吃喝问题解决后，玩乐问题便提上议事日程。于是，出门旅游便成为大众的普遍愿望，旅游产业亦就应运而生。旅游产业是一个新兴产业，是一个朝阳产业、幸福产业、美丽产业，更是在生态文明新时代地方政府发展地域经济、重塑地域形象的一个重要抓手。为了发展旅游经济，实现地域旅游产业的差异化发展，吸引更多的游客观光旅游，综合地域内的文化遗产、自然风光而凝练地域旅游形象品牌，成为当下的地方政府和地域知识精英特别关注的问题。目前基本上每一个省区都提出了自己的旅游形象宣传品牌，大部分市州或县市都有自己的旅游形象品牌。就省级层面而言，比较有特色的如"天府四川，熊猫故乡"（四川）、"阳光海南，度假天堂"（海南）、"世界屋脊，神奇西藏"（西藏）、"七彩云南，旅游天堂"（云南）、"山地公园省，多彩贵州风"（贵州）、"诗画浙江"（浙江）、"好客山东"（山东）等等。我们认为，地域形象与地域旅游形象之间，是一种体用关系。地域形象是体，地域旅游形象是用。如作为贵州旅游形象口号的"山地公园省，多彩贵州风"，就是对贵州地域形象"多彩贵州"的运用。四川旅游形象口号"天府四川，熊猫故乡"就是对四川地域形象"天府之国"的运用。换句话说，地域形象与地域旅游形象之间，在根本上是一致的，皆包括地域精神文化形象和地域物质文化形象两方面，两者之间是体用关系，并无本质上的区别，只是在表现形式上有一定的区分。

3. 理论参考与方法借鉴

地域形象研究是地域研究的重要组成部分。目前，学术界关于地域形象研究的成果很少，地方政府和社会各界关于地域形象的打造，亦基本上是处于自发状态，没有任何理论上的指导和方法上的借鉴。所以，成功的例子虽然不少，但总体上则是呈现出一片"乱象"，或行政决策，或开会议定，或率意而为，多半缺乏理论支撑和历史语境，因而其所建构的地域形象，往往缺乏理论的高度和历史的厚度，未能真正概括出地域社会在长期历史发展进程中形成的集政治、经济、文化、风俗、礼仪为一体的整体形象。因此，从理论上探索建构地域形象的主体、元素、方法和路径，或者说，建构一门隶属于地域学研究的地域形象学，是非常必要的。我们认为，在本学科内缺乏理论参考和方法借鉴的情况下，比较文学学科的形象学的理论和方法，是当前唯一可资参考和借鉴的对象，因为二者在研究内容、研究方法和研究目的等方面，均有一定的相似性。借鉴文学形象或文化形象理论，建构一门隶属于地域学的地域形象学（为论述方便，以下权称"地域形象研究"为"地域形象学"），具有一定的可能性。

形象学包括狭义的文学形象学和广义的文化形象学两大分支研究范畴。[1]文学形象学于20世纪六七十年代产生于法国，是比较文学的一个分支学科。文学形象学之"形象"一词，从语源上看，它是借用精神分析理论中童年时期获得的无意识原型，后又扩展到表示集体精神状态之义。在20世纪六七十年代，法国和德国的比较文学学者借用此术语，提出"文学形象"这个概念，并发表相关系列论著，如M.S.赞歇的《作为比较文学的民族形象》、阿斯客里的《17世纪法国舆论面前的大不列颠》、卡雷的《法国作家与德国幻影》、雨果·迪斯林克的《关于形象和幻象的问题及其在比较文学范围内的检验》、彼得·别内尔的《作为文学研究对象的异国形象》、巴柔的《一个比较文学的研究角度：文学形象》《文学形象：从比较文学到文学人类学》《从文化形象到总体形象物》、莫哈的《试论文学形象学的研究史及方法论》等等，由此，文学形象学逐渐成为比较文学研究领域内备受关注的一门显学。比较文学意义上的文学形象学，与一般意义上的文学形象研究和人物形象分析，完全是两回事。比较文学意义上的文学形象学，"是研究文学作品中所表现的异国"，"是关于异国的幻想史"，特指一国文学中关于异国形象的描写及其所蕴含的意

---

[1] 本节关于文学形象学的介绍，主要参考了曹顺庆主编的《比较文学论》（四川教育出版社2005年版）一书。

义。通过研究文学中的异国形象，了解民族与民族之间的互相观察、互相表述和互相塑造，理解一种文化对另一种文化的言说。用法国形象学家贝茨的话说，形象学的主要任务是"探索民族和民族是怎样互相观察的：赞赏和指责、接受或抵制、模仿和歪曲、理解或不理解、口陈肝胆或虚与委蛇"。所以，学者又称文学形象学为"异域形象学"。文学形象学的研究必然延伸到文化形象学的层面，或者说，形象学的研究必然要从文学层面推进到历史和文化层面。因为文学形象学的"形象"是"社会的总体想象物"，包括社会、历史、心理、哲学等层面的内容。因此，当我们把"形象"还原为"社会的总体想象物"时，我们便从文学层面进入到文化层面。所以，学者认为："形象被看成是文学化但同时又是社会化的过程中得到的对异国的总体认识。"文学形象与文化形象有交叉和重叠，文学形象学是文化形象学的一个分支或者侧面，文化形象学的研究对象和范畴比文学形象学大得多。文学形象学研究的对象是文学作品，而文化形象学研究的对象包括人类文明的精神生活和物质生活等诸多领域。因此，学者如周宁称文化形象学为"跨文化形象学"。

正因为形象学尤其是文学形象学以国家或地域的整体形象为研究对象，其与地域形象学在研究对象上有一定的相似之处，故其概念、理论、方法和路径，可为地域形象的研究提供参考和借鉴。

其一，在比较文学学科内，文学形象学的研究对象被约定为一国文学中的异国形象及其所蕴含的意义。因此，文学形象学中的"形象"具有特别的意义，用巴柔的话说，是"对两种类型文化现实间的差距所作的文学的或非文学的，且能说明符指关系的表述"。[1] 它至少包含以下几层意义：它是国家形象或地域形象，是国家或地域内包括人

---

[1]　［法］巴柔：《比较文学意义上的形象学》，《中国比较文学》1997 年第 1 期。

物、景观、情感、观念、言辞等元素在内的一个整体形象；它是异国或异域形象，是一个国家或社会对另一个国家或地域的整体形象进行的诠释和描述；它是文学文本中的异国或异域形象，即一个社会和群体通过文学文本对异国或异域的描述；它是“他者”的“社会的总体想象物”，呈显的是“他者”的自我意识和文化观念。概括地说，文学形象学研究的是一国文学文本中体现其“社会总体想象”的关于异国或异域的整体形象。

地域形象学在研究对象上，与文学形象学相比，是同中有异。首先，在以国家或地域的整体形象为研究对象这一点上，两者基本相同。在构成整体形象的元素上，文学形象学侧重于从人物、景观、情感、观念、言辞等方面建构形象，而地域形象学的范围则要宽广一些，它包括地域称谓、地域族群、地域空间、地域文化和地域经济等五个方面，即涵盖了精神生活和物质生活两大领域。在这个方面，地域形象学更接近于文化形象学。其次，文学形象学中的形象，特指异国形象。而地域形象学中的形象，既指异国（或异域）形象（对于“他者”而言），亦指本国（或本土）形象（对于“我者”而言）。文学形象学中的形象，是“我者”对“他者”的塑造，有明显的“异域感”或“异己感”，有显著的“述异”心态。地域形象学中的形象，既有“他者”的描写，亦有“我者”的建构，是在“他者”描写与“我者”建构之张力下完成的。所以，文学形象学中的形象塑造，是单方面完成的；地域形象学中的形象建构，是在“他者”与“我者”双方的合力与张力下共谋完成的。最后，文学形象学主要以文学文本为研究对象，研究“我者”文学文本中呈现的异国或异域形象。文学文本亦是地域形象学研究的重要材料，但不限于“我者”的文学文本，亦包括“他者”的文学文本，而且亦不限于文学文本，举凡历史文本、艺术史料、碑刻文献、民间口传资料等，凡是对地域形象之建构发生过影响的材料，皆是它的研究对象。总之，就研究对象而言，地域形象学的内容比文学形象学要丰富得多。在这个方面，它更接近于文化形象学。

其二，就研究意义而言，文学形象学中的形象，"并非现实的复制品"，因此，它的研究，不是为了鉴别真伪，不是为了拷量文学文本中的异国形象与其真实情况是否吻合，而是研究这个异国或异域形象是如何创造出来的，又是怎样生存的，研究一个群体对另一个群体的观察与理解，一种文化对另一种文化的言说和阐释。这种研究，不仅仅是为了更充分地认识"他者"，而且亦是为了更彻底地理解"我者"。或者说，通过研究"我者"对"他者"的形象塑造而呈显"我者"的自我意识和文化观念，是其主要目的。因为文学形象学将形象视为创造者的"社会的总体想象物"。如莫哈认为：作为"社会的总体想象物"的形象，"是对一个社会（人种、教派、民族、行会、学派等）集体描述的总和，它既是构成，又是创造了这个描述的总和"。[1] 实际上，我们讨论的地域形象，亦是一个"社会的总体想象物"。不同的是，作为文学形象学的"社会的总体想象物"，主要是"他者"的想象；而作为地域形象学的"社会的总体想象物"，既是"他者"的想象，亦有"我者"的想象，亦包括"我者"和"他者"共同的"意识形态化"的想象和"乌托邦化"的想象。

在文学形象学研究的启发下，我们开展地域形象学研究，首先必须追问的是"谁在建构""如何建构"和"为何建构"三个问题。这三个问题，是地域形象建构的核心问题，"谁在建构"解决地域形象建构的主体问题，"如何建构"解决地域形象建构的方法和路径问题，"为何建构"解决地域形象建构的目的和意义问题。与文学形象学不

---

[1] ［法］莫哈：《比较文学形象学》，《中国比较文学通讯》1994 年第 1 期。

同，地域形象的研究和建构，首先必须要鉴别真伪，尤其是对于"他者"有意或者无意的轻贱描写和丑化、矮化描述，以及恶意的"地域黑"，必须通过解构去伪存真，还地域形象之本来面目。文学形象学研究的主要意义，是通过研究"我者"对"他者"形象之塑造而呈现"我者"的自我意识和文化观念。而地域形象学研究的主要目标，则是提供建构地域形象的理论和方法，探讨如何建构一个具有广泛社会影响、能够全面概括地域社会之特征、能够凝聚地域共同体、提升地域向心力和凝聚力、强化地域认同感的地域形象品牌。

其三，文学形象和地域形象在建构方式上有一定的相似之处。首先，文学形象学认为，形象是一种"社会的总体想象物"，凝聚着创造者全社会的集体情感和意识，本身即有文学性和想象性，是创造者根据自己的价值立场和情感观念，基于一定的现实因素进行虚构和幻想的。因此，这种关于异国或异域形象的描述，是一种与现实有差距的描述。这种情况，在地域形象建构中亦普遍存在，无论是"他者"的描写，还是"我者"的建构，都有这样的差距。"他者"的描写，无论是"意识形态化"的描写，还是"乌托邦化"的描写，都是一种有差距的描写，因为前者有矮化、丑化的特点，后者有夸大、夸张的特点。而"我者"的建构，常常亦是在"意识形态化"塑造之基础上开展的"乌托邦化"建构，因此常常是扬长避短，选择地域中的优长因素进行建构。所以，在地域形象的建构中，无论是"他者"的描写，还是"我者"的建构，都有想象和虚构的因素，由此建构的地域形象与地域实体之间，亦有一定的差距。其次，文学形象学认为，书写形象的过程，亦就是一个符号化的过程，并最终形成符号性的"套话"。所谓"套话"，是指一个民族或者社会长时期反复用来描写异国或者异国人的约定俗成的词组，是在民族心理定式或者自我意识的推动下对"他者"形象的一种象征性表述和固定性看法。用巴柔的话说，"套话是对一种文化的概括，它是这种文化标志的缩影"。[1]"套话"与形象的关系，据孟华说："套话是形象的一种特殊而大量存在的形式"，是形象研究最基本最有效的部分，对"他者'套话'的研究实际上属于'社会的总体想象物'的研究范畴"。[2]文学形象学的这个"套话"分析机制，亦适用于地域形象学，因为地域形象的建构，亦是一个符号化的过程，最终亦会凝结成一个简洁明了的、象征性的、固定化的、反复使用的"套话"。如关于四川的"天府之国"，关于两湖的"鱼米之乡"，等等。如"他者"关于贵州的"三言""两语"的描写，亦是这种"套话"。当代地域社会建构的地域形象，亦多以此种象征性的"套话"呈现，如"多彩贵州""诗画浙江""好客山东""老家河南""清新福建"，等等。所以，无论是文学形象学还是地域形象学，其研究目标之一，就是对这种"套话"的构成机制及其内涵特质进行解读。

其四，文学形象学和地域形象学在关于形象的类型区别上，亦有一定的相似之处。文学形象学将文学文本中的异国或异域形象分为两种类型：一是"意识形态化形象"，即形象创造者完全按照自己的文化模式和自我意识来描述异国或异域形象，对于这种异族文化和异国价值持否定态度，企图以"我者"之价值和理念去改造、消解"他者"。莫哈说："凡按本社会模式，完全用本社会的话语重塑出的异国形象，就是意识形态的。"[3]二是"乌托邦化形象"，即形象创造者把理想的价值观、文化观投射到异国异族身上，对本国本族文化持否定态度，

---

[1]　[法]巴柔：《比较文学意义上的形象学》，《中国比较文学》1997年第1期。
[2]　孟华：《试论他者"套话"的时间性》，见乐黛云、张辉主编《文化传递与文学形象》，北京大学出版社1999年版。
[3]　[法]莫哈：《比较文学形象学》，《中国比较文学通讯》1994年第1期。

对异族异国文化持欣赏态度，并从中找到对本民族有价值的文化资源。因此，"乌托邦化形象"在"本质上是质疑现实的"，它具有"社会的颠覆功能"。概括地说，"意识形态化形象"具有"整合功能"，"乌托邦化形象"具有"颠覆功能"。作为"社会的总体想象物"的形象，就是建立在"整合功能"与"颠覆功能"之张力上，就是建立在"意识形态化"与"乌托邦化"之间的张力上。

地域形象的建构，有"他者"的描写，亦有"我者"的塑造。"他者"参与地域形象的建构，在异域感和异己感之影响下产生的"述异"心态是普遍存在的，其中又分为两种情况：一是以自我中心主义的优越感，以自我意识和价值观念为依据对"他者"进行描写，对"他者"进行矮化和丑化描写，由此建构的形象，近似于文学形象学中的"意识形态化形象"；二是对其人物、景物、风俗、礼仪等持欣赏态度，进行诗性的描写，从中发现"我者"文化中缺失的成分，由此建构的形象，近似于文学形象中的"乌托邦化形象"。而"我者"关于地域形象的建构，亦通常是在"我者"之"意识形态化"的基础上开展"乌托邦化"的建构。所以，文学形象学关于形象的两种类型的区分及其论述，可以为地域形象之研究和建构提供理论参考和方法借鉴。

总之，作为比较文学的一个分支学科——文学形象学及其与之相关的文化形象学，虽然亦是一个新兴学科，但通过学者的研究，其理论体系和学科基础已经基本形成，相关的概念和范畴亦得到初步的定义和界定，其学科属性虽然存在着争议（如文学形象学到底属于文学学科，还是属于史学学科，或者人类学学科），但其本身引起了学者的普遍关注。而地域形象学，则是我们基于地域形象的建构而首次提出的概念。它能否成为地域学下的一个分支学科，它与文学形象学、文化形象学的关系如何，还需要做进一步的研究。它的学科基础、理论体系、概念、范畴等，则完全是一片空白，有待于做进一步的建构。本节主要是借鉴文学形象学的理论和方法，申论建构地域形象学的可能性和必要性，为研究贵州地域形象史提供一些理论上的参考和方法上的借鉴。

三、本书研究要旨

本书并非关于贵州地域文化的宏观研究，[1] 亦不仅是关于当代贵州地域形象建构的研究，而是关于作为地域空间的贵州的形象史研究。如前所述，当代中国的地域研究，逐渐呈现出由区域经济社会史的研究转向到侧重区域意识和地域身份的研究。事实上，自民国时期傅依凌、梁方仲等学者开创中国区域社会史研究以来，从一开始便是着重于区域经济社会史的研究，至当代，这个领域仍为学者普遍关注。但是，随着研究的渐趋深入，对研究对象由外入里的解析，以区域经济社会史研究为基础，逐渐深入到内在的区域意识和地域身份的研究，这是学术发展和学理演进的自然趋势。作者研究贵州区域社会史，目前亦主要着重关注两个领域：一是关于贵州地域文化精神研究，即关于贵州地域文化意识的研究。二是本书关于作为地域空间的贵州地域形象史的研究。

地域形象的建构，是基于地域自觉意识之发生而开展的。地域形象的建构和地域意识之形成，是一个历史的过程。无论是地域意识，还是地域形象，都不是自然生成的，而是在与"他者"的比照中形成的"异己感"之影响下，通过地域知识精英绵延不断的努力逐渐建构

[1] 关于贵州地域文化的宏观研究，以笔者所见，目前堪称精要的著作有两部：一是张晓松《山骨印记——贵州文化论》（贵州教育出版社 2000 年版），二是刘学洙、史继忠《历史的理性思维——大视角看贵州》（贵州教育出版社 2004 年版）。

起来的。第一章"地域意识的产生与地域形象之建构",讨论古代中国社会自觉地域意识之发生发展过程,以及六朝以来地域知识精英通过郡书和地志之编撰建构地域形象的情况。地域形象不完全是客观之物的形象呈现,而是以客观之物为基础,通过人为的主观去取和想象创造建构起来的。因此,"谁在建构"是需要追问的问题。地域形象是地域空间内政治、经济、地理、历史、文化、礼仪、风俗等因素综合凝聚形成的外在形象,是地域社会政治、经济、文化发展水平的集中呈现,概括地说,主要包括地域称谓、地域空间、地域族群、地域文化和地域经济等几个方面,如何将这些因素综合起来并以适当的方式呈现,即"如何建构",亦是需要探讨的问题。地域形象的建构,是在国家与地方、"我者"与"他者"共同参与,相互讨价还价的结果。各方势力参与建构的动机和目的不完全一样。因此,"为何建构"亦是一个需要追问的问题。本章在讨论地域意识的产生与地域形象之建构的一般情况之基础上,探讨"谁在建构""如何建构"和"为何建构"三个问题,作为全书讨论贵州地域形象建构史的理论基础。

在解构主义理论和方法的影响下,一切习以为常的观念和概念都需要重新定义和界说。第二章"何谓贵州? 何以贵州? "讨论贵州地域形象的构成和认同问题。所谓"何谓贵州",即什么是"贵州"。具体地说,贵州的内涵是什么? 构成"贵州"的要素是什么? 所谓"何以贵州",即为什么是"贵州"? 具体地说,"贵州"的内涵为什么是这样的? 这些地域要素构成的历史单位和历史世界,何以被称作"贵州"。在这块土地上生活的人群,为何都认同或者不认同"贵州"? 为何都要或者不宣称自己是"贵州人"? "何谓贵州"和"何以贵州"是两个不同的问题,前者是一个客观性的存在,后者是一个主观性的认同。更形象一点说,"我是贵州人"与"我为何宣称我是贵州人"

是两个不同的问题，前者相当于"何谓贵州"，是一个客观性的存在；后者相当于"何以贵州"，是一个主观性的认同。本章讨论构成"贵州"的要素及其基本特征，回答"何谓贵州"的问题，亦就是解决构建贵州地域形象的要素问题。研究这些构成"贵州"的要素为何或者以什么方式指向着、认同着一个"贵州"，回答"何以贵州"的问题，亦就是解决在建构贵州地域形象过程中如何增进地域认同、建构地域共同体的问题。

在地域形象的建构中，国家权力是不可回避的，或者说，地域形象的建构，就是在国家势力之规约下开展的。一个地域，只要有国家政治势力的介入，便会产生国家势力对这块土地的认识和态度，因而亦就必然发生国家势力对此地域形象之建构。国家势力如何介入以及介入之动机和目的，直接影响地域形象之建构；其介入程度之深与浅，与其对此地域形象建构之影响的大与小，是成正比关系的。对于作为地域空间的贵州而言，国家势力的介入，尤其是国家对贵州的态度及其态度之先后变化，导致贵州地域形象呈现出明显的阶段性特征。大体而言，元朝以前包括元代，中央政府对贵州地区的经营，主要是基于其重要的军事战略位置和通道地位。从楚国庄蹻借道入滇，通过经营贵州以图对秦国实施包抄策略，秦国开通"五尺道"入滇，以此瓦解楚国的包抄策略。汉武帝开通"南夷道"以攻讨南越国，诸葛亮征服南中以瓦解南中大姓与孙吴结盟，唐朝经营贵州以抵御大理国的东侵，宋朝因买马而加强与贵州的联系，南宋把贵州作为抗击蒙古军的前沿阵地，元朝大兴"站赤"而确立贵州在西南边疆管理上的战略通道地位。总之，历史上的贵州，在国家视野下，在历代统治者心目中，就是一个通道，就是军事通道和战略屏障，是中央政府经略西南地区的战略要地。因此，在一定程度上可以说，北方中原之争的焦点是关中，南方江淮之争的焦点是荆州，历代西南之争的焦点是贵州。中央王朝对贵州的态度，大体如此。国家视野下的贵州地域形象特征，亦基本由此确定。第三章"国家视野下的贵州地域形象"，对上述情况略作述论。

第四章"异化：'他者'对贵州的想象和书写"，讨论"他者"对贵州的想象和书写，着重揭示"他者"的"述异"心态和"畏黔"心理，研究"他者"对贵州地域空间和人文习俗的"述异"描写和诗性关怀，以及为贵州地域空间和人文习俗所遭遇的忽略和轻贱所做的辩护描写。作为地域空间的贵州，因其特殊的地理环境和地域区位，历史以来便被视为"化外之地"和"蛮夷之邦"，其经济和文化之发展，在全国处于落后水平，因而遭遇国家的忽略和"他者"的轻视。这种被忽略和被轻视的处境，致使其地域形象之塑造亦处于被描写的位置。参与贵州地域形象建构的"他者"，无论是亲历者，还是耳闻者；无论是持客观描写态度者，还是有主观偏见或地域歧视者，或者是持诗性关怀和辩护态度者，皆有一种相当明显的"述异"心理。即视贵州地域为异域，视贵州人为异类，对贵州地域空间持有一种强烈的异类感，以一种"述异"的心态描写贵州。本章对"他者"在异域感和异己感之影响下产生的"述异"心态进行描述和分析。

在地域形象的建构中，虽然有国家与地方、"我者"和"他者"的共同参与，但是，"我者"是当然的主要角色。第五章"向化：'我者'对贵州的认识和建构"，讨论"我者"对贵州的认识和对贵州地域形象的建构，着重研究"我者"在"他者"之"述异"描写的压力下，所产生的"去黔"心理和"向化"追求。其"向化"追求，主要表现在"我者"关于贵州地域文献的搜集、整理上，关于贵州地域文统和道统的建构上，即通过对地域文献之搜集、整理和传播，呈现贵州的人文底蕴；通过对贵州地域文统和道统的建构，展现贵州地域文化之渊源流变，从而将贵州地域文化纳入国家文化体系中，体现贵州地域社会的"向化"追求，以期得到国家的认可和"他者"的认同。

第六章"重建新时代贵州地域形象的方法和路径"，讨论重建新时代贵州地域形象的可能性、必要性和方法、路径。在新时代，为实现贵州经济社会的跨越式发展，"走出经济洼地"是目标，"建设精神高地"是基础。"建设精神高地"的主要任务有三：一是建构新时代的贵州形象，二是凝练新时代的贵州精神，三是开展贵州地域文化的系统研究。并在此基础上建构起集贵州形象、贵州精神和贵州文化三位一体的当代贵州精神文化体系。在当代贵州经济社会发展中，建构新时代贵州地域形象，成为地方政府、地域知识精英和普通民众特别关注的现实问题，而贵州经济社会获得全面、快速发展，建构地域形象的六要素——地域称谓、地理环境、地域区位、地域文化、地域族群和地域经济——皆分别获得新的诠释、新的价值、新的定位、新的定义、新的解读和新的评价。因此，建构新时代"多彩贵州"地域形象，亦就具备了物质基础、文化基础、精神基础和经济基础。"多彩贵州"有"六彩"，即"风景贵州""风骨贵州""风俗贵州""风情贵州""风骚贵州"和"风物贵州"。其中，"风景贵州"和"风物贵州"是构成"多彩贵州"的物质基础，呈显的是"多彩贵州"在景观上的美丽性和物产上的丰富性。"风俗贵州"和"风骚贵州"是构成"多彩贵州"的文化基础，呈显的是"多彩贵州"在文化上的多元性和艺术性。"风骨贵州"和"风情贵州"是构成"多彩贵州"的精神基础，呈显的是"多彩贵州"的高尚气质和浪漫品格。

第一章 地域意识的产生与地域形象之建构

　　地域形象基于地域意识而产生。但是，无论是地域意识，还是地域形象，都不是自然生成的，而是在与"他者"的比照中形成的"异己感"之影响下，通过地域知识精英绵延不断的努力逐渐建构起来的。地域形象的建构和地域意识之形成，是一个历史的过程。在本章，我们将讨论古代中国社会自觉地域意识之发生发展以及地域形象的建构情况，并力图对以下问题做出回答：地域形象与地域意识有何关系？谁在建构或者说谁有资格建构地域形象？如何建构或者说选择什么要素和通过什么方式建构地域形象？为何建构或者说是基于什么原因而致使地方政府和地域知识精英热衷于建构地域形象？国家和地方共同参与了地域形象的建构，其所取的视角和所持之动机，有何异同？"他者"与"我者"共同完成了地域形象的建构，其间既有合力亦有张力，既有合作亦有斗争，既有建构亦有解构还有重构，其间的曲折过程如何？等等。

一、古代中国人地域意识的产生和地域形象之建构

1. 古代中国地域自觉意识的产生

一般地说，地域空间和地域文化是客观存在的，山川河流的阻隔，必然将大地分隔成若干相对独立的地域空间；地域空间内特定的气候、土壤、植被等自然环境，必定塑造成若干独具特色的地域文化。但是，人类的地域意识和地域文化观念，则是一种主观的存在，并且有自觉与不自觉之区分。自觉的地域意识往往是在与"他者"的对照中，在"他者"的启示下被唤起的；自觉的地域文化观念是在自觉的地域意识之影响下，由地方官员、在地文人和民间社会共同建构起来的。就像在古代中国，在缺乏"他者"的对照下，古代中国人只有天下观念而没有国家观念。亦像在古代贵州，在缺乏"他者"的对照下，夜郎王便产生"自大"的心理。所以，地域意识之产生，往往是社会发展到一定阶段，各地域之间有了相当频繁的交通往来之后，在不同地域的相互比照中逐渐产生的。正如朱伟华所说："地域始终存在，而地域意识和本土文化却是被唤起的。没有异域的存在和他者文化的介入无法观照本土，就如鱼儿不离开水就很难意识到水的存在。"因此，"地域文化不是异域强者作为异国情调撷取的那些表浅的人情风貌，而是土地所有者被唤起的自我意识，是处于劣势一方的自我体认和识别，是有比较因素存在下对自我的发掘与观察，是一种思考与固守"。[1] 通过与"他者"地域的比较，从而唤起自我的地域意识；通过与"他者"地域文化之比较，从而有助于自我认识的深化，有助于自我认同之形成，进而建立起自我的地域文化观念。自觉的地域意识是在与"他者"

---

[1] 朱伟华：《地域文化与地域文学之断想》，《山花》1998 年第 2 期。

的对照中建构起来的，建构起来的地域意识，又反过来强化人们的地域观念，增强人们的地域认同感，并进而影响其日常行为、审美趣味和文化心理。

地域意识的产生，与乡土意识密切相关。甚至可以说，地域意识就是乡土意识。关于乡土意识，其边界和所指比较模糊，目前尚难准确界定。王子今认为：乡土意识"是指当时人们对于自己家族与自己本人出生与生活的家乡故土的特殊心理、特殊观念、特殊感情"，以为乡土意识不仅涉及"文化贫困的群体"，亦涉及"文化层次较高的群体"。[1] 作者认为，乡土意识是社会各阶层普遍具有的一种对家乡故土的特殊心理或感情。如同地域意识是在"他者"地域之比照中被唤起的，乡土意识亦是被唤起的，是在身处异乡之环境中，在异域风土和文化的比照下所唤起的对家乡故土的眷念情感。足不出户的人没有明显的地域意识，没有过背井离乡经历的人，其乡土意识亦比较淡薄。从这层意义上讲，地域意识和乡土意识有近似的地方。当然，其不同之处亦是显而易见的。相较而言，如果说地域意识是理性的，客观的；乡土意识则是感性的，主观的。二者之间有联动影响关系，地域意识唤起乡土意识的产生，乡土意识促进地域意识的强化。

地域意识的产生，还与家族意识有关。所谓家族意识，是指在对家族历史之体认和家族成员之间在情感交流中培育起来的一种对家族历史、现状及其成员的认同意识和亲近情感，它包括对家族历史之尊重、家族先贤之景仰、家族现状之认同和家族成员之亲近等情感或意识。大体而言，家族意识与地域观念、乡土意识有交叉的部分，是相互联动、彼此促进的关系。家族在特定的地域中生存，家族本身就是地域性的，地域因家族的存在而成为乡土，乡土必是家族生存的地方，

---

[1]　王子今：《秦汉区域文化研究》，第 262 页，四川人民出版社 1998 年版。

乡土必定是在某块特定的地域中。因此，乡土意识不妨说就是地域意识，家族意识不妨说就是乡土意识。家族意识促进乡土意识，乡土意识激发地域意识。家族意识浓厚的个体或民族，其乡土意识和地域意识亦必然强烈。由于受到根深蒂固的宗法血缘观念之影响，传统中国是一个家族取向的社会，是一个以家庭为核心单位的社会，孟子所谓"天下之本在国，国之本在家"，就是对这种家族取向之社会性质的概括。所以，古代中国人的家族观念极为强烈，数以万计的家谱或族谱之编撰和流布，成为世界历史上一道奇异的风景，就体现了这种观念的强大势力和深层影响。极为浓郁的家族观念培育出传统中国人浓厚的乡土意识，"亲不亲，故乡人；美不美，乡中水""老乡见老乡，两眼泪汪汪""谁不说俺家乡好"等民谚或歌曲，就是这种意识的具体呈现。而明清以来遍布全国各大中城市和集镇的同乡会馆，亦很能说明古代中国人乡土意识的发达情况。

乡土总是存在于特定的地域中，发达的乡土意识必然导致浓厚的地域意识。古代中国人的地域意识起源甚早，在《诗经》时代，《诗经》编纂者以地域分野编辑十五国风，就体现了周人的地域观念。不过，以地域分野编辑十五国风，可能存在着某种政治目的，或者是出于编辑之便利，还不能算作是自觉地域观念的产物。作者认为，古代中国人自觉地域观念之发生，乡土意识和家族意识之成熟，当是在汉魏六朝时期，这主要体现在三个方面：一是当时地方人士开始热衷于研究地域景观和地域风俗，大量的地记作品由此产生。这说明当时人们已经具备了自觉的地域意识，并且在努力地建构地域文化传统，强化地域文化观念。二是当时地域人士的群体意识增强，他们相互激励，彼此称誉，企图以地域文人集团之姿态展现。同时，后进之士对地域先贤的称扬，亦是力图建构地域文化传统，增强地域自豪感和荣誉感。

大量郡书作品之创作，就是这种意识的体现。[1] 三是当时文人家族意识增强，家族官僚集团和文人集团逐渐涌现。在门阀制度之影响下，世家大族代代相传，家族荣誉倍受珍惜，大量家族谱牒之编撰和家传、别传之创作，就是这种时代风尚的产物。

自觉地域观念之产生，乡土意识之发展，家族意识之形成，是汉魏六朝时期引人注目的文化现象。传统中国地域意识之产生和自觉，就是在汉魏六朝时期。其具体呈现，就是形成了自觉的乡土意识和家族观念。体现其乡土意识之载体，就是大量郡书和地记作品的创作；体现其家族意识之载体，就是众多家族谱牒的撰述。

2. 古代中国人关于地域形象之建构

汉魏六朝时期地域观念的自觉与乡土意识和家族意识之发达，自有其特殊的社会历史原因和文化思想背景。自东汉中后期以来，因朝廷内部外戚与宦官势力此起彼伏地控制着皇权，导致大一统中央政治集权的衰微，地方豪族势力得以迅速发展。可以说，整个东汉时代，就是地方势力逐渐得以发展壮大的时代。从光武帝刘秀依凭南阳豪强势力起家，并进而有意眷顾和培育南阳地域豪族集团，到东汉中后期地方豪族势力的迅猛发展，进展到中央政府不能控制的局面。甚至汉末党人运动亦主要是由汝、颍地方势力所发起，导致地方势力与中央政权抗衡的局面。因此，在汉末六朝，随着社会的急剧动荡，皇权的旁落，国家大一统盛况之衰微，整个社会的政治、经济、文化之重心在一定程度上皆存在着由上而下、由中央到地方的下移发展趋势。地方势力之崛起，国家政治、文化中心之下移，所导致的必然结果，就是地方社会地域观念之增强，而地域观念之强化所推动形成的，就是

---

[1]　王永平：《中古士人迁移与文化交流》，第20页，社会科学文献出版社2005年版。

乡土意识和家族观念的自觉。

乡土意识古亦有之，但自觉的乡土意识则是在浓郁的地域自觉观念之基础上培育起来的。在汉魏六朝时期，自觉的乡土意识的一个重要表现，就是各地人士在各种场合纷纷夸耀家乡的地理之美和人物之盛。在西汉时期，相对于中原地区地理之美与人物之盛，地域性人才团队之异军突起而引人注目者，是蜀地。故《汉书·地理志》说：西汉时期，蜀地自司马相如"以文辞显于世，乡党慕循其迹。后有王褒、严遵、扬雄之徒，文章冠天下"。[1] 在东汉时期，特别引人注目的地域人物盛况和地域观念之自觉，则是在汝颍和吴越地区。汝颍地区可谓东汉后期的文化中心和人才聚集之地，日本学者冈村繁研究东汉后期的人物评论风气，发现在当时按出身地域之别而比较人物的评论成为一时之风气，特别是以孔融为代表的"汝颍优劣论"，成为一时评论界的中心话题。[2] 称扬本地风土之美与人物之盛，成为当时当地的一种风气。据《太平御览》卷一五九引佚名《后汉书》说：

> 朱宠为颍川太守，问功曹郑凯曰：闻贵郡山川，多产奇秀。前贤往哲，可得闻乎？凯对曰：鄙郡禀嵩高之灵，中岳之精，是以圣贤龙蟠，俊乂凤集。昔许由、巢父，耻受尧禅，洗耳河滨，重道轻帝，遁世高蹈。樊仲父者，志洁心遐，耻山河之功，贱天下之重，抗节参云。公仪、许由，俱出阳城。留侯张良，奇谋辅世，玄算入微，济生民之命，恢帝王之略，功成而不居，爵厚而不受，出于父城。胡元安，体曾参之至行，履乐正之纯业，丧亲泣血，骨立刑存，精神通于神明，雉兔集于左右，出颍旭。彪义山，英姿秀伟，逸才挺出，究孔门之房奥，存文武之将堕，出于昆阳。

[1]　王先谦：《汉书补注》，第846页，中华书局1983年版。

[2]　[日]冈村繁：《后汉末期的评论风气》，《汉魏六朝的思想与文学》，第148～150页，陆晓光译，上海古籍出版社2002年版。

> 杜伯夷，经学著于师门，政治熙于国朝，清身不苟，有于陵之操，损己存公，有公仪之节，出定陵。

郑凯如数家珍般地历数故土古今才俊，其自豪之情逸于言表。

在东汉后期，吴越人士在政治、经济和学术上皆有重要成就，吴越地区成为当时引人注目的文化中心和人才聚集之地，故吴越人士对本土文化有强烈的自豪感，亦常常积极推扬本土地理之美和人物之盛，体现出自觉的地域意识。吴越人士地域观念之强烈，首先表现在他们对吴越地理之美的推扬上。中国最早的两部地方志《越绝书》和《吴越春秋》，分别由东汉吴越文人袁康和赵晔所著，便体现了吴越文人推扬本土历史、地理的强烈意识。其次体现在他们对本土人物之推扬上。吴越人士推扬本土人才，似成一时风气。如谢夷吾对王充的推扬："充之天才，非学所知，虽前世孟轲、孙卿，近汉扬雄、刘向、司马迁，不能过也。"其结果是"肃宗特诏公车征"。[1] 王充在《论衡·超奇》对周长生的推扬："周长生者，文士之雄也。""长生之才，非徒锐于牒牍也，作《洞历》十篇，上自黄帝，下至汉朝，锋芒毛发之事，莫不纪载，与太史公《表》《纪》相似类也。上通下达，故曰《洞历》。然则长生非徒文人，所谓鸿儒者也。"[2] 周长生所著《洞历》，今已亡佚，未能知其梗概，然王充表彰本土人才之意图则是很明显的。最为著名的是虞翻对江南地理与人物的称道，据《三国志·吴书·虞翻传》注引《会稽典录》载，汉末王朗为会稽郡守，虞翻为郡功曹，王朗问及江南贤俊，虞翻作答，极力彰扬吴越地理之美和人物之盛，如数家珍，其地域自豪感溢于言表，地域自觉意识表现得相当地强烈。六朝时期

---

[1] 《后汉书·王充传》注引谢承《后汉书》。

[2] 黄晖：《论衡校释》，第 613 ~ 614 页，中华书局 1996 年版。

像这样夸耀地域人物之风气相当盛行，如《世说新语·言语》记录王武子（名济，太原晋阳人）和孙子荆（名楚，太原中都人）各言其土地和人物之美；王中郎（平昌安丘人）和习凿齿（襄阳人）论青、楚人物等等，就是这种风气的产物。

汉末六朝文士本着地域观念和乡土意识夸耀各自乡土地理之美和人物之盛，不仅表现在言语上，亦体现在著述中，此间大量地记、郡书之创作，就是这种风气的产物。一般而言，地记侧重于记述地理风俗物产，郡书侧重于记述乡土人物。刘知几《史通·杂述》说：

> 汝颖奇士，江汉英灵，人物所生，载光郡国。故乡人学者，编而记之，若圈称《陈留耆旧》、周斐《汝南先贤》、陈寿《益都耆旧》、虞预《会稽典录》，此之谓郡书者也。
>
> 九州土宇，万国山川，物产殊宜，风化异俗，如各志其本国，足以明此一方，若盛弘之《荆州记》、常璩《华阳国志》、辛氏《三秦》、罗含《湘中》，此之谓地理书者也。[1]

所谓"地理书"，即地记。地记记地理，郡书记人物，此就大概而言，实际上两者往往有交叉之处，常见的情况是，郡书不必兼及地理，而地记往往兼及人物。六朝时期地记、郡书之创作很发达，基本上成为当时文人创作的一种时代风尚，产生的作品数量相当庞大。今可考知者，地记就有约二百余种。

需要追问的是，当时文人为何如此热衷于创作此类作品？据黎子耀《魏晋南北朝史学的旁支——地记与谱学》说："魏晋南北朝时期，地记的发达代表了当时地理学发展的趋向，这种趋向反映了地方经济

---

[1]　浦起龙：《史通通释》内篇《杂述》第三十四，江苏广陵古籍刻印社 1991 年版。

的发展和地方豪族的成长。"[1] 的确，东汉中后期以来，政治、文化重心的下移，地方豪族势力的成长，地域经济之发展，门阀势力之兴起，地域观念和乡土意识之自觉，家族意识之勃兴，不仅导致了地记创作的兴盛，亦是郡书、谱牒之撰述备受重视的重要原因。或者说，地记、郡书的创作，是本土文人基于乡土意识而为了宣扬本土地理之美和人物之盛，有着明显的自我夸耀和本土张扬的性质。因为创作地记、郡书的作者，多半是本土人氏。

自汉魏以来，随着乡土意识、家族观念和地域意识之发生和发展，古代中国人实际上已经在自觉或不自觉地开展地域形象的建构工作。如扬雄对蜀中地域人士的推扬，撰写蜀地历史著作《蜀王本纪》和以蜀中风物为题材的《蜀都赋》，张扬蜀地的历史、文化、风物和礼俗，实际上就是在做蜀中地域形象的建构工作。东汉后期吴越人士袁康撰写《越绝书》、赵晔编著《吴越春秋》，王充在《论衡》中推扬吴越人才，虞翻张扬吴越人物之盛和地理之美，亦是在自觉地建构吴越地域形象。六朝时期，学者创作大量的地记和郡书，分别描述地域社会的风俗物产和人物之盛，同样亦是在建构地域形象。在郡书、地记创作风气之影响下，唐宋以来的地方政府和地域知识精英热衷于方志文类之创作，"资治存史"是其重要目的，但对于地方官员和地域知识精英来说，推扬地域之美，建构地域形象，可能才是其最重要的动机。

[1]　黎子耀：《魏晋南北朝史学的旁支——地记与谱学》，《杭州大学学报》1982 年第 2 期。

二、谁在建构：地域形象建构之主体

1. "我者"与"他者"：建构地域形象之主体

地域形象不是自然生成的，而是建构起来的。地域形象不完全是客观之物的形象呈现，而是以客观之物为基础，通过人为的主观去取和想象创造建构起来的。在这里，需要追问的是，谁才有权力或资格建构地域形象？

"谁在建构"的追问之所以必要，它关系到建构起来的地域形象的特征、价值和意义。因为面对同一个地域空间，不同的建构者会根据自己的价值立场和好尚追求以及现实目的，做出自己的选择，选择自己感兴趣的、符合自己价值追求的、符合自己阶层利益和地域利益的元素，来建构自己理想的地域形象。因此，对于同一个地域空间，不同的建构者可能建构出不同的甚至完全相异的地域形象，因而其价值和意义就大有区别。

"谁在建构"的追问之所以必要，还涉及地域形象的"建构"与"被建构"问题，即"我者"的主动建构与"他者"的参与建构问题，简言之，就是建构地域形象话语权的掌控问题，因为这亦同样会影响地域形象的特征、价值和意义。地域形象建构中的"我者"与"他者"问题，就是地域形象的"建构"与"被建构"的问题，就是主动建构与被动建构的问题。简言之，"谁在建构"，实际上涉及的就是在地域形象的建构中，谁在权力和资格掌握话语权的问题。这个话语权很重要，因为它对地域形象的建构起着决定性的作用。

"谁在建构"，概括地说，包括"我者"与"他者"，亦包括国家与地方。所谓"我者"，是指地域本土人士，包括居留本土和游宦他乡的本土人士，他们基于乡土情结和地方经济社会发展之需要而建构本土地域形象，是为主动建构。所谓"他者"，是指域外人士，包括曾经到过此地域和未曾到过此地域的外籍人士，他们基于认知或想象，出于某种特别的目的而参与建构地域形象，是为被动建构。一个地域形象，就是在"我者"与"他者"这两股势力的合力与张力之竞争态势中逐渐建构起来的。就"我者"与"他者"的合力态势而言，在这种情况下，"我者"之地域常常处于优势地位，通过"我者"建构起来的地域形象获得"他者"的认同，并借助"他者"的力量在域外广泛传播，从而取得广泛的社会影响，最终形成世人普遍认同的地域形象。处于国家政治、经济、文化之中心地位的地域，往往就是按照这种途径建构起有广泛社会影响的地域形象。就"我者"与"他者"的张力态势而言，在这种情况下，"我者"之地域往往处于弱势地位，通过"我者"建构起来的地域形象不能获得"他者"的认同，甚至"我者"完全失去话语权，主要听从于"他者"的建构，而这种"被描写""被建构"起来的地域形象，往往又带有明显的地域偏见，甚至是歧视，因而亦不能获得"我者"的认同。如处于国家政治、经济、文化之边缘地位的地域，多半会遭遇这种尴尬处境，在这种"描写"与"被描写"、"建构"与"被建构"的矛盾张力中建构地域形象。

在地域形象的建构中，中心与边缘之间存在着较大的张力。在一般情况下，中心掌握着绝对的话语权，是描写者，它用"优等"的姿态居高临下地审视边缘，通过想象的手段虚构或假设边缘。边缘则缺乏话语权，是被描写者，它往往被矮化为野蛮的、落后的、愚昧的形象，被想象为非理性的、幼稚的、不正常的形象。中心自命为理性的、成熟的、正常的形象，以"优等"姿态对边缘进行控制和表述。或者说，边缘常常是被中心设定的某些支配性的框架所控制和表述。所以，在中心的强势话语权力下，边缘对自己的形象塑造常常处于缺席状态，处于"失语"状态。即便有抗拒的声音，亦总是显得非常微弱，往往被淹没在强势话语的巨大声音中。所以，被中心矮化的边缘，通常是处在被观看、被描写的地位。在中心主义霸权话语的控制下，边缘地域如何回应这种"被边缘""被矮化"的处境，是迎合这种"被边缘"的意图，还是抗拒这种"被矮化"的趋势？值得注意的是，在中心的强势话语权力之压力下，边缘社会亦存在着自我边缘化的问题。边缘社会迎合中心主义为自己设定的边缘化位置，接受中心主义的强势话语，并将其传播和加固，不断地自我内化和自我铭记。这种情况，在地域形象的建构中，亦是一种比较普遍的现象。如历史上贵州人普遍的"去黔"心理，就是这种情况的具体体现。在当代，随着边缘势力的崛起，去中心主义成为一种时代潮流。然而，在中心与边缘的二元对立关系中，中心主义的认知策略和思维方式依然很盛行。中心与边缘之间构成制约与被制约、影响与被影响、施与和接受的关系。其间的张力与合力，仍然是一个必须面对的问题。

面对同一个地域空间，因"我者"与"他者"的立场不同，情感有别，认知有异，建构出来的地域形象有明显差别。地域形象的建构，有想象性建构，亦有认知性建构。相应地，亦有"应然"的建构和"实然"的建构两种形式。这同样亦取决于"我者"与"他者"的立场处境和情感态度。所谓想象性建构，是指对该地域未有亲自的踏勘或体验，完全依据道听途说或者书本经验建构起来的地域形象；或者是置身其中，对地域之生活和文化有亲身的体验，但缺乏"他者"视角的对照而仅凭臆想建构起来的地域形象。这种地域形象，是形象之"应然"而非"实然"状态。所谓认知性建构，是指在亲自踏勘或者亲身体验之基础上，并且是在"他者"之对照中开展的建构。这种地域形象，是形象的"实然"而非"应然"状态。无论是"我者"还是"他者"，在建构地域形象时，皆有此种想象与认知、应然与实然的不同情况。于"我者"而言，对本土地域知识的认知和了解是相同的，不同的是，有的"我者"既有对本土地域的认知，又有走出本土在"他者"地域生活的经历，因此能够在"他者"地域之比较视角中建构本土地域形象。因此，其所建构的地域形象，往往切合实情，能够充分体现地域特色和优势。如此建构的地域形象，是认知的地域形象，是"实然"的地域形象。而有的"我者"虽然对本土地域知识有充分地认知，但他从未跨出过本土地域，对"他者"地域缺乏了解，没有"他者"地域之对照，如此建构的地域形象，就不免"夜郎自大"，可视为想象的、"应然"的地域形象，因而亦是不真实的、理想化的地域形象。于"他者"而言，亦是如此，有的"他者"因游宦、游学或游览的经历而涉及此地域，于此地域之自然山水有亲身的踏勘，于此地域之文化、礼俗等，有真实的体验和切近的感悟，因此，其所建构的地域形象便是认知的，是近似于"实然"的建构。而有的"他者"则从未涉及此地域，仅凭道听途说或书本文献而参与此地域形象之建构和传播，因此，其所建构的地域形象，就完全是想象的产物，是"应然"而非"实然"。

总之，地域形象建构的复杂性，就体现在"我者"与"他者"、国家与地方之合力与张力上，[1] 亦体现在"我者"与"他者"、国家与地方在建构时的认知与想象、应然与实然的交替互动和矛盾纠葛中。这种复杂形势和矛盾纠葛，亦体现在贵州地域形象的建构、解构和重建过程中。

---

[1] 关于国家与地方在建构地域形象过程中的合力与张力关系，笔者将在第三章中详论，兹不赘言。

2. "我者"在建构地域形象中的不同角色

虽然"他者"亦常常参与到地域形象的建构和传播中，但是，在一般情况下，地域形象建构主体中的主要角色还是"我者"，是地域社会自身，包括地方官员、地域知识精英和普通民众。接下来，我们需要讨论的是，地方官员、地域知识精英和普通民众是如何参与到地域形象建构工作中的？

考察地方官员、地域知识精英和普通民众在建构地域形象中的角色及其作用，台湾学者廖宜方关于人文景观塑造方式的观点，值得我们参考。他认为：人文景观之生成，来自于地方官员、知识精英和普通民众三股力量的合力。地方官员利用政府的力量搭建平台，修建亭台楼阁，建设基础设施，布置出一个地方文化活动的公共舞台。地域知识精英在舞台上扮演关键角色，他们追溯历史故事，生产文化记忆，或者诗酒唱和，吟诗作赋，赋予此景观以文化内涵。普通民众则编撰传说故事，赋予此景观以神性和灵性。一个景观从自然景观变成人文景观，就是通过这三种力量的共同努力完成的，景观形象亦就在这个过程中逐渐形成。[1] 实际上，一个地域就如同一个景观，地域形象的建构与景观形象之塑造，具有大致相同的方法和路径。参与地域形象建构的主力军，就是地方官员、地域知识精英和普通民众。当然，他们在这项工作中发挥的作用和产生的影响是不相同的。

地方官员关注地域形象的建构，主要有两个目的：一是地方官员是国家权力的代表者和执行者，他必须将地域形象的建构纳入国家政治一体化和国家文化同一性的框架中来开展，强调的是地域社会的"向化"方式和"向化"程度，使地域形象与国家形象构成一个有机的统

---

[1] 廖宜方：《唐代的历史记忆》，第143页，国立台湾大学文学院历史系博士论文，2009年。

一体，避免因过度强调地域差异性和特殊性而产生对国家政治一体化和国家文化同一性的质疑。二是地方官员为了促进地域经济社会的发展，引导和鼓励地域知识精英和普通民众建构地域形象，通过建构地域形象来建构地域共同体，从而形成地域向心力和凝聚力，推动地域经济社会的发展。其主导的方式，或者通过仪式活动，增强地域认同感和地域凝聚力，培育地域共同体观念；或者支持地域知识精英开展地域文献的搜集整理和地域文化的研究传播，彰显地域人文传统；或者兴办教育，开设学堂，传播地域文化，培育地域自觉意识和地域文化精神，等等。

地域知识精英是地域文化的创造者和传播者，是建构和传播地域形象的主导力量，亦是地域文化的形象代表和地域形象的代言人。是他们通过对地域文献的搜集、整理、研究和地方志著作的编撰，建构地域文化体系，展示地域文化成就，凝练和提升地域文化形象。所以，他们是地域意识的凝聚者，是地域精神的体现者，是地域文化的创造者和传播者，是地域形象的建构者。同时，地域知识精英又是地域社会与国家政府之间联系的中介，是地域文化与主流文化的沟通者。他们藉着个人的游学、游宦或者游览经历，将地域文化和地域形象传播到域外，并藉着个人的文化影响和人格魅力，展现和传播地域精神和地域形象。另外，地域知识精英又藉着个人地位的提升，把地域文化和地域形象传递到中央政府，并将其整合到王朝秩序和国家文化中。同时，亦通过他们在地域社会的影响，在地域内部建立起与国家正统和王朝秩序相统一的地域秩序和地域文化。所以，无论是在古代与当代，还是在中心与边缘，地域知识精英都是创造地域文化、展现地域精神、建构地域形象不可或缺的重要力量。

在创造地域文化、展现地域精神和建构地域形象工作中，表面看来，普通民众似乎是弱势群体，不能起到重要的作用。事实上，与地域知识精英一样，普通民众不仅是地域文化的直接创造者，是地域精神的充分代表者，更是地域形象的具体展现者。只不过他们创造的是不同层面的地域文化（即精英文化和民间文化之不同），代表的是不同层次的地域精神，展现的是不同层面的地域形象。因此，我们认为，在地域形象的建构与传播中，地方官员固然发挥着主导作用，知识精英的引领作用亦不可或缺，而普通民众的创造、传播和展现，亦特别重要。我们甚至认为，普通民众的文化心理、精神面貌、物质生产、文化创造、礼仪习俗，等等，才是地域文化的重要组成部分，才是地域精神的具体体现，才是建构地域形象的核心内容。同时，通过地方官员的主导和知识精英的引领建构起来的地域形象，只有取得普通民众的认同，它才是深入人心的、有社会影响和广泛价值的地域形象，亦才能充分实现铸造地域共同体、凝聚地域向心力、促进经济社会发展的重要作用。而且，地域形象具体体现在普通民众身上，普通民众亦因此成为地域形象最有效的、最直接的传播者。

综上，地域形象建构主体中的主要角色是"我者"，具体包括地方官员、知识精英和普通民众三个方面的力量。由于其所处之地位、具备之条件、拥有之能力和生活之环境的不同，其在建构地域形象中发挥的作用和造成的影响亦是不一样的。一般而言，地方官员起主导作用，是在国家统一体之视野下主导地域形象的建构；知识精英起引领作用，在国家与地方之间、在"他者"与"我者"之间起中介作用；普通民众则起着创造、传播和展现的作用，通过他们创造地域文化、展现地域精神和传播地域形象。

三、如何建构：地域形象建构的要素和方式

1. 建构地域形象的要素

地域形象是地域空间内政治、经济、地理、历史、文化、礼仪、风俗等要素综合凝聚形成的外在形象，是地域社会政治、经济、文化发展水平的集中呈现。汉魏以来，地域知识精英建构地域形象，主要采取编撰郡书和地记的方式进行，郡书侧重记人物之盛，地记侧重记风土之美，实际上就是以人物之盛和风土之美两大要素建构地域形象。唐宋以来，地方志编撰取代了郡书和地记的创作。但是，记录人物之盛的郡书和记录风土之美的地记并没有完全消失，而是融入地方志中。历代地域知识精英热衷于地方志的创作，其主要目的就是为了展示地域人物之盛和风土之美。可以说，风土之美和人物之盛是传统中国社会建构地域形象的主要元素。具体地说，主要包括地域称谓、地域空间、地域族群、地域文化和地域经济等几个方面。

地域称谓之于地域，犹如姓名之于个人，具有标志意义和身份价值。所以，地域称谓是地域形象不可或缺的重要组成部分。当代地域社会建构的地域形象，如"多彩贵州""天府四川""诗画浙江""好客山东""清新福建""阳光海南""神奇西藏"等等，其形象口号中皆有地域称谓。姓名之于个人，虽然只是一个符号，但此符号对于人的意义至关重要。人人皆希望有一个预示吉祥、幸福、美好、快乐、健康、顺利的美名，甚至在一般人的心目中，还有姓名决定命运的观念或意识。地名之于地域的关系，亦是如此，人们总是希望自己生活的地方有一个具有丰富文化内涵、预示吉祥美好、体现高雅纯正的地名，犹如每一个人都希望生活在富庶、安康、优雅、漂亮的地方一样。在历史上，人们虽然常常以地理环境、地域区位等元素为地域命名，

但更多的则是把对幸福、安康、优雅、和谐的美好生活向往，寄寓在地域称谓中。所以，不少地方常有更改地名之行事，亦是因为这个缘故。或者千年沿用的地名，人们亦设法从中诠释出美好的意蕴来，如"重庆"被诠释为"行千里，致广大"，"天津"被诠释为"天天乐道，津津有味"，"贵州"被诠释为"宝贝之州"，等等。总之，在地域形象之建构中，地域称谓是必须考虑的元素，当历史遗留下来的地域称谓，因种种原因不便更改时，想方设法为旧的地名赋予新的内涵，是地域知识精英建构地域形象时惯用的办法之一。

地域空间是地域形象表述的空间位置，它包括地理风貌和地域区位两方面内容。一般而言，在地理风貌中，有山地、平原、高原、丘陵、草原等不同的形态。在地域区位上，有边疆与内地之分，有中心与边缘之别，有沿海与内陆之异。地域空间形态与地域的关系，近似于容貌与人之关系。地域空间对地域形象的建构有重要影响，因为在一般人的心目中，就像以貌论人一样，对地理风貌亦有优劣评价，对地域区位亦有好坏之分。一般认为，平原优于山地、高原，平原易于农耕，适合人居；山地、高原不易耕种，不宜人居。所以，对于"多山多石"的、有"山国"之称的贵州，就被描绘成"天无三日晴，地无三尺平，人无三分银"。因此，在平原居民面前，山地居民就常常有一种自卑感。一般认为，内地优于边疆，中心优于边缘，沿海优于内陆。因此，像贵州这种"不边不内"的地域区位，它既不沿海，又不沿江；既是边疆的内陆，又是内陆的边疆，就常常处于被轻视和被忽略的境地。与其他地域比较，其地域形象的定位就往往处于尴尬地位。地域空间是建构地域形象的决定性因素，但又是不可选择的因素。因此，在建构地域形象时，对于不可选择的、同时又有决定性作用的地域空间，我们所能做的工作，就是从一个新的视角重新审视地域空间，发掘其特殊价值和正面意义。

地域文化和地域族群是建构地域形象的核心要素，相当于古代郡书所记录的人物之盛。文化是人的创造，人创造文化，文化与人分则为二，合则为一。可以说，地域形象就是地域族群的形象，地域形象就是地域空间的文化形象。所以，无论是呈现国家形象的国史，还是体现地域形象的方志，其或详或略，或繁或简，视情况而定，但几乎无一例外地皆少不了"人物志"和"艺文志"或者"经籍志"。人物和艺文是建构地域形象的核心要素。人物之于地域的重要性，首先在于人物（主要是指地域精英人物）是地域精神的体现者，是地域文化的创造者，是地域形象的代表者。他们掌握着地域内的话语权，并能代表地域向外发声，还能藉着个人地位之上升与影响之卓著，将地域文化融入国家话语体系和文化秩序，还能代表地域的力量与"他者"地域抗衡。实际上，一位地域名人往往就是一个地方的文化名片，如沈从文之于凤凰，鲁迅之于绍兴，三苏之于眉山，郭沫若之于乐山，等等。因此，地域人物对于建构地域形象的意义，特别重要。所以，在当代地方文化建设和地域形象建构工作中，表彰地域先贤，发掘地域文化名人，修葺名人故居和重建名人展馆，就是企图通过名人效应扩大地域社会的影响，建构有影响、有价值的地域形象。而当代社会屡见不鲜的争抢名人的现象，或抢名人出生地，或争名人居住地，或争名人坟茔地，可谓无奇不有，五花八门，其目的就是为了利用名人效应建构地域形象。

所谓地域经济，是指地域经济的发展水平和民众的生活水平，简言之，就是地域内的贫穷与富饶的问题。地域经济是决定地域形象的重要元素。如历史上之四川，号称"天府之国"；陕西关中平原，号称"沃野千里"；两湖地区，号称"鱼米之乡"，等等，皆是因经济富庶而名闻天下，成为人们居家立业的乐土。而历史上的贵州，因其多山多石和土地贫瘠，而被忽略和被轻视，其地域形象之美誉度亦就相当地欠缺。一般而言，地域空间决定地域经济，地域经济影响地域文化之发展，决定地域族群之精神面貌。所以，地域经济是建构地域形象的重要元素。

综上，地域形象的建构，主要由地域称谓、地域空间、地域族群、地域文化和地域经济等五大元素构成。此与古代中国人以郡书和地记建构地域形象之取材基本吻合。大体而言，地域称谓是地域形象的标识符号，地域族群和地域文化近似于郡书中记录的人物之盛；地域空间和地域经济近似于地记中载录的风土之美。

2. 建构地域形象的方式或手段

建构地域形象的要素，有如上所述之五个方面。但是，其建构的方式又是千差万别，各地域根据实际情况，或有不同的选择。概括起来，主要有以下几种方式。

其一，通过历史书写，清理地域文脉，传承文化记忆，以此建构地域形象，是一种最为普遍的方式。

古代中国是一个重史的国度，古代中国历史文献保存之丰富和传承之久远，在世界史上无有出其右者。书写历史、编撰史书和传承史料之动机和目的，有种种的不同，或者是为"以古为镜"，或者是为记录人类活动之痕迹。但有一点则是共同的，即通过历史书写，建立人类的"根基性情感"，为造就族群共同体和地域共同体提供历史记忆。所以，在古代，有国史，有地域史或方志，有家族史或族谱。书写国史的目的之一，是为了传承国民的历史记忆，增进国民的国家认同，造就国家共同体；编撰地方史的目的之一，是为了传承地域族群的历史记忆，增进地域族群的地域认同，建构地域共同体，呈显地域文化形象；编撰家族史的目的之一，是为了凝聚家族情感，强化家族成员的历史记忆和家族意识。所以，无论是编撰国史，还是编著方志，抑或是撰著家谱，一般皆是通过历史的书写，固化历史记忆，强化族群的"根基性情感"和人群的共同体观念。

如前所说，地方官员和地域知识精英是凝聚地域共同体和建构地域形象的主体，其采用的重要方式之一，就是书写地方史，编撰地方志。在历史上，大多数方志作品的编撰，都是地方官员和地域知识精英的共谋，在地方官员的倡导或主持下，由地域知识精英集体编撰完成。在传统中国社会，地域知识精英最热衷的事务，就是编撰方志和整理地方文献。一位地域知识精英能够进入方志馆，参与方志的编写，或者受邀主撰方志，就像一位国家知识精英能够获得参与国史编撰的机会一样，是莫大的荣幸。方志编撰的目的很明确：一是为了传承地域文献和历史，彰显地域的历史渊源和人文传统；二是为了总结历史教训，为当代政治提供借鉴，有资治的功能和价值；三是为梳理地域文脉，彰显地域人文精神；四是为了呈现地域历史记忆，追溯地域历史根基，培育地域共同体意识，推进地域向心力和凝聚力的形成；五是为了呈显地域风土之美和人物之盛，彰显地域魅力，建构地域形象。地域知识精英在编撰方志时，有三个问题值得注意：

一是地域历史书写的取材问题。无论是国史的编撰还是方志的著述，皆有一个史料的去取问题，史家撰史的动机决定其对史料取舍之态度。正如王明珂所说：

　　任何人物、事件之存在与发生，都不一定被记录、保存在社会历史记忆中。人们在其社会叙事文化传统所蕴含的历史心性、文类与模式化情节之导引下，以及个人及其认同群体之利益与情感抉择下，选择重要的人物、事件与其他符号，循着这些叙事文化中的范式将它们组织、安排成历史叙事。[1]

即史料的选择，是由历史书写者所代表的群体的"历史心性"及其相关的利益和感情所决定。因为一切历史都是当代史，都是建构的历史，记录什么，遗忘什么，哪些人物和事件可以成为"历史记忆"，哪些内容又将被"结构性失忆"，体现的是历史书写者及其所代表群体的利益、感情和意图。所以，在王明珂看来，历史是"历史心性"的产物，其内容是由在特定的社会情境下产生的"历史心性"所决定。因此，我们可以从中了解到历史书写者及其所代表的群体在何种情境下书写或诉说这些"历史"，以及在诉说或宣称这些"历史"时的情感和意图。因为"历史记忆"是在"历史心性"的影响下建构起来的，"历史"是"历史记忆"的体现，建构的"历史记忆"通过历史文本如国史、方志、家谱的传播，建构一种"现实的本相"，建构的"现实的本相"影响真实的"历史本相"，从而又反过来影响人们对"历史记忆"的建构。在如此循环往复的过程中，地域文化、地域精神和地域形象便逐渐被建构起来。这是历史学家的追求，亦是历史书写的目的。

地域共同体和族群共同体都是通过共同的"历史记忆"凝聚起来的。族群共同体的形成，往往是通过书写族群的历史，创造族群共同的"历史记忆"，进而增强族群内部的凝聚力。地域共同体的形成亦是如此。所以，"历史记忆"研究的重点是：一个族群或地域，如何选择、组织和重述他的"过去"，以此创造一个族群或地域的共同传统，

[1] 王明珂：《英雄祖先与弟兄民族——根基历史的文本与情境》，第83页，中华书局 2009 年版。

诠释族群或地域的本质，凝聚族群共同体或地域共同体的认同感和向心力。

基于这样的目的，地域历史书写者，往往秉承传统习惯，侧重于彰显风土之美，展现人物之盛，实际上就是将魏晋六朝时期的地记和郡书文类融为一体，形成所谓的方志文类。因此，方志文类在地域形象的建构上，皆有一定程度的理想化特点。地域形象是地域社会的正面形象，具有引领地域社会发展，凝聚地域社会力量和标举地域社会目标的正面价值。同时，还有向"他者"展示地域社会之价值和魅力的功能。因此，它的建构，常常有扬长避短、适当提升的特点，在现实本相之基础上作适当的提升和美化，或者设置一个地域社会的未来发展目标。所以，它在一定程度上有理想化的特点。

二是历史书写者的身份角色问题。地域历史的书写，通常是有"我者"与"他者"的共同参与，但两者的价值取向和情感态度是不一样的。如王明珂注意到《后汉书》卷八六《南蛮西南夷列传·夜郎》记录的夜郎竹王故事，认为"范氏记录此'神话传说'，反映的是当时华夏对这一方人群的'异类感'"。[1] 他发现，在宋代以来的历史文献中，"描述南方蛮夷风土、居处、服饰、饮食的述异之作，在明、清时期更流行，成为一种以非汉蛮夷为描述对象的书写文类"。[2] 的确，主流中心地区的文人，对于边省或少数民族地区的历史书写，常常是以一种猎奇的心理、"述异"的态度进行书写，往往是以居高临下的态度描述一种"非我族类"的异己感。或惊叹，或轻视，或赞叹，或观看，其态度并不完全相同，但是，异类感或者异己感则是一致的。

[1] 王明珂：《英雄祖先与弟兄民族——根基历史的文本与情境》，第 122~123 页，中华书局 2009 年版。

[2] 王明珂：《英雄祖先与弟兄民族——根基历史的文本与情境》，第 174 页，中华书局 2009 年版。

"他者"的书写，除了这种"述异"文类外，还有王朝正史对地域历史的书写。与"述异"类文体集中突出殊方异俗的异己感不同，王朝正史虽然亦时常流露出这种异类感，但它更多的则是重视国家文化对边缘地区的渗透和影响，强调国家权力对边缘地区的控制，主流文化在边缘地区的传播，显示地域社会的"向化"倾向和"向化"程度。如王明珂发现《后汉书》记录夜郎竹王故事，反映了华夏对这一方地域的异类感，同时又以庄跷王滇事件解释这一方地域的华夏血缘，证实其具备我类性。王朝正史关于边缘历史的书写，这种既为我族又为异类的双重特点，在早期是比较普遍的现象。宋元以后的王朝正史，则明显有略化异类而强化我族的特征。

　　地域历史的书写，尽管常常有"他者"的参与，但其主体还是"我者"。如前所述，方志的编撰，通常是在地方官员的主导下，由地域知识精英共谋完成的。虽然偶尔亦有聘请域外方志名家主持本土方志编撰的情况，但并不普遍，即便是聘请域外人士主持修志，其编撰队伍亦主要还是由本土知识精英构成。所以，在一定程度上可以说，地方史书写的主体还是地域知识精英。地域知识精英书写地方史，就像国家知识精英书写国史一样，有置身其中的归属感和自豪感。与"他者"的书写，在立场、情感和态度上，是很不一样的。地域知识精英本着地域"历史心性"书写的历史，常常饱含着对故土的热情，追叙故土人物之盛和风土之美，往往扬长避短，不免有溢美之词，常常有理想化的特点。

　　地域知识精英书写本土历史，构建本土人文传统和地域形象，更是一个话语权的易手问题。特别是对于边缘地区，因其处在政治的边缘，以及其经济、文化之落后情况，而长期处于被忽略、被轻视和被描写的地位，失去了表述自己的话语权，因而其地域形象亦就处于被建构的状态，甚至是被歪曲、被歧视的处境。明清以来，方志编撰成为朝野上下普遍关注的文化建设工作。边省文人热衷于整理地域文献、阐释地域文化、书写地域历史、推扬风土之美和人物之盛，实际上体现了边省地域知识精英力图摆脱被描写和被构建处境的努力，企图变"他者"的描写为"我者"的书写。"我者"本着本族或本地的"历史心性"，为本族或本地书写历史，实际上是一个自我发现的过程，是一个族群意识和地域意识自觉的过程，亦是一个掌握书写历史、建构形象的话语权问题。

三是历史书写者的主观价值取向问题。"历史"是在"历史心性"的影响下建构起来的，因此，历史的书写，常常体现了书写者及其所代表的族群或地域的主观价值取向和情感利益目标。对于地域历史的书写者——地域知识精英来说，其情感取向，就是要充分彰显地域人物之盛和风土之美，建构独具特色的地域形象和人文传统，显现地域的差异性与特殊性。但是，在"大一统"国家的内部，任何地域都是国家统一体之一分子，地域差异性和特殊性都必须涵盖在国家政治的一体化与国家文化的同一性中。亦只有如此，地域文化、地域精神和地域形象才具备存在的合法性。换句话说，地域的差异性和特殊性固然是一个客观的存在，但此差异性和特殊性均需包容在国家政治的一体化和国家文化的同一性中。只有在国家文化、国家精神和国家形象这个整体的同一性或统一性中，地域文化、地域精神和地域形象才有其存在的依据和价值。特别是对于边省地域来说，因历史书写者及其代表的族群常常陷入身份危机之中，更需要对大一统国家的紧密依附，才能避免身份危机而获得安全感。所以，书写历史的地域知识精英，在情感取向上，是充分彰显地域的差异性和特殊性，呈显风土之美和人物之盛。但是，在价值取向上，持离心分裂倾向者比较少见，多半都愿意攀附国家文化和国家形象，以求得国家的认同而被纳入统一秩序中。所以，彰显地域社会的"向化"意识，将地域文化攀附到国家文化体系中，将地域族群攀附到华夏族群系统中，将地方秩序归并到国家政治秩序里，在国家精神和国家形象的大背景下建构地域精神和地域形象，是地域历史书写者的普遍价值取向。因此，正如程美宝所说：

> 要阐发一个地方的历史，最常见的手段莫过于阐述这个地区的历史。不过，在中国，历代地方史的叙述，所强调的与其说是"地方"的历史，不如说是"国家"的存在如何在地方上得到体现的历史。在这个意义上，"国家"的含义既是具体的典章制度，也是抽象的意识形态，而所谓"地方史"的叙述，实则上又是通过对本土风物的描画和对本地人身份的界定来达到的。地方史所叙述的，是如何把地方上具体的人和物，与人观念中的国家文化和国家象征联系起来。[1]

所以，地方史志中有关地域风俗的记录，"虽是在阐述地方特色，但其立意，在于实现地方'向化'的追求"。"对一地之风俗的评说，常常是以中州礼乐文明为标准的"。[2] 因此，地域知识精英在书写地方文化，建构地方性知识体系时，常常要想方设法将地域文化与国家文化牵连起来，通过各种史实，证明其间的渊源影响关系。如陈春声说：

> 对于中国这样一个保存有数千年历史文献，关于历代王朝的典章制

[1] 程美宝：《地域文化与国家认同——晚清以来"广东文化"观的形成》，第49~50页，三联书店（香港）有限公司2018年版。

[2] 程美宝：《地域文化与国家认同——晚清以来"广东文化"观的形成》，第60页，三联书店（香港）有限公司2018年版。

度记载相当完备，国家的权力和使用文字的传统深入民间社会，具有极大差异的"地方社会"长期拥有共同的"文化"的国度来说，地方社会的各种活动和组织方式，差不多都可以在儒学的文献中找到其文化上的"根源"，或者在朝廷的典章制度中发现其"合理性"的解释。[1]

据此，要证明地域文化与国家文化之间的渊源影响关系，在传统中国社会不是一件困难的事情。但是，这个证明是必须要做的，这个政治和文化上的"攀附"，是必要的。因为它好像是一个政治表态，通过这样的表述，可以将地域社会和地域文化纳入国家政治的一体化和国家文化的同一性系统中。

其二，通过举行地域性的仪式活动，呈显地域人文传统，培育地域共同体意识，彰显地域形象特征。

所谓仪式，就是通过反复强调过去的某种习惯、礼仪和动作等，以增强社会群体的历史记忆。或者说，社会仪式活动是为了强固我们与社会群体中其他成员的集体记忆，以增进社会群体的向心力和凝聚力。比如，一个族群，年复一年、周而复始地举行具有历史记忆性质的节庆活动；或者一个家族，定期举办的祭祖活动。这些活动，一般均有仪式性质。此类具有仪式性质的节庆或祭奠活动，或有族群狂欢的性质，或有慎终追远的目的。但其直接效果则是相近的，即通过仪式活动强固此族群或家族的历史记忆，反复地举行这种仪式，使此历史记忆发展成为族群或家族的集体记忆。这种由少数人的历史记忆发展成为族群或家族的历史记忆，并且世代相传，逐渐积淀成为族群或家族的"历史心性"，对于加强族群认同，增进族群内部的向心力和

---

[1] 陈春声：《走向历史现场》，"历史·田野丛书"总序，见赵世瑜《小历史与大历史：区域社会史的理念、方法与实践》书首，三联书店 2006 年版。

凝聚力，具有特别重要的意义。在中外历史上，一个族群或者家族，年复一年、不厌其烦地、满怀激情地举行这些在形式和内容上近似刻板的仪式活动，其原因就在于此。

仪式就是一个形式，它本身并无多少实质性内容，并且其形式亦常常是刻板的，没有太多的变化。为了维持仪式的庄重严肃性质，一般亦不鼓励在形式上推陈出新。但它是必须的，人们亦并不因为它的单调刻板而放弃，就是因为它有传播历史记忆，建构集体记忆，凝结"历史心性"，增进共同体意识的重要作用。

人类共同体的类型很多，其建构之动力亦有区别。或者是由于血缘亲亲性而构成的族群共同体，或者是由于文化亲亲性而构成的文化共同体，或者是由于地缘亲亲性而构成的地域共同体。地域共同体的建构，虽然亦常常有血缘亲亲性的因素，特别是对于一些由单一民族构成的地域社会来说，更是如此。但是，在大多数情况下，由于政治、经济和军事方面的原因而造成的人口迁徙，导致地域社会呈现出多族群杂居的状态，如贵州地域社会的多民族"大杂居，小聚居"状态。因此，地域共同体的形成，在一般情况下，多以文化亲亲性和地缘亲亲性为基础。具体地说，因为地缘亲亲性而导致其文化亲亲性，在地缘亲亲性和文化亲亲性之基础上，构成地域共同体。而地域性仪式活动周而复始地举行，一定程度上就是为了建构地域社会的文化亲亲性和地缘亲亲性。

地域社会为了建构文化亲亲性和地缘亲亲性，为了强化族群的集体记忆，增进地域共同体意识，凝练地域精神，建构地域形象，常常举行相关的仪式活动，或者在仪式活动上建立永久性的实体纪念物。地域性的仪式活动，虽然缺乏族群仪式和家族仪式的"根基性情感"做支撑。但是，长期以来，地域人群在共同的地域空间中活动，在共同的语言、文化、观念、习俗中生活，所养成的地域共同体意识，是举行地域性仪式活动的物质条件和心理基础。而地域性仪式活动的举行，如纪念地域内的英雄人物、知识精英、清明官员，或者纪念发生在地域内的重大历史事件，或者伴随着这些仪式活动而建立纪念物和发行纪念品，等等。总之，纪念活动、纪念物质或者纪念物品等，都是仪式的组成部分，这些由仪式而衍生的物质性和精神性的纪念物，皆是凝聚地域共同体、彰显地域精神、建构地域形象的重要依托。

其三，通过开展地方性知识的搜集、整理、研究、宣传和教育等活动，彰显地域文化传统，培育地域共同体意识，建构地域形象特征。

人类共同体的构成，虽然有基于血缘亲亲性构成的族群共同体，有基于文化亲亲性构成的文化共同体，有基于地缘亲亲性构成的地域共同体。但其根本上还是以文化共同体为主要形式，无论是血缘亲亲性，还是地缘亲亲性，其核心皆是文化亲亲性。或者说，因血缘关系而构成的族群文化，因地缘关系而构成的地域文化，才是凝聚族群成员和地域成员的核心力量。古代中国社会国家共同体的建构，就是一个典型例子。

古代中国是一个以共同的文化信仰维系着的人类共同体，共同的文化信仰所激发出来的感召力和凝聚力，大大超过国家和国家权力执行者的意志力。在古代中国，国家的灭亡是次要的，最可怕的是文化的灭亡，反对异族入侵的卫国战争，实际上就是捍卫民族文化、反对异族文化侵蚀文化正统的战争。文化代表国家，文化的灭亡亦标志着国家的灭亡。所以，《礼记·礼运》说："故坏国丧家之人，必先去其礼。"西周王朝的崩溃亦被史家称之为"礼崩乐坏"。可以说，一部中国古代政治兴衰史，就是一部礼仁文化的演变史。文化关乎国家之兴亡，在世界史上，古代中国是独一无二的。事实上，中国古代社会就是一个以礼仁文化为核心的大文化区，文化认同是民族认同的核心，共同的文化信仰是华夏各族之间的黏结剂，是维持华夏各族之间的向心力和凝聚力的重要纽带。国家的统一以文化的统一为前提，中国古代尤其注重以文化的统一促成国家的统一，以文化的普及作为权力推移的背景，主张以夏变夷，以先进的华族文化改造后进的夷族文化，以共同的文化信仰吸引异族归附中原王朝，《论语·季氏》所谓"远人不服，则修文德以来之"，即是此意。

共同的文化信仰既然是维系人类共同体的核心力量，因此，无论是国家，还是地域，抑或是族群和家族，都很重视文化建设，皆不遗余力地开展文化的搜集、整理、研究、宣传、教育和传承工作。无论是国家，还是族群和地域，其内在的共同体意识的形成和外在形象的建构，皆需要开展以国史、族史或地域史为核心内容的文化宣传和教育活动。比如，对于国家而言，国史教育是国民素质教育的重要组成部分，国民意识的提升，端赖于国史教育。通过国史教育培育国民意识，国民意识之强弱与国史教育之深浅，在一定程度上是成正比例关系的，而爱国主义教育更是以国史教育为基本内容。通过国史教育，培育国民的"根基历史"意识，基于"根基历史"而培育国民的共同体观念，凝聚国民的国家认同意识，进而塑造国家形象。钱穆的《国史大纲》，堪称此类著作之典范。他持着"对本国已往历史之温情与敬意"撰写《国史大纲》，其书首之告读者书说：

> 凡读本书请先具下列诸信念：一、当信任何一国之国民，尤其是自称知识在水平线以上之国民，对其本国已往历史，应该略有所知（双行小字略，下同）。二、所谓对其本国已往历史略有所知者，尤必附随一种对其本国已往历史之温情与敬意。三、所谓对其本国已往历史有一种

温情与敬意者，至少不会对其本国已往历史抱一种偏激的虚无主义，亦至少不会感到现在我们是站在已往历史最高之顶点，而将我们当身种种罪恶与弱点，一切诿卸于古人。四、当信每一国家必待其国民备具上列诸条件者比数渐多，其国家乃再有向前发展之希望。

最后一条尤其重要，一国的国民皆当对其本国之历史保持温情与敬意，"其国家乃再有向前发展之希望"。他在该书的《引论》中进一步解释说：

> 凡对于已往历史抱一种革命的蔑视者，此皆一切真正进步之劲敌也。惟藉过去乃可认识现在，亦惟对现在有真实之认识，乃能对现在有真实之改进。故所贵于历史智识者，又不仅于鉴古而知今，乃将为未来精神尽其一部分孕育与向导之责也。……若一民族对其已往历史无所于知，此必为无文化之民族。此民族中之分子，对其民族，必无甚深之爱，必不能为其民族真奋斗而牺牲，此民族终将无争存于并世之力量。今国人方蔑弃其本国已往之历史，以为无足重视；既已对其民族已往文化，懵无所知，而犹空呼爱国。此其为爱，仅当于一种商业之爱，如农人之爱其牛。彼仅知彼之身家地位有所赖于是，彼岂复于其国家有逾此以往之深爱乎！凡今之断脰决胸而不顾，以效死于前敌者，彼则尚于其国家民族已往历史，有其一段真诚之深爱；彼固以为我神州华裔之生存食息于天壤之间，实自有其不可侮者在也。故欲其国民对于国家有深厚之爱情，必先使其国民对国家已往历史有深厚的认识。欲其国民对国家当前有真实之改进，必先使其国民对国家已往历史有真实之了解。我人今日所需之历史智识，其要在此。[1]

以历史为核心内容的人文传统，不仅具有"鉴古而知今"的作用，

---

[1] 钱穆：《国史大纲》，第 2～3 页，商务印书馆 1996 年版。

更为重要的是它对"未来精神"之"孕育"与"向导",即指示民族思想和启发民族力量的功效。因此,缺乏深厚悠久的人文传统,或者既有丰厚的人文传统而践踏之,蔑视之,则其民族精神将无所依托,或者根本无法凝聚成全民族共有的精神力量。拥有深厚的人文传统,或者其人文传统并不深厚,而有识之士刻意建构之,用心张扬之,使其民族或国家之分子涵孕其中,受其陶染,而培育其对民族或国家的热爱之情,并凝聚成推动民族或国家发展进步的共同力量或民族精神。

因此,在传统中国文化背景下开展地域共同体和地域形象的建构,地方性知识的搜集、整理、研究、教育和宣传,就是一项特别重要的工作。而地域社会的知识精英特别热衷于地域文化的搜集和地方文献的整理以及地域历史的书写,就是基于这个目的。通过宣传教育,使地域人群对地方性知识有整体的了解,对地域历史有全面的把握,培育他们对地域历史的敬畏之心,对地域先贤的景仰之情,从而升华出对地域空间、地域人文的热爱之情。所以,自魏晋以来,地域知识精英一般都比较注重地方性知识的整理,重视地域史的教育和宣传,如郡书和地记的编撰,就体现了这个意图。而宋元以来的地域知识精英热衷于地方志的编撰,亦是这个原因。在晚清时期,由中央政府主导的乡土教育工作;在光绪末年至辛亥革命前,地域社会出现了编写乡土志和乡土教材的热潮,亦是这个目的。

四、为何建构:地域形象建构之目的

地域形象的建构,是在相当长一段时期内,由国家与地方、"我者"与"他者"共同参与,相互讨价还价的结果。"他者"参与的建构,常常是在自我中心主义视角下,往往持着"述异"的心态,片面夸大其差异性，强调其异己感或者异类感。特别是对边缘地域的描写，常常以居高临下的态度，忽视、轻视甚至丑化之。或者以猎奇之眼光"述异"，或者以同情的态度描写，过分夸大其"非我族类"的一面。国家势力参与地域形象之塑造，往往是在国家中心的视角下，强调国家政治的统一性和国家文化的同一性，力图将地域的差异性和特殊性包容在国家的统一性和同一性中。

"我者"是地域形象建构的主体，他不仅要与"他者"的描写抗衡，变被动描写为主动建构，而且还要与国家势力讨价还价，在国家政治统一体和国家文化同一性的大格局下，建构既能符合国家统一体和同一性又能体现地方特殊性和差异性的地域形象。概括地说，"我者"建构地域形象，其主要目的有三：一是向上纳入国家统一秩序，二是向内造就地域共同体，三是向外宣示地域形象，增进地域自信。

其一，地域知识精英通过对地方文化的整理和地域历史的书写，呈显地方文化的成就和价值，彰显地域历史之渊源和发展，在此基础上建构地域形象，其目的就是要将地方文化纳入国家文化的同一性中，将地域历史纳入国家历史的统一体中，将地域形象纳入国家形象的整体性中，以此展现地域社会的"向化"追求。

具体地说，地域知识精英通过对地方性知识的整理和阐释，展现地域文化的成就和价值，清理地域社会的文脉和学统，并将此文脉和学统与国家文化对接，在国家文化中寻找地域文化的源头，将地域文化纳入国家文化体系中，证明地域文化是国家文化的一部分，地域文化与国家文化具有同一性，以此彰显地域文化的"向化"追求。地域知识精英书写地方历史，编撰地方志，追溯地域历史之渊源，呈显地域历史记忆，并将此地域历史记忆与国家历史记忆对接，在国家历史记忆中发现地域历史记忆的源头，将地域社会的"小历史"整合到国家社会的"大历史"中，从而证明地域社会的"小历史"与国家社会的"大历史"具有同一性和统一性，以此展现地域历史的同源特征。地域知识精英通过对地方性知识的整理和地域历史的书写，凝聚地域共同体，提炼地域文化精神，建构地域形象，并将此地域形象与国家形象对接，将地域社会纳入国家大一统秩序中，在国家形象统一体中确立地域形象的位置，以此展现地域形象与国家形象的统一性。

其二，地域知识精英通过地方历史的书写，呈显地域社会的历史记忆和集体记忆，并在此基础上建构地域形象，其目的就是通过地域形象的感召而凝聚地域向心力，提升地域认同感，造就地域共同体。

所谓共同体，是指在社会发展进程中，人类基于共同的根基历史、历史心性、价值观念、文化背景、物质利益等因素而构成的一种集体单元。这种集体单元，在内部互相认同，在外部拥有共同的"他者"。从类型上讲，有国家共同体、地域共同体和族群共同体。从性质上讲，有想象的共同体和实有的共同体。从构成要素上看，有政治共同体、文化共同体、血缘共同体和地缘共同体。

造就地域共同体的因素是多方面的，有通过政治手段划定区域边界并以权力维系的共同体，可称为政治性的地域共同体；有因为共同的根基历史、历史心性和文化渊源而造就的共同体，可称为文化性的地域共同体；还有基于地缘关系、经济网络而造就的共同体，可称为地缘性的地域共同体。就其性质而言，基于权力手段划定区域边界构成的政治性的地域共同体，往往是"想象的共同体"，因为它既不是基于共同的历史记忆和文化心性所构成，亦不是基于共同的血缘关系和地缘关系所造成，而是基于权力手段，是某种政治或者军事的需要建构起来的，其内部相互之间的认同感不强烈，因而是想象的。文化性的地域共同体和地缘性的地域共同体才是"实有的共同性"，因为它具有基于共同的历史记忆和文化心性而形成的认同感，有基于地缘关系和经济网络而形成的依附感。所以，与作为想象性质的政治性地域共同体之貌合神离的特征不同，作为实有性质的文化、地域性共同体，其内部的凝聚力和向心力很强大，其内部的认同感和对"他者"的异己感亦是发自内心。我们认为，真正对地域社会政治、经济、文化发展起重要促进作用的，就是这种实有性质的文化性、地缘性地域共同体。而地域社会以知识精英为代表的"我者"，其所企图建构的，就是这种实有性质的文化性、地缘性的地域共同体。

塑造地域形象与建构文化性、地缘性地域共同体，实际上是一事之两面。地域形象是地域共同体的形象，地域共同体是里，地域形象是面；地域形象彰显地域共同体，地域共同体支撑地域形象。在地域共同体之基础上建构地域形象，地域形象又反过来加固地域共同体。所以，地域形象与地域共同体之间，是表里依附、相互支撑、彼此促进的关系。

其三，地域知识精英通过对地域空间的阐释、地方文化的整理和地域历史的书写，呈显地域空间的优越性，展现地域文化的特殊性，彰显地域形象，还有消除地域偏见，增强地域自信的意义。

一般而言，不同地域之间，如同人与人之间，或者族群与族群之间，其相互尊重，彼此推扬，固属正常。但是，在历史上，相互轻贱，彼此抹黑，各怀偏见的情况，亦屡见不鲜，此即所谓的"地域黑"问题。据考察，在先秦时期，就出现了这种地域偏见。如当时的宋国和宋人，就常常遭遇人们的轻贱。在那时一般人的观念中，宋人是愚蠢的，人们把天下的蠢人都说成是宋人，蠢事都发生在宋人身上，如"揠苗助长""守株待兔""适越卖冠"等等，说的都是宋人做的蠢事。[1]
宋人并非都是这般地愚蠢，但是，在先秦时期，人们出于政治偏见而
对宋地和宋人产生了地域偏见和种族偏见。因为宋人是殷商后裔，传
承的是殷商文化。周人为了巩固自己的统治，运用"天下之恶皆归焉"
的夸张手法，而对"殷玩"进行丑化，编造出一系列宋地的蠢人蠢事，
这是典型的"地域黑"事件。又如，在战国、秦汉时期，人们对齐人
多不怀好感，普遍认为齐人伪诈多变，舒缓阔达，不务情实。齐国人
奸诈狡猾，是秦汉时期人们的一个共识。如《史记·淮阴侯列传》载：
韩信占领齐地，遣使禀告刘邦说："齐伪诈多变，反复之国也。南边
楚，不为假王以镇之，其势不定，愿为假王便。"《史记·郦生陆贾传》
载：郦食其游说刘邦说："方今燕、赵已定，唯齐未下。……诸田宗强，
负海阻河济，南近楚，人多变诈，足下虽遣数十万师，未可以岁月破也。"
《史记·平津侯主父列传》载：齐人公孙弘"尝与公卿约议，至上前，
皆背其约以顺上旨，汲黯廷诘弘曰：齐人多诈无情实，始与臣等建此
议，今皆背之，不忠。"《汉书》卷二十八引刘向、朱赣等人的话说：
"其（齐）土多好经术，矜功名，舒缓阔达而足智。其失夸奢朋党，
言与行缪，虚饰不情。"据此，在当时，"伪诈""变诈""多诈"，
成为世人对齐人评价的共识。对于这种性格，贬之者固然谓之"言与
行缪，虚饰不情"。客观地说，则是指齐人足智善变。如《淮南子·
要略》说："齐国之地，东负海而北障河，地狭田少，而民多智巧。"
《史记·货殖列传》说齐地"其俗宽缓阔达，而足智，好议论"，"齐
赵设智巧，仰机利"。虽然齐人善于使用智慧，把握时机，巧妙应变，
但并非所有齐人皆是奸诈狡猾之徒，这里亦有"地域黑"的问题。另

---

[1] 王利器著《宋愚人事录》，从先秦文献中辑得宋国愚人愚事二十则，见王利器、
王贞珉选编《中国笑话大观》之"附录二"，北京出版社1995年版。

外，郑人亦常常遭遇人们的丑化，如"郑人买履""买椟还珠"等寓言，讲的就是郑人做的蠢事。这类例子还有不少，如关于楚人，有"刻舟求剑""自相矛盾""叶公好龙""画蛇添足"，等等。关于燕人，有"邯郸学步"等。关于魏人，有"五十步笑百步"等。

遭遇此种"地域黑"事件比较严重的，还有贵州。如"他者"关于贵州的描写，有"夜郎自大""黔驴技穷"之语，有所谓的"三言两语"之说，等等。这种"他者"对贵州的"地域黑"，实际上就是"他者"对贵州的地域偏见和歧视。这种地域偏见和歧视，长期以来成为贵州人心中挥之不去的历史阴影，严重打击了贵州人的自信心，影响了贵州地域经济社会的发展。

历史上普遍存在的这种"地域黑"现象，皆是"我者"持着自我中心主义的观点，对"他者"地域进行的丑化和矮化。因自身的优越感，而用以偏概全的方式，对"他者"地域贴标签，有时甚至上升到语言暴力的程度。但是，值得注意的是，在先秦时期，关于秦国和秦人，这种讽刺性的寓言就很少。秦国之所以能避免"他者"的"地域黑"，是因为其本身在政治、军事、经济方面的强大，掌握着话语权。他不仅不会被"黑"，反而掌握着"黑""他者"的话语权。于此可见，避免"地域黑"，建构具有美誉度的地域形象，话语权很重要。而在话语权背后作支撑的，是地域社会在政治、经济和文化方面的综合实力。

因为"他者"之自我中心主义而产生的此种"地域黑"现象，所以，地域形象之建构，便有解构和重构的必要，还有变被动描写为主动描写的必要。地域和人群一样，存在弱势与强势之别，弱势者因为没有话语权，常常处于被描写的地位，在被描写状态中，被轻视、被歧视、被丑化和被矮化就不可避免。而强势一方往往持着地域偏见给弱势者抹黑。比如，在先秦时期，被"黑"的均是弱势地域，如宋、郑、卫等；或者边缘地域，如齐、楚等。而于强势之秦，则较少受到抹黑。因此，弱势或边缘地域的地域形象建构，首先是要变被动描写为主动描写，其次是要解构强势地域强加的"他者"构建和"地域黑"。通过对地域空间的阐释、地方文化的整理和地域历史的书写，展现地方文化的成就和价值，彰显地域历史之渊源和发展，解构"他者"的地域偏见，重构地域新形象。

综上所述，地域形象之建构，向上是为了纳入大一统国家的政治统一体和文化同一性中，以体现其合法性；向内是为了凝聚地域社会的向心力和认同感，建构地域社会共同体；向外是为了呈显地域空间的优越性，展现地域文化的成就和价值，彰显地域历史之渊源和发展，肃清地域偏见，呈现地域形象的美誉度。

第二章 何谓贵州？何以贵州？

一、引言：问题的提出

葛兆光在《宅兹中国》一书"引言"之开篇，有一段颇有启发性的文字。他说：

> 也许，"中国"本来并不是一个问题。……可是如今有人竟然质疑说，真的有这样一个具有同一性的"中国"吗？ 这个"中国"是想象的政治共同体，还是一个具有同一性的历史单位？ 它能够有效涵盖这个曾经包含了各个民族、各朝历史的空间吗？ 各个区域的差异性能够被简单地划在同一的"中国"里吗？ ……这些过去不曾遭遇的质疑，可能使原来天经地义的"中国"，突然处在"天塌地陷"的境地，仿佛"中国"真的变成了宋人张炎批评吴文英词里说的，"七宝楼台，拆下来不成片断"。本来没有问题的历史论述，如今好像真的出了问题，这个问题就是："中

国"可以成为一个历史世界吗？[1]

这段文字涉及的问题，亦就是近年来学术界普遍关注的"何谓中国"和"何以中国"的问题。原本天经地义的"中国"以及关于他的历史叙述，之所以遭遇质疑，之所以要提出"何谓中国"和"何以中国"这样的学术问题，不是因为"中国"本身出了问题，而是我们看问题的方法和角度发生了变化。具体地说，就是因为解构主义视角的引入和建构主义方法的运用，在原本没有问题的地方发现了问题，对人们习以为常的观念和意识发生了疑问。在建构主义方法论的影响下，许多原来看似牢不可破的概念，都备受质疑。比如，什么是"中国"和什么是"中国人"等常识问题，都需要重新思考和研究。正如程美宝所说，在建构主义方法论的影响下：

> 时下历史学界和人类学界的族群研究，正在运用一套颇具颠覆性的语言，重新衡量王朝统治的影响力，重新思考所谓"边疆"和"中心"的位置，所谓"主体"和"客体"的相对性。研究者不再从僵化的族群标签和分类出发，去寻找这个或那个族群的特性和特质，研究者更重视的是这个或那个族群的自我意识和被他者标签的形成过程。[2]

正是在建构主义方法论的启示下，学者对习以为常的问题提出了质疑，发生了"何谓中国"和"何以中国"这样的疑问。所谓"何谓中国"，就是指什么是"中国"，"中国"的内涵是什么，构成"中

---

[1] 葛兆光：《宅兹中国——重建有关"中国"的历史论述》，第3～4页，中华书局2011年版。

[2] 程美宝：《地域文化与国家认同——晚清以来"广东文化"观的形成》，第31页，三联书店（香港）有限公司2018年版。

国"的要素是什么，所谓"何以中国"，就是指为什么是"中国"，"中国"的内涵为什么是这样的，这些要素构成的共同体为什么被称为"中国"，这些根本性问题的提出，完全颠覆了那些人们习以为常的观念意识，在当代学术界产生了振聋发聩的影响。

上述在建构主义方法论影响下发生的"何以中国"和"何谓中国"的疑问，以及关于"中国"的历史叙述的质疑，启发了我们对关于"贵州"的历史叙述的思考。换言之，在建构主义方法论的启示下，我们亦可以提出"何谓贵州"和"何以贵州"这样的问题。问题的性质是相同的，区别仅在于地域空间和历史单元的大小程度不同而已。我们亦可以仿效葛兆光的话语，对"贵州"发问：真的有这样一个具有同一性的"贵州"吗？这个所谓的"贵州"，是想象的政治共同体，还是一个具有同一性的历史单位？"贵州"能够涵盖这个曾经包含了各个民族和各朝历史的地理空间吗？各个区域的差异性能够被简单地划入同一的"贵州"里吗？简言之，"贵州"可以成为一个具有同一性的历史单位或历史世界吗？总而言之，上述问题，归纳起来，就是"何谓贵州"和"何以贵州"两大问题。

所谓"何谓贵州"，即什么是"贵州"？具体地说，"贵州"的内涵是什么？构成"贵州"的要素是什么？我们认为：构成一个历史世界或历史单位的"贵州"的具体要素，包括地域称谓、地域空间、地域族群、地域文化和地域经济等几个方面，构成"贵州"的这些具体要素，就是"贵州"的内涵。

所谓"何以贵州"，即为什么是"贵州"。具体地说，"贵州"的内涵为什么是这样的？这些地域要素构成的历史单位和历史世界，何以被称作"贵州"？在这块土地上生活的人群，为何都认同或者不认同"贵州"？为何都要或者不宣称自己是"贵州人"？"何以贵州"

问题，实际上就是一个对"贵州"的认同问题。

"何谓贵州"和"何以贵州"是两个不同的问题，前者是一个客观性的存在，后者是一个主观性的认同。更形象一点说，"我是贵州人"与"我为何宣称我是贵州人"是两个不同的问题，前者相当于"何谓贵州"，是一个客观性的存在；后者相当于"何以贵州"，是一个主观性的认同。

"何谓贵州？何以贵州？"问题，是一个与贵州地域形象密切相关的问题，是关于贵州地域形象的构成和认同问题。本章以"何谓贵州？何以贵州？"为题，讨论构成"贵州"的要素及其基本特征，回答"何谓贵州"的问题，亦就是解决建构贵州地域形象的要素问题。研究这些构成"贵州"的要素为何或者以什么方式指向着、认同着一个"贵州"，回答"何以贵州"的问题，亦就是解决在建构贵州地域形象过程中如何增进地域认同、建构地域共同体的问题。

二、作为地域称谓的"贵州"

作为地域称谓的"贵州"，是构成"贵州"的重要元素，亦是构成贵州地域形象的标志性符号。地名之于地域，犹如姓名之于人物，虽然仅仅是一个符号性称谓，但于其所称谓的对象确有比较重要的意义。为一个地域命名，犹如为一个人物命名，一般不会率意而为，总是有或这或那、或深或浅的寓意。而命名一旦形成并被长期使用，它便成为称谓对象自身的一个重要组成部分，甚至是其生命的一部分。在这时，它就不仅仅是一个符号性称谓，而是被赋予了生命特征和文化内涵，甚至是其生命或文化的一个标志。

称谓有美名和恶名之分。美名可以远扬，恶名亦可以昭著。称谓之美与恶，藉着传播而扩散，而传播的效果又视传播者之情感和态度而定，故美名可能变成恶名，恶名可能变成美名。称谓的内涵亦可能随着情境之变迁而变化，具体地说，人名的内涵会随着人之成长和发展而被赋予新的意蕴，地名的内涵亦会随着地域社会之发展而被赋予新的意义，或者被重新解读和诠释。亦就是说，地名和人名将随着地域社会的发展处境和个人的成长经历，而被赋予或者被诠释出新的意义来。所以，地名如同人名，虽然本质上是一个符号性称谓，但是，此符号一旦被用作地名或人名，它便随着地域一同发展，随着人物一起成长，被不断地赋予新内涵，朝着或美或恶的方向发展，分别成为其人或其地不可或缺的一个重要组成部分，于其人或其地具有标志意义和身份价值。

历史以来的贵州地域，其称谓较多，并且不断变化。大体而言，在早期，或称"鬼方"，或称"且兰"，或称"夜郎"，或称"牂牁"，等等。唐宋以后，或称"黔南"，或称"黔阳"，或称"黔中"。"贵州"一词作为贵州地域之称谓，起于宋代，而定型于明朝，并相沿至今。此乃作为地域空间的贵州之称谓的大体情况。

作为地域空间之贵州的称谓，在周汉时期，有"鬼方""且兰""牂牁""夜郎"等不同称号。唐宋以来，则有"黔南""黔阳""黔中"等称谓。如唐代诗人窦群《自京将赴黔南》云："风雨荆州二月天，问人初雇峡中船。西南一望云和水，犹道黔南有四千。"刘禹锡有《送义舟师却还黔南》、白居易有《送萧处士游黔南》、许棠有《寄送黔南李校书》等等，皆称"黔南"。[1] 如杜甫《赠李十五丈别》云："北

---

[1] 其实，在清朝乃至民国时期，亦仍有以"黔南"指称贵州的，如爱必达《黔南识略》、罗绕典《黔南职方纪略》中的"黔南"，即是指贵州。民国年间编纂的《黔南丛书》，亦是如此。

回白帝棹，南入黔阳天。"《送王十五判官扶侍还黔中》云："黔阳信使应稀少，莫怪频频劝酒杯。"是称"黔阳"。如白居易《送萧处士游黔南》云："江从巴巫初成字，猿过巫阳始断肠。不醉黔中争去得，磨围山月正苍苍。"是称"黔中"。这里的"黔阳""黔南""黔中"，皆指唐代黔州黔中郡，治所在今重庆市彭水县，包括今贵州沿河北部、务川及其北面。[1]但是，大体上说，在秦汉以后的公私文献中，虽然偶有"黔南""黔阳"之称，但总体不如"黔中"之称普遍。据考察，"黔中"一词起源甚早，其地在战国时属楚国，故城在今湖南沅陵县西。秦昭襄王使司马错发陇西，因蜀而攻取之，秦始皇时始置黔中郡，辖地包括今湖南西部、贵州东北部。汉代改为武陵郡，唐开元二十一年（733）析江南道置黔中道，治所在黔州（今重庆市彭水县），辖今湖北省西南部、重庆市东南部、贵州省北部和湖南省西北部。[2]可见，在宋元以前，"黔中"虽包括贵州部分地区，但不专指贵州。明清以来，特别是在清代，当"黔"成为贵州通用的简称后，"黔中"便逐渐成为贵州省的代称，在当时的公私文献中，已是屡见不鲜。

"贵州"命名之起始，本土方志多有论及，然颇多歧异，如（康熙）《贵州通志·大事》说："宣和元年（1119），祐恭为贵州防御使。贵州之始见于此。"（乾隆）《贵州通志·建置》说："（至元）二十年（1283），讨平九溪十八洞，定其地之可以设官者，大处为州，小处为县，并立总管府，听顺元路宣慰司节制，置贵州等处长官司，领于顺元路安抚司，此'贵州'之名所自始也。"（道光）《贵阳府志·沿革》说："贵州之名见于元史，其《本纪》云：大德五年（1301）六月壬辰，宋隆济攻贵州，知州张怀德死之。《地理志》'顺元等路

[1] 唐莫尧：《"黔南"试释》，见唐著《贵州文史论考》，贵州教育出版社2000年版。
[2] 参见《辞源》"黔中"条。

安抚司'有'贵州等处长官'。贵州之名起于元世。"又说:"五代之际,罗甸王之支属有普贵者,北据矩州,宋太祖初纳款,土人伪'矩'为'贵'。太祖因其所称者,用为'贵州'之名,'贵州'之名于是起矣。"(民国)《贵州通志·舆地志》说:"按《康熙通志》载,太祖赐水西土官普贵敕书有'惟尔贵州,僻在要荒'之文,是'贵州'之名宋世已有。"以上列举,有始于宋宣和元年(1119)田祐恭为贵州防御使说,有始于宋太祖赐水西土官普贵敕书说,有始于元世祖至元二十年(1283)置贵州等处长官司说,有始于大德五年(1301)宋隆济攻贵州说。

"贵州"命名之由来,亦有多种说法。或称源于"鬼方",如(康熙)《贵州通志·建置》说:"(贵阳府)为鬼方。"柴晓莲《贵阳市建置沿革略述》说:"'贵州'名称和'鬼方'有极其久远的历史渊源,'贵'字就是从'鬼'字演变而来,两字读音相同。"或说源于"矩州",如(道光)《贵阳府志·沿革》说:"今黔南之间,鱼棱支微同呼,矩、贵无异,则'贵州',即'矩州'之变无疑。"(道光)《安顺府志·纪事》说:"以州南水方如矩而名,今'贵州'即是。"或以为源于"贵竹",如(嘉靖)《贵州通志·郡名》说:"贵州宣慰司:黔中(秦名)、牂柯(汉名)、罗甸(甸或作殿)、牂州柯州(俱唐名)、贵阳(郡在贵山之阳,故名)、八番顺元(元名)、贵竹(贵产美竹,故名)。"关于"贵州"命名之起始和由来,说法很多,颇难定论。唐莫尧《"贵州"一名由来考证》一文,[1]有详细的考订和辨析,可供参考,兹不具论。

综上所述,贵州地域之称谓,自历史以来,先后有鬼方、且兰、牂牁、夜郎、黔南、黔中、黔阳、贵州等称谓。"鬼方"之称,或另有所指,

---

[1] 唐莫尧:《贵州文史丛考》,贵州教育出版社2000年版。

学者已有辩证，可以采信。"且兰"之称，实有所属，但因史料缺失，已渐被遗忘，不再使用。"牂牁"之称，因江命名，沿袭既久，已成专名，但唐宋以来不再用作指称贵州。"黔南""黔中""黔阳"之称，起于唐宋，清代以来的学者仍偶尔沿用。晚清民国时期，关于贵州地域的称谓，使用得最为普遍的主要还是"贵州"和"夜郎"。"贵州"是官方钦定的区域称谓，"夜郎"则是民间记忆的历史称谓。

作为一个地域称谓，"夜郎"之本义已难确考，或者为民族语言之音译词，亦未可知。但其起初，无疑是一个客观的称谓符号，至于它是族称还是地名，已无法考证。然而，因为汉代以来成语"夜郎自大"的广泛传播，"夜郎"符号由客观称谓而被赋予了贬义色彩，使作为地域空间的贵州和贵州人处于相当尴尬的境地。长期以来，作为地域空间的贵州形象，一直处于被贬损、被歪曲的状态。其中最大的误会和极端歪曲的"描写"，莫过于"夜郎自大"一语。据《史记·西南夷列传》载：汉使至滇，"滇王与汉使者言曰：汉孰与我大？及夜郎侯亦然。以道不通故，各自以为一州主，不知汉广大"。"夜郎自大"成语出自于此。滇王与夜郎王的"自大"，是因为"道不通故"。因为"不知汉广大"，是由于交通阻隔所造成。其所以发问，并非出于虚矫狂妄，自高自大。引文的后三句话显然是司马迁的意见，解释滇王和夜郎侯何以有如此之发问，解释文字的字里行间亦并没有轻薄或批评之意，更多的是"理解之同情"。但是，如今通用的成语"夜郎自大"，则明显是一个贬义词。贬斥黔人坐井观天、虚矫狂妄、自高自大。非仅"夜郎自大"一语含有贬义，即便是"夜郎"一词，因为自然让人联想到"自大"，亦成为一个不光彩的称号。从《史记·西南夷列传》这段史料脱胎出来的"夜郎自大"这个成语，实在是学者对这段文字的过度阐释，这是贵州形象第一次遭遇不光彩的"描写"。

　　因此，明清以来，黔籍文人在描述贵州地域文化、建构贵州地域形象时，虽然尽力回避这个给贵州地域空间和贵州人带来千年心理阴影的"夜郎"符号。但是，对于"他者"而言，提及贵州，描写贵州，"夜郎自大"仍然是油然而生的第一感觉。时至今日，"夜郎自大"依然是"他者"关于贵州形象的一个心理定式。由此，"我者"在建构贵州地域形象时，"夜郎"已经成为一个禁区。因为它是一个传承千余年的、并被"他者"普遍接受的一个负面称谓，不但不能以之作为建构贵州地域形象的地域称谓，而且是必须尽可能回避的歧视性称谓。[1]

　　宋元以来，以"贵州"称谓指称作为地域空间的贵州，并被国家社会和普通民众广泛接受。但是，这样一个地域称谓，仍然存在诸多问题。

　　第一，它是一个年轻的称谓，其历史感觉和文化意味不够丰富。

──────────

[1] 但是，有意味的是，在当代地域社会的形象建构中，地方政府和地域知识精英，皆力求从地域历史文化中挖掘资源，以作为建构地域形象的文化资源和历史根基。于是，在贵州及其周边地区，有关"夜郎"的话题又被重新提出来，发生了地方政府和地域知识精英争夺"夜郎"符号的现象。贵州周边省份中与贵州接壤的几个县，都纷纷宣称自己是夜郎故地，甚至还有的县政府提出以"夜郎"称谓更改其县名的申请，据说这项县名更改申请因贵州地域知识精英的强烈反对而被迫停止。还有就是贵州境内亦有多个县级政府和地域知识精英宣称自己是夜郎故地，如镇宁、桐梓、赫章、石阡、六枝、思南等地，皆发出过这样的声音。夜郎故地的争夺，在一段时间成为贵州及其周边社会的地域知识精英讨论的热门话题，相关的研究机构，如夜郎文化研究院、夜郎文化研究中心等等，纷纷成立，相关的学术研讨会亦渐次召开。一度因其负面价值而使贵州地域社会唯恐避之不及的"夜郎"称谓，居然在当下成为地方政府和地域知识精英争抢的对象。但是，尽管地方政府和地域知识精英乐此不疲地争抢夜郎地域的归属权，然而在地方文化宣传和地域形象品牌建构中，于"夜郎"这个称谓的使用，却颇有几分尴尬和无奈。即一方面必须保住这个专属于贵州的历史文化资源，另一方面又因为这个资源有相当明显的负面价值而不能为我之正面地域形象塑造所利用。可以说，"夜郎"之于贵州，正像是一个烫手的山芋。

所以，即便因建省这个重大事件而使"贵州"成为贵州地域在政治上的专属称谓和法定称谓，但学者在私人著述中描述或记录贵州时，仍然多用"黔南"或"黔中"这种有历史感的称谓。如笔者在《边省地域与文学生产——文学地理学视野下的黔中古近代文学生产和传播研究》一书中，仍然使用"黔中"一词称谓贵州地域，并列举其中的两个原因：一是"贵州"一词，是一个太年轻的词，是一个缺乏历史感觉和文化意味的区域称谓，因而亦是一个没有根、没有美的词。选择"黔中"这个古老的称谓，看重的是它的历史感觉和文化意味。尽管可能会带来理解上的分歧，但笔者依然认为只有在它的基础上建构地域文化传统和地域文学精神，才是最恰当的。二是"黔中"一词，作为一个古老的地域称谓，其丰富的历史感觉赋予其深厚的文化意蕴，所以是一个具有丰富文化意蕴和人文气息的文化地域称谓。"贵州"一词历史短暂，文化意蕴浅薄，主要是一个有较强政治权力色彩的政治区域称谓。[1] 或者说，作为文化地域称谓之贵州，用"黔中"较好；作为政治区域称谓之贵州，用"贵州"较好。

第二，对于"我者"来说，"贵州"仍然是一个认同感不强、美誉度不高的地域称谓。在明清以来，"我者"因贵州身份的被轻贱和被歧视，往往有比较普遍的"去黔"心理。那些生于黔而仕宦于外者，"亦谬自陋"，或"不愿归乡里"，或"籍其先世故里，视黔若将浼焉"。即便是在当代贵州经济社会发展已经取得重要进展，并被"他者"刮目相看的情况下，"我者"在"他者"面前宣称自己的贵州身份时，依然还是显得底气不足。"我者"在若干历史年代积累下来的自卑心理，确实在短时期内难以完全消除。这种"去黔"心理，严重影响了贵州

---

[1]　汪文学：《边省地域与文学生产——文学地理学视野下的黔中古近代文学生产和传播研究》，第 48 ~ 49 页，上海古籍出版社 2016 年版。

人对"贵州"的认同感和归属感。

第三，对于"他者"来说，"贵州"这个地域称谓，在相当程度上依然还是贫穷落后的代名词，仍然对之还是持着相当严重的轻贱心理，因而亦存在着比较明显的"畏黔"心态。如孔尚任《敝帚集序》说到贵州地势险峻和山川阻隔，外籍人士"轮蹄之往来，疲于险阻，怵于猛暴，惟恐过此不速。即官其地者，视为鬼方、蛮触之域，恨不旦夕去之"。[1]卫既济《重修贵州通志序》说贵州"地处荒徼，苗顽难驯，筮仕得此方，辄多瑟缩不前"。[2]这样的意见及其所表述的现象，具有相当的普遍性。这种轻贱心理和"畏黔"心态，在短时间内难以完全改变，即便是在贵州地域经济社会的发展取得了令人刮目相看的成就时，亦是如此。这说明，"他者"在若干历史年代积累下来的地域偏见，在短时期内难以完全改变。所以，直至今日，"他者"中那些浅薄无谓之人，分不清"贵阳"与"贵州"的隶属关系，或以为"贵州"隶属于遵义，或以为"贵州"是云南的某一个区域等等。种种现象，只能说明"贵州"作为一个地域称谓，其知名度、影响力和美誉度，还有待于进一步提升。

因此，作为地域称谓的"贵州"，作为地域形象之标识符号的"贵州"，其认同感、知名度和美誉度，还有一个解构和重构的过程。解构长期以来"他者"赋予"贵州"的"蛮荒之地"和贫穷落后的标签，重构"贵州"称谓的历史内涵和文化意义，重树新时代贵州形象和贵州精神，重建"文化贵州"品牌，增进"我者"的地域认同感。

随着人类社会由工业文明时代进入到生态文明新时代，贵州经济

---

[1] 《黔南丛书》第三集《敝帚集》卷首，贵阳文通书局铅印本。

[2] （康熙）《贵州通志》卷首，《中国地方志集成·省志辑·贵州》，凤凰出版社2010年版。

社会的发展面临着前所未有的大好机遇。贵州以其良好的自然生态和人文生态引领人类社会生态文明新时代的大发展，受到社会各界的广泛关注。随着交通条件等基础设施的极大改善，以及以大生态、大数据、大扶贫为主要目标的社会发展态势，贵州已经逐渐摆脱"蛮荒之地"的面貌和撕下"贫穷落后"的标签，逐渐从长期以来被轻视、被忽略、被描写的状态走出来，成为被重视和被关注的对象，成为以良好生态和丰富民族文化为基本内涵的"中国的宝贝之州"，"多彩贵州"的地域形象亦逐渐呈现出风行天下之势。

从贫穷落后之代名词的"贵州"，到风行天下和引领人类生态文明发展新方向的"多彩贵州"，正是作为地域称谓之"贵州"所经历的一个从解构到重构的发展过程。随着"多彩贵州"之风行天下，"贵州"作为一个地域称谓，其内涵亦在悄然地发生着变化，由被轻视、被忽略的"贵州"，发展成被向往、被重视的"贵州"；由贫穷落后、蛮荒边缘的"贵州"，发展成为引领社会新方向的"宝贝之州"。

总之，随着地域经济社会的发展，作为地域称谓的"贵州"，在新时代被赋予以生态和文化为主要内容的新内涵，并以"多彩贵州"的品牌形象而风行天下，不仅解构了历史以来在"他者"的地域偏见下形成的"畏黔"心态和"我者"的"去黔"心理，而且还逐渐成为凝聚地域社会共同体的精神力量。

三、作为地域空间的"贵州"

所谓地域空间，是指构成地域空间的地理单元，以及此空间的地理特征和地域区位。地域空间中的地理特征和地域区位，是构建地域形象的物质层面的内容，如地理特征上的山地、平原、高原、水乡等等，空间区位上的边缘与中心、内陆与沿海等等，直接决定地域形象的特征。而地域空间之地理特征和区位特点又影响着地域族群的生活状态、文化特征和经济发展，因而亦间接地参与着地域形象之建构。所以，地域空间是构成地域形象的物质载体，地域空间对地域形象之建构，有直接影响和间接影响两个方面。因此，建构地域形象，地域空间是不可或缺的、亦是不可避免的重要因素。

地域空间亦是建构共同体的物质载体。一个地域共同体，非仅是地域族群在共同的文化观念、经济生活和历史记忆之基础上建立的族群共同体、文化共同体和经济共同体，亦是一个空间共同体。或者说，空间共同体是族群共同体、文化共同体和经济共同体的基础和前提。地域共同体就是由空间共同体、文化共同体、族群共同体和经济共同体等元素综合构成的。因此，建构地域共同体，除了基于族群共同的历史记忆而构成的族群认同，和基于共同的文化心性而构成的文化认同，以及基于共同的生活背景和经济联系而构成的经济认同外，还有一个重要因素，就是基于共同的生活场域和地缘关系而构成的空间认同。所以，地域共同体的基础是地域族群在文化认同、空间认同和经济认同之基础上构成的族群认同，在族群认同之基础上构成空间认同体、文化共同体和经济共同体，进而造就地域共同体。

作为地域空间的"贵州"，是客观的，是始终存在的。但是，作为贵州人认同的"贵州"地域空间，作为以国家权力手段划定范围的"贵州"地域空间，其形成则是有时间节点的。即在某一历史时期产生了自称为"贵州人"的人群，其所活动的空间，就是"贵州人"认同的"贵州"地域空间。在明代永乐十一年（1413），因中央政府建立贵州行省这个重大政治事件，以权力手段划定行省区域范围而形成的"贵州"地域空间。这两个类型的"贵州"空间的范围、性质和形成原因是不相同的。如果说前者可称为贵州"地域"，后者则当称之为贵州"区域"。前者是自然形成的，后者是以权力手段划定的。前者起源甚早，包括有史可据的且兰、牂牁、夜郎时代；后者则是以永乐十一年（1413）明朝中央政府建立贵州行省这个重大事件为标志。前者的边界和范围具有不确定性，时大时小，或因时因势而移动。后者的范围则是相对固定的，虽然因为中央政府政策的调整而出现一些变动，但总体上是相对稳定的，并且有很明确的边界。今日贵州的地域空间，大体由明朝建省时初步确定，至雍正年间划播州入贵州，贵州的疆界和范围大体确定。我们讨论作为地域共同体的"贵州"，作为地域空间的"贵州"，大体指的就是这个空间范围。

作为地域空间的"贵州"，其特征主要有四个方面：一是构成特征，二是地理特征，三是区位特征，四是形势特征。

第一，作为地域空间的"贵州"，在构成上具有"拼合"的特征。考察作为地域空间的"贵州"的地理构成，有两点值得注意：其一，以自然和人文因素构成的地域，与以政治权力手段划定的政治性区域，虽然有很大的区别。然而，在中国历史上，中央政府在划定政区疆界时，亦要充分考虑以自然和人文等因素形成的地域界线。这样做，一方面是为了便于区域管理，另一方面则是为了方便民众的日常生活，顾及自然、历史和人文等方面的因素。因此，历代政区的划分，特别是元、明、清时期行省疆界的划分，在地域与区域之间，在相当程度上是重叠的，基本上是按照地域来划定区域。

但是，贵州是一个例外，在明代，贵州作为全国第十三个行省亦是最后一个行省建置，它的建立，不是基于历史、人文和自然方面的因素，而是基于政治和军事的需要。它本不必建省，因为历史以来，它不像其他行省那样，已经形成了一个事实上的地域共同体。历史上的贵州从来就不是一个地域共同体。因此，从理论上讲，它没有独立建置行省的必要，这亦是中央政府迟迟不在贵州建立行省的主要原因。在永乐十一年（1413），中央政府之所以要建立贵州行省，主要是为了在政治上稳定西南地区，军事上保障西南国家通道——苗疆走廊的畅通无阻和对西南边疆的有效控制。因此，明朝中央政府建立贵州行省，实际上是一个权宜之计。所以，其划定的区域疆界，就不是依据历史以来形成的有历史、人文和自然等因素构成的地域界线。这是作为地域空间的"贵州"，与其他行省有显著区别的地方。其二，贵州本无省，贵州之建省，实乃出于中央政府对西南地区军事控制之需要。因此，贵州区域的构成，在相当程度上不是自然的形成，亦非文化的因素，主要是中央政府以行政手段划拨归并而成，即"割楚、粤、川、滇之剩地"组合而成，把原属四川、云南、广西、湖南的部分地区，划出归并作为贵州行省的地理区域。因此，从地理特征看，贵州之西部实际上与云南是连成一片的，北部则是四川盆地的边缘，东部是湖广丘陵的过渡地带，南部则与广西丘陵相衔接。所以，作为地域空间的"贵州"，其地理构成，实际上就像一个拼图版。

作为地域空间的"贵州"，其空间构成上的此种"拼合"特点，所产生的负面价值是显而易见的。其一，此种"割楚、粤、川、滇之剩地"拼合而成的"贵州"地域空间，极不容易形成一个空间上的共同体。空间共同体的形成，如前所述，主要是基于族群共同的历史记忆和历史心性而构成的族群认同，基于共同的文化心性而构成的文化认同，基于共同的生活背景和经济协作而构成的经济认同，在此基础上形成基于共同的生活场域和地缘关系而构成的空间认同。纯粹凭借政治权力将毫不相干、差异显著（包括人文、历史和自然方面的差异）的地理单元"拼合"在一起构成的区域，在短时期内难以形成一个彼此认同、相互依靠的空间共同体，因而亦会严重影响地域共同体的形成。贵州地域社会长期以来缺乏一种空间共同体意识和地域共同体观念，就是由这个原因造成的。其二，这种"拼合"而成的地域空间，由于其构成单元之间缺乏明显的共同特征，因而不利于建构有特色的地域形象。或者说，贵州地域形象在地理上的表现，很难归并为一个具有标志性意义的符号特征。因为它北部的地理特征近于巴蜀，实际上是四川盆地的边缘地带；东部的地理特征近于两湖，是云贵高原到两湖平原过渡的丘陵地带；南部则与广西丘陵衔接，与两广地理特征近似；西部则与云南的地理特征近似。所以，作为地域空间的"贵州"，在地理特征上，不像四川盆地之于四川，江浙平原之于江苏、浙江，青藏高原之于青海、西藏，具有单一性特征，很难归并出贵州在地理上的总体特征，所以不利于贵州地域形象的建构。

第二，作为地域空间的"贵州"，在地理上具有"多山多石"的特征。贵州地理以几座绵延不断的大山脉为基本骨架。黔北地区是大娄山，呈东北至西南走向，由三列山脉组成，娄山关位于其主脉之上。黔东北是武陵山，由湖南延伸入境，梵净山是其主峰。黔西北是乌蒙山，由三支走向不同的山脉构成，韭菜坪是其顶峰。黔西南是老王山脉。中部地区则是苗岭山脉，绵延一百八十多公里，是珠江水系和长江水系的分水岭。因此，贵州号称"山国"，多山多石，多奇山奇石，山高谷深，山川险阻，天下无有出其右者，故有"地无三尺平"之说。如王阳明《重修月潭寺建公馆记》说：

> 天下之山，萃于云贵，连亘万里，际天无极。行旅之往来，日攀缘下上于穷崖绝壑之间。虽雅有泉石之癖者，一入云贵之途，莫不困踬烦厌，

非复夙好。[1]

在贵州，开门见山，出户即石，日日行走于群山之间，穿梭于岩石之上。所以，在异乡人是少见多怪，在黔人则是见怪不惊。徐霞客在贵州的旅行，对贵州的山石、山路、山雨，就有很深刻的印象。他一入贵州，即感受到"其石极嵯峨，其树极蒙密，其路极崎岖"，而且"石齿如锯，横锋竖锷，莫可投足"。[2]其他客籍官员或文人的观感，亦大体类似，如王炳文《乾隆开州志略序》说："余以己亥岁来黔，所历山川险阻，皆平生所未睹。开州更层峦耸翠，上出重霄，直别是一洞天。"[3]丹达礼《康熙后贵州通志序》称："黔介荒服，环以苗顽部落，唐蒙所通道，尺寸皆山，地极硗确。"[4]多山多石，故其交通尤其困难，如潘文芮《黔省开垦足食议》说贵州"层峦叠嶂，路不堪车，溪滩陡狭，复阻舟运"。[5]张澍《续黔书·驿站》说："黔之地，跬步皆山，上则层霄，下则九渊，其驿站之苦，有万倍于他省者。"[6]王杏《圣泉赋》曰：

> 眇兹牂州，蕞尔一陬，仰视中原，犹寄黑子于人身之一肤。其间怪石累累，如吐如怒；层岩业业，如结如浮；蟠苍耸翠，连亘绸缪。[7]

[1] 吴光等编校：《王阳明全集》卷二十三，上海古籍出版社2011年版。

[2] 徐霞客：《徐霞客游记》，第624页，河北人民出版社1998年版。

[3] （道光）《贵阳府志》（点校本）卷五十一，第995页，贵州人民出版社2005年版。

[4] （道光）《贵阳府志》（点校本）卷五十，第970页，贵州人民出版社2005年版。

[5] （道光）《贵阳府志》（点校本）余编卷三，第1647页，贵州人民出版社2005年版。

[6] 张澍：《续黔书》，见罗书勤等点校《黔书·续黔书·黔语·黔记》，第146页，贵州人民出版社1992年版。

[7] （道光）《贵阳府志》（点校本）余编卷四，第1688页，贵州人民出版社2005年版。

曾燠《铜鼓山赋》亦说：

> 今之贵筑，古之牂柯，西通六诏，北障三巴。塞天皆石，无地不坡。扪参历井，联岷拥峨。嵖岈错崒，塞嶙岭岈。路悬鸟外，人在茧窝。或升木而从猱，乍出洞而旋螺。远蠕蠕其若蚁，高袅袅其若蛇。盖槃瓠廪君之所道，而竹王夜郎之所家。[1]

怪石累累，层岩叠嶂，塞天皆石，无地不坡，确是贵州地理的典型特征。据统计，在贵州境内，山地面积占百分之八十七，丘陵面积占百分之十，如若将山地与丘陵加在一起，则占全省总面积的百分之九十七，剩下的平地仅占百分之三。据说，像这样几乎全部由山地和丘陵构成的地理环境，在国内是绝无仅有，在世界范围内亦只有瑞士堪与贵州相比。所以，以"山国"称贵州，实乃名副其实。说贵州"尺寸皆山""跬步皆山""开门见山""苍山如海"，亦大体准确。

第三，作为地域空间的"贵州"，在区位上具有"不边不内"的特征。从全国的角度看，贵州是腹地的边疆，同时亦是边疆的腹地，具有"不沿海，不沿边，不沿江"的区位特点。因此，贵州与四川、云南、西藏相比，虽然同属西南地区，同是"要荒"之地，但又有它的特别之处，即处于不内又不外，既不中又不边，所谓不边不内、内陆临边的地方，是内地与边疆的过渡地带。若论边疆，无论就其区域位置还是文化特色，西藏、新疆可算是正宗；而四川、湖南则更靠内地而近中原，但是贵州却是两不搭界。所以，贵州地域，从全国的视野看，它是腹地的边疆；从西南的角度看，它又是边疆的腹地。

正是这种"不边不内"的区位特征，使贵州自古及今在全国范围

[1] （道光）《贵阳府志》（点校本）余编卷四，第1692页，贵州人民出版社2005年版。

内都处于不利的地位，其发展历程中的诸多劣势皆由此产生。因其是"腹地的边疆"，未能真正进入中原主流文化圈，所以常常被轻视；因其是"边疆的腹地"，在国家安全和领土完整的意义上，远不如云南、西藏、新疆重要，因此往往被忽视。史继忠说："中国历史的活动舞台主要在中原和江南，贵州一直被看成'要荒'，是背靠内地面临边疆的地区。这种'不边不内'的位置，使贵州经常处于尴尬地位。因为它不是立国争霸的'内地'，也不是威胁王朝安全的'边陲'，所以很少进入中央王朝的视线范围。"[1]

第四，作为地域空间的"贵州"，在形势上具有"肘腋咽喉"的特征。贵州地域空间在军事上的战略地位，在中央政府经略西南时的通道地位，古人早有明言。如徐嘉炎在为田雯《黔书》所作序中说：

> 黔地居五溪之外，于四海之内为荒服，其称藩翰者未三百年。其地尺寸皆山，欲求所谓平原旷野者，积数十里而不得袤丈。其人自军屯卫所官户戍卒来自他方者，虽曰黔人，而皆能道其故乡，无不自称为寓客。其真黔产者，则皆苗、獞、犵狫之种，劫掠仇杀，犷悍难驯，易于负固。其土田物产，较他方之瘠薄者，尚不能及十之二。夫以黔之地之人之不可倚以守也如彼，其土田物产之无可利赖也如此，夫国家亦何事于黔哉？吾闻先生（引者按：即田雯）之言曰："无黔，则粤、蜀之臂可把，而滇、楚之吭可扼。国家数十年来，亦知荒落之壤，无可供天府之藏，犹且日仰济于他省，岁靡金钱而不惜者，敉宁之道，固如是也。"然则黔治则有与之俱治者，黔乱则有与之俱乱者。[2]

---

[1] 刘学洙、史继忠：《历史的理性思维——大视角看贵州十八题》，第34页，贵州教育出版社2004年版。

[2] 田雯：《黔书》卷首，见罗书勤等点校《黔书·续黔书·黔记·黔语》，贵州人民出版社1992年版。

即贵州地区其地、其人、其物产皆不值得国家重视，而国家之所以"靡金钱而不惜"，就是看重它在军事上的重要位置。这种观点，应是古代学人之共识，如丹达礼《康熙贵州通志序》说："黔中形势，把粤、蜀之臂而扼楚、滇之吭，居然为西南一重镇矣。"[1] 江盈科《黔师平播铭》说："顾黔虽弹丸乎！而于蜀为内援，于楚为西蔽。"[2] 杨天纵《贵州舆图说》认为贵州地域具有"肘腋咽喉乎四省"的地域优势。[3] 顾祖禹《读史方舆纪要》于贵州军事战略地位有更精尽的阐说，其云：

> 尝考贵州之地，虽偏隔逼窄，然驿道所经，自平溪、清浪而西，回环于西北凡千六百余里。贵阳犹人之有胸腹也，东西诸府卫，犹人之两臂然。守偏桥、铜鼓，以当沅、靖之冲，则沅、靖未敢争也；踞普安、乌撒，则临滇、粤之冲，则滇、粤不能难也；扼平越、永宁，以扼川、蜀之师，则川、蜀未敢争也，所谓以守则故也。[4]

贵州"把粤、蜀之臂而扼楚、滇之吭"，有"肘腋咽喉乎四省"之军事优势，故当然为经营西南边疆的兵家必争之地。可以这样说，在古代中国，经营中原之关键在关中，经营江南之关键在荆益，[5] 而经营西南之关键则在贵州。在经营西南边疆的军事行动中，贵州是"冲要之地"，具有战略通道的地位，占据贵州，亦就等于控御了西南。所以，

[1] （康熙）《贵州通志》卷首，《中国地方志集成·省志辑·贵州》，凤凰出版社2010年版。
[2] （道光）《贵阳府志》（点校本）余编卷四，第1700页，贵州人民出版社2005年版。
[3] （道光）《贵阳府志》（点校本）余编卷三，第1658～1659页，贵州人民出版社2005年版。
[4] 顾祖禹：《读史方舆纪要》第十一册，贺次君、施金和点校，第5231页，中华书局2005年版。
[5] 汪文学：《从"逐鹿中原"到"游兵江南"——关于中国古代逐鹿策略的探讨》，见汪文学《汉唐文化与文学论集》，贵州大学出版社2008年版。

明代在贵州建省，设布政使，主要是着眼于经营云南，着眼于西南边疆的安全。

总之，作为地域空间的"贵州"，在地理构成上有"拼合"的特点，在地理特征上有"多山多石"的特点，在地域区位上有"不边不内"的特点，在地理形势上有"肘腋咽喉"的特点。其地理构成上的"拼合"特点，对凝聚地域空间共同体和建构贵州地域形象是有负面价值的，至少在历史上的"贵州"是如此。因为"拼合的地理"以及与之相关的"拼合的文化"和"拼合的族群"，致使历史上的"贵州"很难形成一个地域共同体，因而其凝聚力和向心力明显不足，其经济社会发展的内生动力亦相当欠缺。其地理特征上的"多山多石"特点，山高谷深，交通不便，故而获得"夜郎自大"之恶名；因为"多山多石"，可耕种土地少，地域经济社会发展受到严重局限，因而被贴上"穷山恶水"的标签，被视为"贫穷落后"的代名词，而获得"天无三日晴，地无三尺平，人无三分银"的歧视性评价；亦因为"多山多石"，生产落后，交通不便，故而失去了融入全国经济社会发展之总体布局的机会。其地域区位上的"不边不内"特点，使其在全国的发展格局中长期处于被轻视和被忽略的地位。其地理形势上的"肘腋咽喉"特点，致使中央王朝重视它在西南边疆经营中的战略通道地位，而忽视和轻视其在经济文化上的发展。总之，因为"多山多石"而被轻视，因为"不边不内"而被忽略。因为"拼合"的特点，导致其内部的凝聚力和向心力不足，地域认同感不强，内生发展动力不足；因为"多山多石"和"不边不内"，导致其经济社会的发展长期处于全国末位水平，从而失去话语力量，处于"被描写"和"被建构"的卑微地位。

历史以来，贵州地域空间的上述特点，成为建构贵州地域形象的负面元素，贵州地域社会长期遭到国家的忽略和"他者"的轻视，就是因此。所以，作为地域空间的"贵州"，作为构成贵州的地域形象的重要元素，对于当代贵州地域形象的建构，需要经过解构与重构；经过解构，消解其负面价值；经过重构，彰显其正面价值。通过解构历史的认识而重构其当代意义，是必要的，亦是可能的。因为，我们认为：经历六百余年的历史发展和政治变迁，原先强行扭合在一起的几个地理单元所构成的作为地域空间的"贵州"和不同族群构成的"贵州人"，在国家大一统格局下，经历着近似的政治生活和经济生活，面临着同样的生存处境，遭遇着同样被"他者"忽略、轻视和描写的卑微经历，经过"他者"的描写和"我者"的建构，由"拼合"到"融合"，其共同体意识逐渐发生，空间共同体和族群共同体亦逐渐形成。而且，随着地域经济社会的发展，贵州地域空间上"多山多石"的地理特征和"不边不内"的区位特征，亦可获得新的诠释，有从负面价值转化为正面价值的可能性。在历史上，"多山多石"的地理特征，导致贵州获得"天无三日晴，地无三尺平，人无三分银"的歧视性评价，获得穷山恶水、贫穷落后的身份特征。但是，在生态文明新时代，"多山多石"的贵州地理特征，其独特的生态价值获得意外的发现，并被社会普遍关注，成为新时代助推贵州地方经济社会发展的重要资源，"多山多石"从负面资源转化为具有正面价值的稀缺资源，成为新时代打造"山地公园省"的重要载体，亦成为新时代建构贵州地域形象的重要元素。历史上的贵州，因其地处西南腹地，不沿边，不沿海，不沿江，而事实上又是一个"边省"，这样一种"不边不内"的处境，给贵州经济社会发展和贵州地域形象建构，带来深刻的负面影响。但是，随着国家西部大开发战略的实施和贵州经济社会的跨越式发展，特别是贵州交通条件等基础设施的根本性改善，作为地域空间的"贵州"，已经基本摆脱了"不边不内"的尴尬处境。在国家发展战略层面上，当代贵州已经成为连接中国西南与华中、华南的枢纽，成为连接长江经济带和以粤港澳大湾区为核心的珠江—西江经济带的重要区块空间。因此，在新时代贵州地域形象的建构中，作为地域空间的"贵州"，它不仅是一个历经六百年历史而凝聚成的空间共同体，而且以"多山多石"为资源构成的"山地公园省"，以"不边不内"的地域区位而构成的西部枢纽地位，均成为"多彩贵州"新形象建构的重要基础。

四、作为地域族群的"贵州"

讨论"贵州人"的构成及其自我意识，作者借用"族群"一词，非指人类学意义上具有特定内涵的"族群"，而是泛指民族或人群。作为地域族群的"贵州"，包括"贵州人"的构成情况及其自我意识和身份特征。"贵州人"的构成情况决定其身份特征，"贵州人"的身份特征决定其自我意识。

大体上说，"贵州人"的构成情况和身份特征，不是基于自然因素和文化背景形成的，主要是由于政治和历史的原因聚合而成。具体地说，是来自周边省份、周边族群乃至全国各地的人群，因为历史、政治和军事的原因聚合到贵州这块土地上，而形成了所谓的"贵州人"。与作为地域空间的"贵州"一样，作为地域族群的"贵州人"，亦是"拼合"形成的，具体体现在以下几个方面。

第一，作为地域空间的"贵州"，是一个多民族聚居区，是一个民族流动的大走廊，亦是汉族移民较多的地区。据统计，贵州的少数民族人口大约占全省总人口的三分之一，并且民族成分复杂，仅世居少数民族就有十七个，其中以苗、布、侗、彝、水的人数最多，分布区域最广。据考察，在早期的贵州大地上，最早的居民应是濮人，其西面居住的是氐羌，东面居住的是苗瑶，南面居住的是百越。秦汉以后，四大族系发生变动，开始大规模的迁徙活动。氐羌、苗瑶、百越等民族纷纷迁入到地广人稀的贵州地区，濮人逐渐衰落。唐宋以后，汉族人口亦大量迁入，使贵州成为西南四大族系和汉族的交汇点。大体而言，汉族由北向南迁入，氐羌自西向东迁入，苗瑶自东向西迁进，百越则自南向北推进，他们从四方八面进入贵州，分散乃至挤走了原先定居在贵州中部的濮人，最终形成多民族"大杂居、小聚居"的网型分布格局。概括地说，在贵州的几大区域中，黔东南、黔南和黔西南主要集中了苗瑶和百越两大族系，黔西北、黔东北则主要居住的是氐羌族系，黔北则以汉族居多，濮人则呈点状分布。因此，贵州大地亦就成为各民族文化相互碰撞、互相对流、彼此影响、相互渗透的文化交融的大走廊。[1] 这种族群构成特点，与西藏、新疆、内蒙古等省区以单一民族为主体的族群构成情况不同。单一就意味着集中，集中就能显示出优势和特色。多元就意味着分散，分散就不具备统一集中的优势特色。

第二，作为地域空间的"贵州"，是"割楚、粤、川、滇之剩地"组合而成，因此，亦可以说，作为地域族群的"贵州人"，就是由楚人、粤人、川人、滇人聚合而成。于是，黔北人更多认同巴蜀文化，与四川人在文化心理素质方面更为接近。黔西北人更多认同滇文化，与滇人之间有天然的亲近关系。黔西南、黔南人与粤人的关系比较接近，更多认同粤广文化。黔东南、黔东北人与楚人的关系比较亲近，更多认同湘楚文化。因此，作为地域族群的"贵州人"，与作为地域空间的"贵州"和作为地域文化的"贵州文化"一样，皆呈现出"拼合"的特点。

[1]　张晓松：《山骨印记——贵州文化论》，第98～104页，贵州教育出版社2000年版。

第三，作为地域空间的"贵州"，号称"移民省"，明清以来大规模的移民进入贵州，冲淡或者离散了"贵州人"的凝聚力和贵州文化的同一性，导致其身份特征和文化标识不明显。贵州历史上有五次大规模的移民。第一次是明朝洪武年间的大移民，从洪武四年（1371）开始，中央政府先后在贵州设立 24 卫，每卫额定 5600 人，下设前、后、左、右、中五个千户所，每千户所下又设十个百户所，以百户所为基本单位分屯设堡。据统计，明初全国军队共有 200 余万，在贵州的驻军就达 20 余万人，相当于全国总兵力的十分之一。按照当时的规定，卫所官兵一律注入军籍，称"军户"，凡军户皆可随军携带家属，一人在军全家随往。据葛剑雄《中国移民史》统计，明代洪武年间的大移民中，贵州是一个重要的移民迁入地，当时全国移民总人口约 221.9 万人，其中贵州占 42 万人，云南占 36 万人，四川占 10 万人，贵州移民人口居全国之首位。[1] 第二次是清代改土归流后"客民"的大量移入。改土归流作为贵州历史上的一个重大政治事件，它的重要表现之一就是改变了贵州地方社会的经济形式，由原来的领主经济转化为地主经济。原先未经土司同意，土地不能自由买卖和擅自开垦。"改土归流"后，土地可以自由买卖和典当，可以招佃收租，农村经济商品化趋势逐渐呈现，于是吸引了大批域外"客民"迁入贵州。"改土归流"后，贵州"客民"的数量虽然难以准确估计，但其总数当与明代的"屯民"不相上下。第三次大移民是在抗日战争时期。抗战时期，西南地区成为抗战大后方，贵州又处于这个抗战大后方的枢纽地位，军政机关和学校的迁入，大批难民的涌入，一时间贵州地区人满为患。虽然具体数据很难估计，而且随着抗战的胜利，大批流入的人

---

[1] 葛剑雄、吴松弟、曹树基：《中国移民史》第五卷，第 159、308、315 页，福建人民出版社 1997 年版。

口又回到了原地，但留居下来融入当地社会而成为"贵州人"的，亦占有相当大的数量。第四次大移民是解放战争时期的南下西进支黔部队。在渡江战役取得全面胜利后，中共中央命令第二野战军第五兵团在杨勇、苏振华的指挥下解放贵州，冀鲁豫根据地南下支队西进接管贵州。这支南下西进支黔队伍，总人数在一万五千人左右。这支移民队伍，成为解放初期贵州全省各级党政机关的骨干力量。第五次大移民是在"三线建设"时期。20世纪60年代，中央为开展战备工作，展开以西南、西北内陆各省为主要区域的"三线建设"。贵州因其独特的地理特征和地域特点，以及能源、资源丰富的优势，被确定为"三线建设"的主要省份，中央各部委、全国二十多个省市的一百多家厂矿企业的二十余万职工和科技人员，在短时间内浩浩荡荡奔赴贵州，以"备战"状态投入到"三线建设"工作中。他们扎根贵州，融入当地的社会生活而成为了"贵州人"。改革开放后，部分厂矿和职工回迁原地，但大部分"三线人"却留居下来，成为当代"贵州人"的重要组成部分。

历史上的五次大移民，对贵州经济社会的发展产生过重要的推动作用，其积极意义是显而易见的。但是，它在一定程度上又冲淡了贵州文化的地域特色，特别是移民那种强有力的、根深蒂固的祖籍认同，必然削弱当地文化的向心力和凝聚力。所以，如何改变"贵州人"的移民心态，或者说如何将这些移民转变成真正的"贵州人"，仍是当代贵州经济社会发展面临的重要问题。

综上，贵州作为一个行政区域，是"割楚、粤、川、滇之剩地"组合而成，区域构成的"拼合"特点，决定其区域内人群组成的聚合特征。民族的大流动和大迁移，使贵州成为西南四大族系和汉族的交汇点，形成多民族"大杂居、小聚居"的分布格局。因政治、经济和军事原因而导致的规模宏大的五次大移民，使贵州成为一个典型的"移民省"。上述三个层面的原因，使"贵州人"的构成呈现出极其复杂的聚合特征。因政治、经济和军事之外力作用而聚合起来的"贵州人"，其内在的凝聚力、向心力和认同感，显然不能与因自然、文化因素而形成的人群相提并论。一盘散沙在"贵州人"身上的体现，似乎比其他人群更充分，更显著。"贵州人"的此种身份特征，无论是过去，还是现在，抑或是将来，都会对贵州地域形象的塑造、贵州精神的建构和贵州经济社会的发展，产生重要影响。

所谓"贵州人"的身份意识，即"贵州人"的自我意识，指贵州人对"贵州"地域的认同，贵州人对"贵州人"身份的认同。"我是贵州人"，这是法律层面和政治层面对"我"的身份界定，这是客观存在的，没有选择的余地。但是，"我"为什么要宣称"我"是或者不是"贵州人"，这是"我"的个人意识，这是具有主观性的，是可以自由选择的。在历史上，因为种种原因，众多的贵州人，虽然具有"贵州人"的法律身份，但不具有"贵州人"的自我意识或身份意识。或者说，许多贵州人在公众场合，特别是在强势的"他者"面前，羞于宣称或者耻于承认自己的"贵州人"身份。这实际上涉及到贵州人对作为地域空间的"贵州"和作为地域族群的"贵州人"的认同问题。"我是贵州人"是"实然"，是法律身份；"我宣称我是或者不是贵州人"，是"应然"，是认同感，是地域自我意识。"实然"是客观的存在，"应然"则是主观的选择。地域身份意识或地域自觉意识，体现的是"我者"的"应然"态度和主观认同。

历史以来，由于作为地域空间的"贵州"，长期处于被轻视、被忽略和被描写的地位，致使相当多的贵州人产生了身份危机。因身份危机而呈现出普遍的"去黔"倾向。因为宣称"我是贵州人"，并不能给自己带来荣光，反而给自己带来屈辱。所以，部分贵州人不是以"贵州人"自豪，而是因为自己是"实然"的"贵州人"而自卑。因此，或者有意掩盖自己的"贵州人"身份，或者通过攀附手段认同某一华夏大姓而回避或遗忘自己的贵州祖源记忆。因为"贵州人"多有移民身份，所以，相当多的"贵州人"以祖籍自称而回避自己的贵州籍身份。而那些生于黔而仕宦于外者，"亦谬自陋"，或"不愿归乡里"，或"籍其先世故里，视黔若将浼焉"，有明显的"去黔"心理。"贵州人"有意掩盖自己的"贵州"身份而认同祖籍，非仅是祖先崇拜观念的影响，更主要是因为长期以来"贵州"和"贵州人"被人轻视、被人忽略。"贵州人"身份往往被人轻视，便逐渐养成"贵州人"的不自信心理和自卑心态。晚清四川诗人赵熙在《南望》一诗中说："绝代经巢第一流，乡人往往讳蛮陬。君看缥缈綦江路，万马如龙出贵州。"即使在贵州人才辈出的晚清时期，虽然"万马如龙出贵州"，产生了郑珍这样的"绝代一流"的"西南大儒"，"贵州人"身份的被轻视亦仍然未能改变，所以"乡人往往讳蛮陬"。此种"去黔"倾向不是个别情况，而是具有相当程度的普遍性，甚至是一种族群现象。如苗族之于蚩尤，水族之于殷商人，屯堡人之于江南人。虽然他们世世代代定居于贵州，已经是实实在在的贵州民居民族，已经是事实上的"贵州人"。但是，他们依然不把贵州视为故土，对祖籍仍然念念不忘，实际上体现出来的深层原因，就是对作为地域空间的"贵州"和作为地域族群的"贵州人"的不认同。总之，在"贵州人"群体中，这种深层的移民心理是比较普遍的。

一个具有向心力和凝聚力的地域共同体，除了因地缘关系而形成的空间共同体外，最核心的部分，还是基于族群认同而形成的族群共同体，基于文化认同而形成的文化共同体，并且族群共同体是文化共同体的前提和基础，虽然文化共同体可以推进族群共同体的形成，但文化共同体之形成，又是建立在族群共同体之基础上的。然而，作为"移民省"之贵州，在构建族群共同体的问题上，确有诸多难以克服和回避的难题。因为贵州是一个"移民省"，所以，从根本上讲，所谓的"贵州人"，除了仡佬族外，其他人群皆是移民。因此，在"贵州人"的丧葬仪式上，出殡的时候，唯有仡佬族不撒买路钱，因为他们本身就是土著，脚下的土地本就是他们的，不需要用钱买路。而其他民族在丧葬的出殡仪式上，均需撒钱买路而行，因为他们是移民，脚下的土地是别人的而不是自己的。同时，这些民族在丧葬仪式上超度亡灵，均需念诵指路经，为亡灵回归故土指路。他们因为现实生活的需要而迁徙于此，但死后的亡灵必须回归故土。所以，绝大部人"贵州人"均有相当明显并且根深蒂固的移民心理。境内除仡佬族外的其他民族，均是从四面八方迁徙而来，都是移民。当早期的少数民族由移民变成土著，成为所谓的世居民族之后，明清时期因为政治、军事或者商业的原因迁徙到贵州的人，又成为新的移民，屯堡人就是其中的代表。这批来自汉族发达地区的移民，有一种身份上的优越感，因而不认同作为地域空间的"贵州"，亦不认同作为地域族群的"贵州人"。

如何克服普遍存在的移民心理而造就一个认同感、向心力和凝聚力强大的族群共同体，是凝聚贵州地域共同体和建构新时代贵州地域形象面临的一个重要难题。换句话说，要建构有力量的贵州地域共同体，首先要解决的问题是：贵州人对"贵州"的认同，对"贵州人"的认同。贵州人对"贵州"的认同，包括对作为地域空间的"贵州"和作为地域文化的"贵州"的认同（关于前者，前亦论述；关于后者，下节将详论）。贵州人对"贵州人"的认同，包括域内各少数民族内部的认同，各少数民族之间的认同，世居民族与移民之间的认同，等等。

地域认同和族群认同，是一种主观上的认同。那末，这种主观认同又是如何产生的呢？关于族群认同之产生，王明珂的"族群边缘"理论值得参考，他说：

> 族群由族群边界来维持；造成族群边界的是一群人主观上对他者的异己感以及对内部成员的根基性情感。其次，族群成员间的根基性情感来自"共同祖源记忆"造成的血缘性共同体想象。……族群认同是人们从其生长的社群中所得到的社会与文化身份，根深蒂固，因而难以改变。[1]

他认为："族群认同的根基性情感来自成员共同的祖源记忆。"族群认同存在着两个面向：一是个人无法回避的根本感情关系，即"根基性情感"；二是人们为了资源竞争而建构的人群区分工具。前者可称为"根基论"，后者可称之为"工具论"。前者说明族群内部分子之间的联系与传承，是客观的；后者强调族群认同的维持与变迁，是主观的。虽然族群的本质是由共同的祖源记忆来界定和维持，但客观资源环境的改变亦经常造成族群边界的变迁，或者说，为了现实利益，个人或者群体都可能改变其祖源记忆。因此，客观资源环境的改变，常常造成个人或群体借着改变祖源记忆来加入、接纳或脱离一个族群，由此造成族群边界的变迁，或对个人而言的族群认同的变迁。

正如格尔兹所说，当一个新国家成立时，为政者总是希望各族群放下根基性的族群感情联系，而团结在造成国家共同体的公民联系之中。因为国家的统一格局是以人心的统一认同为前提的，国民的国家认同是国家统一和稳定的基础。地域社会亦是如此，地域社会凝聚力

---

[1] 王明珂：《华夏边缘——历史记忆与族群认同》之《序论》，第 4 ~ 5 页，浙江人民出版社 2013 年版。

和向心力的形成，是基于地域族群对地域社会的认同，以及地域族群彼此之间的认同。基于族群认同以造就族群共同体，通过族群共同体造就地域共同体。

对于贵州而言，造就地域族群共同体，面临着很多困难。一是因为贵州境内少数民族众多，且形成"大杂居、小聚居"的分布格局，每一个民族皆有基于共同祖源记忆的民族认同情感，很难让他们放下各自的根基性情感联系，加入到地域共同体的公民联系之中。二是贵州地域社会的移民性质，绝大数移民皆来自中原、江南和四川这些自然环境较优越、经济相对发达的地区，很难对贵州这个"多山多石"的"山国"和贫穷落后的地域发生好感和爱恋之情，"畏黔"心理在移民中普遍存在，就像"去黔"心理在"贵州人"中普遍存在一样。因此，他们亦很难放下对故土的依恋，放弃与祖源记忆相关的根基性情感，而融入到"贵州人"群体中来。事实上的"贵州人"对名义上的"贵州人"不认同，便由此产生。说贵州人团结不起来，一盘散沙，就是这个原因。

为了促进地域经济社会的发展，加强事实上的"贵州人"对名义上的"贵州人"的认同，造就族群共同体、文化共同体，并最终形成地域共同体，是贵州地域社会发展的必然要求。我们认为，贵州地域内各少数民族内部的认同是"根基性"的，是基于共同的祖源记忆而形成的，其联系纽带是根基性情感。而贵州地域内各民族之间的认同，贵州人对作为地域空间的"贵州"的认同，对作为地域族群的"贵州人"的认同，则是"工具性"的，是基于共同的政治生活、经济文化，以及文化上互相渗透影响而形成的大致近似的"历史心性"或"文化心性"而形成的认同。因此，探讨作为地域空间的"贵州"的一体化或同一性进程，构建贵州人对"贵州人"的认同，强化"贵州人"的身份意识和自我意识，不宜从"根基性情感"入手，或者说不宜从根基性的祖源记忆着手。因为追溯"贵州人"的起源记忆，则真是一盘散沙，不可能凝聚成一个族群共同体。建构共同体，或基于血缘亲亲性，或基于文化亲亲性，或基于地缘亲亲性。对于"贵州人"来说，血缘亲亲性肯定没有，多民族杂居和大量移民构成的现状，说不上有血缘亲亲性。文化亲亲性亦不强（详见下节），有的只是地缘亲亲性。而这种地缘亲亲性又不是自然形成的，是以权力手段强行划定的。族群认同上的"工具论者"认为：族群是一种政治、经济或社会现象，族群认同的变迁或者改变，是由政治、经济资源的竞争和分配所引起，是由生活境况情势之变化所促成，族群认同是人类资源竞争和分配的工具。可以想象，在作为地域空间的"贵州"，数百年来，有这样一群人，在这样一个由权力划定的区域内过着共同的政治生活和经济生活，以及在共同的生活环境下创造着相互渗透相互影响的文化，逐渐由不认同到认同，从彼此隔离到相依为命，逐渐形成一个族群共同体（即"贵州人"）。这样的族群共同体，当然是"工具性"的，是在过程中形成的，并且这样的"过程"还将持续下去。

建构"贵州人"的身份意识，提升贵州人对作为地域族群的"贵州人"的认同，建构以"贵州人"为标征的族群共同体，在此基础上，建构贵州地域共同体和贵州地域形象，仍是当代贵州人的一项任重道远的工作。

五、作为地域文化的"贵州"

建构地域形象，文化是其核心或者主干。所以，有时候我们称"地域形象"为"地域文化形象"，称地域内的一些标志性的物或人为"地域文化名片"。在展开论说之前，我们有必要先讨论一下文化的定义，以及文化与文明的区分。

　　古今中外关于"文化"的定义，不下数十百种，并且分歧极大。在这些众说纷纭的定义中，笔者比较认同的，是格尔兹在《文化的解释》中对"文化"定义，他认为："文化是这样一些由人自己编织的意义之网。"他依据马克斯·韦伯提出的"人是悬在他自己所编织的意义之网中的动物"这个观点，提出了这样的定义。人为自己编织了一个"意义之网"，并生活在其中，受其影响和制约。这个"意义之网"，在格尔兹看来，就是"文化"。[1]因此，只要有人存在，就会编织"意义之网"，就有文化。只要有人活动的地方，就有文化的产生。只要有人活动的时代，就有文化的存在。文化既然是人类为自己编织的"意义之网"，就应该没有高下优劣之分。因为这个"意义之网"是自己编织的，是对自己有"意义"，而不是他人为自己编织的，不是对他人有"意义"。所以，我们便不能说甲地方的文化比乙地方的文化发达，现代的文化比古代的文化高明。不同文化之间在价值上没有可比性，文化的价值不是由"他者"而是由文化持有人自己评判。

　　正是基于"文化"的这种本质意义，学者便注意到"文化"与"文明"的区别。如阿尔弗雷德·韦伯认为："文化"是指存在的精神和物质状况，亦指存在于这种环境中特有的气质，后来的未必就比以前的高明。亦就是说，在文化方面，进化论是不管用的。"文明"是人类在物质和生活方式上的不断积累，并且是越来越朝着适应环境的方向发展，文明是可以进化的。埃利亚斯在此基础上，对"文化"和"文明"做了进一步的区分，他认为："文明"指的是一个过程，是始终在运动或前进的；"文化"指的是已经存在的传统，"文化的考察可以发

―――――――――
[1]　［美］克利福德·格尔兹：《文化的解释》，第5页，韩莉译，译林出版社2014年版。

现民族之间的差异，而文明的考察使人们感觉各民族之间的差异有了不同程度的减少"。"文明概念常常与有教养、有知识的说法互相平行"。文化表现"异"，文明走向"同"。"文明"表现了一种殖民的扩张的倾向，它象征着一个同一化的趋向；"文化"表现了民族的自我和特色，它在不断抵抗同一化的趋向。[1]基于上述观点，我们认为：不能说甲地方的文化比乙地方的文化发达，但可以说甲地方的文明程度比乙地方高；同样，不能说现代的文化比古代的发达，但可以说现代的文明程度高于古代。以上关于"文化"的定义以及"文化"与"文明"之区分，是我们讨论作为地域文化之"贵州"的理论依据。因为长期以来，人们忽略了"文化"与"文明"的区分，而对作为地域文化的"贵州"持着一种轻视、忽略甚至是歧视的态度。

贵州地域文化，是历史以来贵州人为自己编织的"意义之网"。这个"意义之网"，为贵州人所独创，是贵州人存在的精神和物质情况，亦是贵州人特有的气质。这个贵州人创造的"意义之网"，又影响着贵州人的精神气质，制约着贵州人的言行举止。它是贵州人在物质和精神生活中的一张"网"，它对贵州人而言，是有"意义"的。概括地说，贵州人为自己编织的这张"意义之网"，就其形式而言，可称为"拼合"的文化；就其内容而言，则是山地文化、移民文化和通道文化；就其性质来说，它是边缘文化。

第一，贵州地域文化是一种典型的"拼合"文化。作为地域空间的"贵州"，是"割楚、粤、川、滇之剩地"组合而成。因此，作为地域族群的"贵州人"，亦就是由楚人、粤人、川人、滇人聚合而成。同样，作为地域文化之"贵州"，亦呈现出"拼合"特点。如黔北人更多认同巴蜀文化，与四川人在文化心理素质方面比较接近。黔西北

---

[1] 葛兆光：《思想史研究课堂讲录》，第 204 ～ 205 页，三联书店 2005 年版。

人更多认同滇云文化，与滇人之间有天然的亲近关系。黔西南、黔南人的精神状态与粤人比较接近，更多认同粤广文化。黔东南、黔东北人更多认同湘楚文化，与楚人的关系比较亲近。这种文化上的"拼合"特征，缘于两个方面的原因：一是作为地域空间的"贵州"在构成上的"拼合"特征，决定其文化上的"拼合"特征。二是作为地域族群的"贵州人"，其多民族"大杂居、小聚居"的构成特点，以及大量移民的加入，决定其文化上的"拼合"特点。

贵州地域文化因为是一种"拼合"的文化，所以显得"杂"。主体性不明显，是其重要特征。这种"拼合"或者"杂"的特点，"决定了贵州不能成为一个文化特征集中统一的行政区域"，"它的文化不是统一的类型，从一开始就呈现出多样混杂的特点"，"五方杂处，边缘化的相交聚合，就成为贵州文化最鲜明的景观"。[1]这与周边省区那些特色鲜明、优势明显的巴蜀文化、荆楚文化、滇文化、粤文化，形成了鲜明对比。由"割楚、粤、川、滇之剩地"拼合而成的贵州地理，决定其文化具有"五方杂处"和"边缘聚合"的特点，致使其文化身份不明确，文化特性不显明。不明确的贵州文化身份和不显明的贵州文化特征，导致其向外的影响力减弱，故而长期遭到忽视和轻视；对内缺乏本土文化认同感，向心力和凝聚力薄弱，从而致使其本土内在发展动力的弱化。大体而言，地域认同首先体现在文化认同上，犹如国家认同和民族认同亦主要体现在文化认同方面。文化认同是地域认同、民族认同和国家认同的基础和前提，共同的文化信仰是维系人类族群和地域共同体的粘接剂，是维持族群共同体成员之间向心力和凝聚力的重要纽带，亦是促进形成其生存发展之内生动力的重要源泉。历史以来，作为地域空间的"贵州"，文化身份不明确，文化主体性

---

[1]　张晓松：《山骨印记——贵州文化论》，第90～93页，贵州教育出版社2000年版。

不彰显，族群之间缺乏共同的文化信仰，文化认同感不强烈，地域认同感亦薄弱，族群之间的向心力和凝聚力亦就淡薄，所以追求共生共荣的内在驱动力亦就不强大。

第二，贵州地域文化是典型的山地民族文化。贵州地理最典型的特征是多山多石，多大山多奇石，故称"山国"。多山多石的地理环境，是贵州人赖以生存的物质基础，亦是贵州文化赖以产生的背景条件。所以，学者将贵州地域文化概括为"大山文化"。"大山文化"或称"山地文化"，是指在多山多石、不边不内的"大山地理"之基础上发展起来的有明显山地特征的文化。"大山文化"总体上呈现出明显的诗性化、艺术化特征，是一种诗性文化。就其地域文化风尚来说，多姿多彩的民族风情，起源于贵州而流布于全国的阳明心学，普遍流行且影响深远的黑神崇拜，皆具有明显的诗性特征。而在"大山地理"之土壤上培育起来的贵州人的"大山性格"或"大山心理"，更是一种具有明显诗性特征的性格或心理。至于因地形、气候和文化等原因而养成的安足凝滞、自由散漫性格，亦颇具诗性特征。所以，"大山地理"是一种诗性地理，"大山文化"是一种诗性文化。[1]

作为地域空间的"贵州"，是一个少数民族聚居区，是一个民族流动的大走廊，亦是汉族移民较多的地区。因此，作为地域文化的"贵州"，亦是一个多民族文化并存的地区。据统计，贵州的少数民族人口大约占全省总人口的三分之一，并且民族成份复杂，仅世居少数民族就有十七个，其中以苗、布、侗、彝、水的人数最多，分布区域最广。境内少数民族在文化上分属苗瑶、百越、氐羌、濮四个族系，在语言系统上均属汉藏语系，分属苗瑶语族、壮侗语族、藏缅语族和仡拉语族。

[1] 明清以来，"他者"文人关于贵州的描写，无论是描写其人还是其地，皆突出其诗性化或艺术化特征。参见本书第四章"异化：'他者'对贵州的描写和想象"。

因此，作为地域空间的"贵州"，亦就成为各民族文化相互碰撞、互相对流、彼此影响、相互渗透的文化交融的大走廊。作为地域文化的"贵州"，亦呈现出多民族文化共生并存的状态。所以，以山地民族文化概指贵州地域文化，大体准确。

第三，贵州地域文化是典型的通道文化。所谓通道文化，是指为政治、经济、军事之目的而开辟的交通路线，以此交通路线为中心的线性或带状区域内，当地土著、外地移民、政府官员和途经人员在相互交流和互动影响中形成的文化。作为地域空间的"贵州"，在其区位上具有明显的通道特征，无论是楚国庄跻借道夜郎开辟云南，还是秦朝常頞开辟的直抵云南的五尺道，抑或是武帝朝唐蒙开辟的沟通巴蜀与岭南的南夷道，或者是元、明、清时期开通的自湖广经贵州抵达云南的南方交通主干线，还是当代中央政府规划建设的西南陆路交通网络和西南出海大通道，贵州地域区位皆呈现出明显的通道特点。由此而形成的贵州地域文化，亦就是典型的通道文化。

贵州地域文化的通道特点，主要体现在以下几个方面：一是体现在它的开放性和包容性上。处于通道地位的贵州地域，各种"异文化"纷至沓来，在这里形成一种杂而不争、共生共荣、多元一体的生存状态。此种文化特点，其负面价值在于它未能形成文化的主体性，其正面价值就是它的包容性，以一种开放的姿态接纳外来文化，为多元文化在贵州的生存和发展留下了广阔的空间。二是体现在它的创新精神和创造能力上。生活在通道上的人群，性格上往往有开放和包容的特征，易于接受新鲜事物，对各种"异文化"亦能持一种兼容并包的态度，故而具备创新的冲动和创造的潜质。贵州地域的通道特征，不仅使贵州文化往往得风气之先，具有相当明显的开放性和包容性，能够很快融入全国的主流文化风尚，而且亦使之具有比较突出的创新精神和创造能力，一定程度上担当起开启新风尚的作用。三是体现在发展的间断性和暂时性上。贵州通道是中央政府基于政治、军事之目的，以国家意志开辟出来的，与茶马古道、丝绸之路等由民间社会为商业目的开辟的商道不一样，它是官道。当中央政府着力于西南地区的开发和经营，它的通道地位就得以充分彰显，其经济和文化亦获得相应的发展机会。但是，当中央政府的关注点转移，通道的实用价值降低，作为通道的贵州亦就处于发展的低落时期。所以，作为通道的贵州地域区位，其文化发展的重要表现，就是它的间断性和暂时性。四是体现在文化身份的模糊性上。作为通道地域，必然带来大量的移民，移民数量的过于庞大，致使贵州文化呈现出庞杂的特点。而且这些移民，又多是被动移民，多从地理环境和生活条件比较好的地区移民到贵州"山国"。他们从心底里不认同贵州，不认可贵州土著文化，数百年间依然还保持着对当地土著文化的轻视态度和对祖籍故土深深眷恋的移民心态。如此大批移民构成的贵州地域社会，内在聚合力不足，缺乏地域认同感和文化凝聚力，难以整合形成特征明显的地域文化身份，导致贵州地域文化身份的模糊性或不确定性。五是体现在它的边缘性上。主要表现在两个方面：首先是作为交通要道的时候，就受到高度关注和普遍重视，失去通道价值的时候，就被忽略、被轻视和被边缘。其次是通道作为连接两个或多个中心地域的交通线，其所受关注的重点在于是否确保畅通，其所受关注的核心不是通道本身，而是通道连接的两端地域。所以，学者认为："通道的建设与发展及所受到的关注，自然远不及起点和目的地。作为自明以来的军事通道，贵州文化的积淀，始终带有强烈的通道宿命。"[1] 或者以为，贵州的"主体性"一开始便被通道所遮蔽，即军事功能对政区功能的遮蔽，云南遮蔽贵

---

[1] 张幼琪：《贵州精神与本土文化凝聚力》，《贵州日报》2011年7月29日。

州（贵州的军事主体性是云南政区主体性所强加或赋予的），军事移民为核心的主流社会遮蔽了贵州当地少数民族率先发展的机会。[1] 学者指出，贵州通道对贵州文化主体性的遮蔽，就是贵州地域文化一直被"边缘化"的事实。[2]

概括地说，通道的开辟，对贵州经济社会发展的影响，具有双重性：一是为贵州人走出大山和"异文化"输入贵州提供方便，其对贵州经济社会发展的积极意义，不言自明；二是因为它仅仅是一条通道，其所受的关注点和关注度皆不及通道所连接的两端地域，因而有被边缘化的可能。作为通道文化的贵州文化，它具有开放性、包容性和多样性，富于创新精神，拥有创造活力，这是它的优势。它的发生发展又具有间断性、暂时性，它的特征具有模糊性和边缘性，这是它的弱势。如何克服通道文化的局限性，消解其弱势，发挥其优势，是当代贵州经济社会建设中的一项重要课题。

第四，贵州地域文化是典型的移民文化。贵州号称"移民省"，大规模的移民进入贵州，冲淡或者离散了贵州人和贵州文化的向心力和凝聚力，导致其身份特征和文化标识不明显，文化主体性不充分。

贵州历史上有五次大规模的移民。第一次是明朝洪武年间的军事大移民，第二次是清代"改土归流"后"客民"的大量移入，第三次是在抗日战争时期，第四次是解放战争时期的南下西进支黔部队，第五次是在"三线建设"时期。历史上的五次大移民，对贵州经济社会的发展产生过重要的推动作用，其积极意义是显而易见的。但是，它在一定程度上又冲淡了贵州文化的地域特色，特别是移民那种强有力

---

[1] 孙兆霞、金燕：《"通道"与贵州明清时期民族关系的建构与反思》，《思想战线》2010年第3期。

[2] 杨志强、赵旭东、曹端波：《重构"古苗疆走廊"——西南地域、民族研究及文化产业发展新视域》，《苗学研究》2012年第1期。

的、根深蒂固的祖籍文化认同，必然削弱当地文化的向心力和凝聚力。并且这种祖籍认同至今仍有相当顽强的生命力，如安顺一带的屯堡人，就是一个典型的例子。所以，如何改变贵州人的移民心态，或者说如何将这些移民转变成真正的"贵州人"，如何解构移民文化和建构贵州文化的主体性，仍是当代贵州经济社会发展面临的重要问题。

第五，贵州地域文化是典型的边缘文化。贵州地理是典型的边省地理，贵州文化是典型的边缘文化。但是，无论是贵州地理的边缘性，还是贵州文化的边缘化，皆是被动的，不是主动的。即对于贵州土著来说，不管是地域还是文化，肯定都是以自我为中心的。只是将之置于西南、全国乃至亚洲的视野中，它的边缘性才凸显出来。只是在"他者"的视野中，它的边缘性才彰显出来。所以，我们说贵州文化是一种被边缘的文化。

被边缘就意味着被忽视，乃至被轻视，以至被描写。或者说，被边缘就意味着远离中心，脱离主流视线，所以就被忽视。长期的被忽视，其优长之处亦逐渐被忽略或被掩盖，所以被轻视。长期的被轻视，就逐渐丧失了表述自己的话语权，自身的话语失去权威性和公信力，自身的立场须借助"他者"的话语以传达，所以被描写。毋庸讳言，自汉代以来，与先进地区相比，贵州地区经济、文化的发展的确存在着较大的差距，贵州的确处于弱势地位，因此亦一直处于被描写的地位。但是，亦必须承认的是，"他者"对贵州的描写，的确存在着诸多的误解和偏见。作为地域空间的贵州形象史，就是在自汉代以来的诸多误解、偏见和忽视、轻视的描写过程中逐渐建构起来的。

综上，贵州地域文化的特征，从形式上看，是"拼合"的文化；从性质上看，是边缘文化；从内容上看，是山地文化，是民族文化，是通道文化，是移民文化。因为它是一种"拼合"的文化，是移民文化，所以其文化身份不明确，文化特性不显明，文化主体性不充分。因为它是一种通道文化和边缘文化，所以常常被人忽视。因为它是一种山地文化和民族文化，所以常常被人轻视。但是，如前所说，文化是人类为自己编织的"意义之网"，文化之间并无高下等级之分，亦无先进与落后之别，边缘文化并不意味着就比主流文化落后。问题在于是由谁来描写和阐释这种被称作"意义之网"的文化。"我者"的阐释与"他者"之解读，肯定是有不同的结果。对于作为地域文化的"贵州"而言，"他者"因持有自有中心主义观点，固然对这种边缘性质的文化持有偏见。而"我者"对此种自己编织的"意义之网"，当然是津津乐道，自我满足。但是，在"他者"的强势话语之压力下，亦常常不免自卑与自弃，乃至失去自觉与自信，甚至沿用"他者"的话语而自我贬损。

所以，重树贵州地域文化形象，重建贵州精神文化体系，通过文化自觉以促进文化自信，是当下贵州地域知识精英的主要任务。通过系统搜集、整理和研究贵州地域文化，建构贵州文化的主体性，以改变其"拼合"的状态，实现各民族文化和移民文化的充分整合，提炼提升贵州地域文化的标志性品牌，彰显其有别于其他地域文化的主体性特征，这是当代贵州地域文化研究的主要任务。目前，关于苗疆走廊的研究，关于贵州地域之学——黔学的研究，就体现了学者在这方面的努力。边缘文化并不意味着落后，"边缘活力"正是他的发展优势。通道文化可能遭到忽略，但因通道而产生的文化固有其创新和开放的一面。山地文化在农耕文明和工业文明时代，固然处于弱势，但是在生态文明时代，确有其特殊的价值。在后现代语境中，原生态的民族文化尤其具有相当重要的价值。因此，建构贵州地域文化的主体性，充分挖掘和彰显贵州山地文化、民族文化、通道文化、边缘文化的现代价值，摆脱被轻视、被忽略的边缘地位，激发地域人士的文化自觉和文化自信，将文化资源变成文化资本，以助推地方经济社会的发展，进而重建贵州精神，重构贵州地域形象，是当代贵州精神文化建设的重点工作。

六、作为地域经济的"贵州"

作为地域空间的"贵州"，其地理上"塞天皆石，无地不坡"的自然环境，不利于农业生产和经济发展。其弹丸之地，土地狭窄，幅员蕞陋，其可耕土地面积，往往"不足以当中州一大郡"，[1] 或者"不敌江南一大郡邑"。[2] 因此，作为地域经济的"贵州"，自古即以贫穷著称，历史以来就被贴上落后的标签，因为"计其财赋，不足以当中州一大郡"。[3] 如郭子章《黔记》称贵州"本非都会之地"，"为天下第一贫瘠处"。[4] 贺长龄《奏建尚节堂并及幼堂疏》说"黔中更属极贫之地"。[5] 江盈科《黔师平播铭》说："黔则弹丸之地，居恒仰给楚蜀，有如称贷。"[6] 丹达礼《康熙后贵州通志序》说贵州"终岁丁赋所入，不足供文武庶僚经费，犹仰给于外省"。[7]

"贫穷落后"成为"他者"描写贵州的第一说辞。如（嘉靖）《贵

[1] 丘禾实：《黔记序》，（万历）《黔记》卷首，《中国地方志集成·省志辑·贵州》，凤凰出版社 2010 年版。
[2] 王廷陶：（康熙）《贵州通志序》，（康熙）《贵州通志》卷首，《中国地方志集成·省志辑·贵州》，凤凰出版社 2010 年版。
[3] 范承勋：（康熙）《贵州通志序》，（康熙）《贵州通志》卷首，《中国地方志集成·省志辑·贵州》，凤凰出版社 2010 年版。
[4] 《中国地方志集成·贵州府县志辑》第 2 册，巴蜀书社等 2006 年版。
[5] （道光）《贵阳府志》（点校本）余编卷二，第 1620 页，贵州人民出版社 2005 年版。
[6] （道光）《贵阳府志》（点校本）余编卷四，第 1699 页，贵州人民出版社 2005 年版。
[7] （道光）《贵阳府志》（点校本）余编卷四，第 970 页，贵州人民出版社 2005 年版。

州通志·财赋》说：

> 天下布政司十有三，而贵州为最后。故贵州财赋所出，不能当中原
> 一大郡，诸所应用，大半仰给川、湖。[1]

罗绕典（道光）《黔南职方纪略自序》说：

> 黔居西南，介楚、蜀、滇、粤，据南条之脊。地高寒而瘠薄，赋税所入，
> 不足以供官廉兵饷。唐宋常弃之而不顾，不欲烦内地以事退方也。[2]

王继文《预拨贵州兵饷疏》说：

> 黔省山高土瘠，夷多汉少，比他省为最苦。[3]

包祚永《饬黔督教民纺织疏》说：

> 黔素称土瘠民贫，山多田少，地皆刀耕，民多卉服，理宜资生之计，
> 较他省更勤。……黔远处天末，虽历来督抚亦屡经劝导，无如愚民暗于
> 生计，甘于玩愒，诚可悯念。[4]

宋如林《劝种橡养蚕示》说：

---

[1] 《中国地方志集成·贵州府县志辑》第1册，巴蜀书社等2006年版。

[2] 罗绕典著，杜文铎等点校：《黔南职方纪略》卷首，贵州人民出版社1992年版。

[3] （道光）《贵阳府志》（点校本）余编卷一，第1619页，贵州人民出版社2005年版。

[4] （道光）《贵阳府志》（点校本）余编卷一，第1619页，贵州人民出版社2005年版。

> 访察黔省，地固瘠薄，民多拮据。推原其故，由于素不讲求养生之道，
> 则地利不能尽收，而民情又耽安逸，无怪乎日给不暇者多矣。[1]

描述贵州之贫穷落后，最为深切著明者，是董安国（康熙）《贵州通志序》，其云：

> 大抵山丛蛮杂，地确民贫，加以寇乱相寻，凋劾尤甚。辛未秋，忝
> 备黔藩，由夜郎渡牂柯江，见夫万山戟列，百里烟微，厥土黑坟，田皆下下。
> 途间所值，率皆鸟言卉服，鹄面鸠形之伦。视事后，披览版籍，赋不过
> 银七万两，米九万八千九百余石，户口壹万六千六百八十有奇。其幅员
> 风土，可谓荒且陋矣。[2]

　　的确，无论是在农业文明时代，还是在工业文明时代，作为"山国"的贵州，在社会经济发展方面，皆受到严重的局限。在农业文明时代，社会经济的发展水平与可耕土地面积的大小，是成正比例关系的。所以，在农业文明时代，平原地区的社会经济能够得到优先发展，"沃野千里"成为人人向往的生活乐土。贵州作为全国唯一一个没有平原支撑的省份，山地面积占全省国土总面积的百分之九十二以上，素有"地无三尺平"之称，亦有"八山一水一分田"之说，是典型的"山国"。因此，在农业文明时代，发展农业经济，"山国"贵州没有明显优势，因而不可避免要陷入贫穷落后的境地。即使在当代，亦不可能像平原地区那样走规模化农业发展道路，只能发展山地高效特色农业。在工业文明时代，社会经济的发展水平与交通的发展，亦是成正比例关系

---

[1]　（道光）《贵阳府志》（点校本）余编卷二，第1631页，贵州人民出版社2005年版。

[2]　（康熙）《贵州通志》卷首，《中国地方志集成·省志辑·贵州》，凤凰出版社2010年版。

的。所以，在工业文明时代，沿江沿海地区的社会经济得到优先发展。近现代以来，中国的工业中心和经济中心皆在沿江沿海地区。在历史上，"山国"贵州因为交通不便而被"他者"视为"畏途"，尽管历代中央政府都很重视贵州这个战略通道的军事价值，以国家力量大兴"站赤"，开辟驿道，但亦未能从根本上改变贵州的交通条件，"不边不内"的地域区位和极其艰难的交通条件，成为制约贵州工业文明发展的主要瓶颈。因此，在工业文明时代，贵州依然是不可避免地陷入贫穷落后的境地。但是，在生态文明新时代，"山国"贵州却获得前所未有的大好发展机遇。因为贵州之"贵"，贵在生态，包括良好的自然生态和和谐的人文生态。在生态文明新时代，贵州良好的自然生态和和谐人文生态，成为人类社会在后工业化时代难得的稀缺资源。因此，在当代，贵州地域社会倡导发展以绿色经济、旅游经济和数字经济为基础的生态经济，引领人类社会生态文明发展新方向，这是一个极其明智的选择，亦得到社会各界的高度重视和普遍关注。所以，在生态文明新时代，贵州正在逐渐撕下贫穷落后的标签。亦只有在生态文明新时代，贵州才能彻底改变历史以来形成的贫穷落后面貌，完全摆脱被忽略、被轻视和被描写的处境，才能真正建构起"多彩贵州"新形象，并实现风行天下的愿景。

七、结语

建构地域共同体，增进地域社会的认同感，提升地域社会的向心力和凝聚力，凝练地域精神和塑造地域形象，是地域社会精神文化建设的重要内容，亦是促进地方经济社会发展的重要动力。当代贵州经济社会发展和精神文化建设的重要课题，就是在历史的沉重包袱的压力下，如何通过凝练地域精神和塑造地域形象，以建构认同感强烈和凝聚力强大的地域共同体。

在本章，我们讨论了"何谓贵州"和"何以贵州"两个问题，前者是关于"贵州"的构成，后者是关于"贵州"认同，合起来说，就是关于贵州地域形象的构成和认同问题。"贵州"形象的构成，是一个系统工程，包括物质层面和精神层面两方面的内容，具体有作为地域称谓的"贵州"，作为地域空间的"贵州"，作为地域族群的"贵州"，作为地域文化的"贵州"，作为地域经济的"贵州"等五大部分。在一定程度可以说，"何谓贵州"决定"何以贵州"。换言之，"贵州"形象的美誉度决定"贵州人"对"贵州"的认同度。进一步说，"贵州人"对"贵州"的认同度，决定"贵州人"的向心力和凝聚力，决定贵州地域共同体的统一性和同一性。

构成"贵州"的元素，包括称谓、空间、族群、文化、经济等等，这些元素，既是历史的，亦是现实的。或者说，其内涵是在历史演进中不断变化着的。换言之，其内涵随着时代的发展而变化，亦可以通过解构其历史内涵而建构其新意蕴。在历史上，构成"贵州"的这几大元素，无论是称谓、空间，还是族群、文化和经济，于贵州地域形象的建构，皆有显而易见的负面价值。这种负面价值，或者是"他者"赋予的，或者是其本身客观存在的。因而严重影响了贵州形象的美誉度，制约着"贵州人"的向心力和凝聚力，削弱了贵州地域共同体的同一性和统一性。如作为地域称谓之"夜郎"因"自大"而呈贬义，"贵州"因年轻而缺乏文化意蕴，因贫穷而成为落后的代名词。地域空间在构成上的"拼合"特点，制约其凝聚力和向心力的形成，影响其地域共同体的同一性和统一性；地理上"多山多石"的特点，致使其交通不便，可耕种土地面积少，制约其经济社会的发展；区位上"不边不内"的特征，使其始终处于被忽略和被轻视的处境；形势上"肘腋咽喉"的特点，使其仅仅被视为一个战略通道。地域族群上的多民族杂居和大量移民的迁入，致使"贵州人"在构成上有明显的"拼合"特点，导致"贵州人"一盘散沙，缺乏认同感和凝聚力，导致"身份危机"，产生普遍的"去黔"心理。地域文化上的"拼合"特征，致使其主体性不充分；其通道文化特点，致使其发展呈现出间断性和暂时性；其边缘文化特点，使其常常遭遇忽略和轻视。地域经济上的贫穷落后，致使其长期处于被轻贱的地位。在这种情境中，"我者"对"贵州"和"贵州人"的认同感不强，往往有"去黔"心理，其所建构贵州地域形象，亦常常显得底气不足。"他者"对"贵州"和"贵州人"的美誉度不高，常常有"畏黔"心态，其对"贵州"和"贵州人"的描写，常常是持着"述异"的心态进行着"述异"的描写，甚至是丑化或矮化的描写。

　　在新时代，随着贵州经济社会的快速发展，构成"贵州"形象的五大元素的内涵发生了变化，或者说，其内涵获得了新的理解和诠释。如，在生态文明新时代，作为地域称谓的"贵州"，因其地域空间内的良好生态和丰富的民族文化，被诠释为"中国的宝贝之州"，称谓的美誉度得到较大的提升。作为地域空间的"贵州"，其"多山多石"的地理特征，其独特的生态价值，成为打造"山地公园省"的重要载体，成为推动地方经济社会发展的重要资源；其"不边不内"的地域区位，其独特的通道价值，成为当代中国西南地区重要的交通枢纽。总之，以"多山多石"为资源构成的"山地公园省"，以"不边不内"的地域区位构成的西部交通枢纽地位，成为"多彩贵州"新形象建构的重要物质基础。作为地域族群的"贵州"，其族群构成上的"大杂居、小聚居"特点，充分体现贵州文化的多样性和"和而不同"的特点，受到当代社会的普遍关注，成为发展旅游经济的重要资源。作为地域文化的"贵州"，其文化上的"拼合"特点和原生态属性，在生态文明新时代显现出独特的精神价值。作为地域经济的"贵州"，在当代中央政府的大力支持下，其良好的生态优势和文化优势得到充分发挥，绿色经济、数字经济、旅游经济和县域经济得到快速发展，正在撕下被贴上了两千多年的贫穷落后的标签。

总之，在新的时代背景下，构成"贵州"的五大元素，皆发生了深刻的变化，获得了新的理解和诠释。因此，通过解构"何谓贵州"而重构"何以贵州"，重建新时代贵州地域形象，不仅是可能的，而且是必须的。

第三章 国家视野下的贵州地域形象

一、引言：地域形象建构中的国家视野

我们在第一章讨论"谁在建构"时，着重探讨了"我者"与"他者"在地域形象建构中的角色地位和视角态度。其实，地域作为构成国家之一份子，国家势力在地域形象的建构中，扮演着不可忽略的角色，其所取的视角和所持之态度，及其所发挥的作用和产生的影响，亦不同于"我者"和"他者"。

在地域形象之建构中，"我者"和"他者"所扮演的角色、所持之态度、所取之视角和所发生的影响，是不一样的。一般而言，"我者"与"他者"之间往往有比较强烈的异己感，"我者"是地域形象建构之主体，往往持着一种自我中心主义的态度，常常选取地域内一些积极的或者光辉的元素，建构一种理想化的地域形象。"他者"是地域形象建构之客体，往往持着一种异己主义的态度，对地域形象之构建常常持着异己心理和"述异"态度，往往免不了地域偏见，甚至地域歧视。所以，地域形象的建构，常常是在"我者"之地域理想与"他者"

之地域偏见的矛盾张力下逐渐形成的，并且随着"我者"与"他者"话语权力之强弱形势而发生起伏变化。但是，在"我者"与"他者"合谋建构地域形象的过程中，国家势力所发挥的作用和影响，亦不可忽略。

在地域形象之建构和地域文化之研究中，国家的存在是不可忽略的，国家话语的强势力量是不容回避的。

第一，作为一个地域空间，特别是建构地域形象所依托的区域空间，是国家权力意志的产物。为了权力意志的推行和政治管理之需要，国家甚至会把一些自然环境相差甚大、人文传统毫无渊源、族群关系并无关联的地域，划定在一个政治区域内，如明朝中央政府"割川、楚、滇、粤之剩地"构成贵州行省的行政区域空间，就是一个显明的例子。地域形象之建构所依托的，常常就是这种渗透着国家权力意志的行政区域空间。所以，回避国家权力意志而建构地域形象，是不可能的。或者说，我们只能在国家权力划定的行政区域空间中建构地域形象，设法将本不相属的地域、本无联系的人群和了不相关的文化整合起来，建构地域共同体和族群共同体，进而提升为文化共同体和形象共同体。

第二，从理论上讲，大一统国家统治下的各个行政区域，皆是构成国家整体的地理单元和政治单元，皆是国家之一份子，理应平等对待。然而，实际情况是，在国家整体格局中，有空间中心、政治中心、文化中心和经济中心，相应地，亦有空间边缘、政治边缘、文化边缘和经济边缘。中心往往受到重视，边缘常常是在有意或无意中被忽略。作为地域空间，在文明程度上有先进与后进之别，在经济上有富庶与贫穷之分。国家有时像人一样，亦是"势利眼"，它常常嫌贫爱富，重视经济发达的地区，而忽略经济落后地区；重视文化中心，而轻贱文明程度较低的地区。在通常情况下，国家是以政治、军事、文化和

第三章　国家视野下的贵州地域形象　／

经济之功利态度对待地域社会。国家对待地域社会的态度，对建构地域形象，有决定性的影响。因为在地域形象之建构中，无论是"我者"还是"他者"，在通常情况下，皆是在国家视野或国家态度之前提下进行的。所以，在一定程度上可以说，是国家权力为地域社会之形象建构定下了基调。

第三，在地域形象之建构中，国家政治的统一性和国家文化的同一性，是必须坚持的。与"他者"的异己感及其可能发生的"述异"心态和地域偏见不同，国家势力所要求的，是在地域社会的归属感之基础上体现国家层面的统属感，体现国家政治的统一性和国家文化的同一性。一般而言，地域社会之"我者"总是自觉或不自觉地强调地域的特殊性和差异性，呈显出地域中心主义倾向；而国家势力则是自觉地坚持国家中心主义，强调国家政治的统一性与国家文化的同一性。所以，国家之于地方，虽然不是本质意义上的"他者"，但是，他对地方中心主义的干预，却近似于"他者"的角色。因此，在地域形象的建构中，亦有一个国家与地方之间的合力与张力问题。如果仅仅局限于国家视野，过分强调国家政治的统一性和国家文化的同一性，则可能导致地域特殊性和差异性之被忽略，以及地方性知识的流失，地域形象个性特征之丧失。正如程美宝所说："中国地方史的叙述，长期被置于一个以抽象的中国为中心的框架内，也是导致许多具有本土性的知识点点滴滴地流失，或至少被忽略或曲解的原因。"因为他认为，要展现地域社会的特殊性，了解地域社会的内在发展脉络，只有在"跨越以抽象的中国文化为中心的视角，才不致对焦错误"。[1]但是，如果过于强调地域社会的特殊性和差异性，又可能会引起如葛兆光所

---

[1] 转引自赵世瑜：《大历史与小历史——区域社会史的理念、方法与实践》，第3页，三联书店2006年版。

说的，对"同一性中国历史、中国文明与中国思想是否存在的质疑"。[1]所以，在"大一统"国家政治背景下，为了实现地方经济社会的差异性发展格局，彰显地域社会的个性化形象，凝练地域社会的内生发展动力，构建地域共同体，彰显地域文化精神，建构地域形象，是必须的，亦是必要的。但是，维护国家"大一统"格局，彰显国家政治的统一性和国家文化的同一性，又是首要的政治任务。因此，在国家与地方之合力与张力下建构地域形象，需要解决国家的同一性与地域的差异性之间的紧张关系。大体而言，在国家认同的大前提下凝聚地域认同，在国家文化之大背景下建设地域文化，在国家精神和国家形象之大前提下建构地域精神和地域形象，是一个基本原则。

所以，在地域形象之建构中，国家势力是不可回避的因素，或者说，地域形象之建构，就是在国家势力之规约下开展的。对于作为地域空间的贵州而言，国家势力的介入，尤其是国家对贵州之态度及其态度之先后变化，而导致贵州地域形象呈现出明显的阶段性特征。

作为地域空间的贵州始终存在，但是，作为政治区域空间的贵州，则是始于明朝永乐十一年（1413）。所以，讨论历史以来贵州地域形象之建构及其特征，明朝是一个重要的转折点。因为作为自然地域空间的贵州形象与作为政治区域空间的贵州形象，有明显的区别。另外，贵州虽然在明朝永乐十一年（1413）才建立行省，才作为一个统一的行政区域出现在大一统中央王朝的政治格局中。但是，国家政治势力之进入贵州，中央政府在贵州地域空间设置行政机构，对贵州地域的开发、经营和管理，却是较早的。至迟在秦汉时期，便已成为中央政府关注的地域之一。我们认为，一个地域，只要有国家政治势力的介

[1]　葛兆光：《宅兹中国——重建有关"中国"的历史论述》，第9页，中华书局2011年版。

入，便会产生国家势力对这块土地的认识和态度，因而亦就发生了国家势力对此地域形象建构的影响。国家势力如何介入以及介入程度之深与浅，直接影响地域形象之建构。所以，与明代以后国家势力对作为政治区域空间的贵州形象的建构不同，明代以前的贵州，虽然未能成为一个统一的政治空间，但国家势力已经有了程度深浅不同的介入，已经参与了作为地域空间之贵州的形象建构。因此，研究国家视野下的贵州地域形象，明前国家势力之介入贵州地域，对贵州地域的开发管理，以及对贵州地域之认识和态度，均影响着贵州地域形象的建构。

二、先秦时期国家视野下的贵州

贵州最早进入历史学家的视野，是从一个不太雅观的"鬼方"称谓开始的。"鬼方"一词，在甲骨文、金文、《周易》《诗经》里都出现过，《周易·既济》云："（殷）高宗伐鬼方，三年克之。"《今本竹书纪年》说："（殷）武丁三十二年伐鬼方，次于荆。""三十四年祀，王师克鬼方，氐羌来宾。"《大戴礼·帝系》载楚国先祖"陆终氏娶鬼方氏"。另外，《梁伯戈铭》有"鬼方蛮"三字。"鬼方"所指地域为何？自宋元以来，学者如宋代王质，元代范汇，清代毛奇龄、惠栋、刘心源等人，皆认为"鬼方"是指以今贵州为主的西南地区。任可澄撰《鬼方考》一文，确认"鬼方"即指贵州。当然，持反对意见者，亦不乏其人，其中以王国维为代表，他撰《鬼方·昆夷·猃狁考》一文，以为"鬼方"指西北一带，是殷商时期的西北民族建立的一个"北方国"。[1]《贵州通史》亦持北方说。就目前学术界的研究情况看，争论的焦点是关于"荆"之所指，是位于陕西境内的"北条荆山"？

---

[1] 王国维：《观堂集林》卷十三，中华书局 1959 年版。

还是位于湖北境内的"南条荆山"？ 这个问题不能解决，"鬼方"所指就难以确认。如果确如大多数学者所说，"鬼方"是指贵州，那末，此当是历史以来贵州首次进入中原国家势力的视野。据相关文献，它应当是一个拥有强大军事实力的地方政权，以至于殷武丁用了三年的时间才将其征服。或者说，此时之贵州，已经是中原王朝不可忽略的一股地方政治力量。

历史上的贵州进入国家视野，有史可据的第二次，当是所谓的牂柯国。"牂柯"一名，最早见于《管子·小匡》，其云：

> 桓公曰：余乘车之会三，兵车之会六，九合诸侯，一匡天下。北至孤竹、山戎、秽貉，拘秦夏，西至流沙、西虞，南至吴、越、巴、牂牁、𣬠、不庾、雕题、黑齿、荆夷之国，莫违寡人之命。[1]

"牂柯"一词，其本义或以为是系船杙，如《华阳国志·南中志》说：

> 周之季世，楚顷襄王遣将军庄𫏨溯沅水，出且兰，以伐夜郎，椓牂柯系于舡且兰。……以且兰有椓舡牂柯处，乃改其名为牂柯。[2]

即以系船杙名其地域。据此可知，战国庄𫏨伐滇时乃有"牂柯"之名。或以为是地名或水名，如《史记·西南夷列传》载：

> 南越食（唐）蒙蜀枸酱，蒙问所从来，曰：道西北牂柯，牂柯江广数里，出番禺城下。蒙归至长安，问蜀贾人，贾人曰：独蜀出枸酱，多持窃出

[1] 戴望：《管子校正》（诸子集成本），第126~127页，上海书店1986年版。
[2] 刘琳：《华阳国志校注》，第335页，巴蜀书社1984年版。

市夜郎。夜郎者，临牂柯江，江广百余步，足以行船。[1]

据文意，"道西北牂柯"之"牂柯"是地名，当是因濒临牂柯江而得名。但贾人又说"临牂柯江者"为夜郎。此夜郎与牂柯是何关系，尚需考证。或以为是山名，如《北堂书钞》引《异物志》说："有一山，在海内，小而高，似系船筏，俗人谓之越王牂柯。"汉昭帝以后则为郡名，即所谓牂柯郡是也。

关于牂柯问题，如同鬼方、且兰一样，是贵州上古史上的一段疑案，学者多有专题考证，但仍是一个众说纷纭、莫衷一是的问题。不过，据《管子·小匡》"南至吴、越、巴、牂柯、瓯、不庾、雕题、黑齿、荆夷之国"一句推测，认为牂柯是春秋时期地近巴国，其实力可与吴、越、巴等国相提并论的南夷方国，应当不成问题。所以，房玄龄注称其是"南夷之国号"，其地域范围大致包括今贵州乌江以南及两广的一些地方。可能的事实是，在今贵州境内有一条名为牂柯的江，其流域之地便被命名为牂柯，居住在这块土地上的人被称为牂柯人。在春秋、战国时期，牂柯人在牂柯江流域建立起可与吴、越、巴等方国实力相当的牂柯国。牂柯国兴起于春秋而衰败于战国，其统领地位逐渐被夜郎国或者且兰国取代。故唐蒙通使夜郎前，或称之为"牂柯"，如南越人；或称曰"夜郎"，如蜀贾人。可以肯定的是，在春秋时期齐桓公九合诸侯、一匡天下时，牂柯的势力一度发展成南夷大国，足以与吴、越、巴相提并论，致使齐桓公亦不能轻视或者忽略他的存在，因而发出"莫违寡人之命"的要求。

贵州地域空间受到"他者"和国家势力的重点关注，则是在战国后期，具体表现在秦、楚二国的黔中之争上。楚国政治势力进入贵州，

---

[1] 司马迁：《史记》（点校本），第2994页，中华书局1982年版。

对贵州地域的经营，要早于秦国。据《史记·秦本纪》记载：秦孝公元年（前361年）"楚自汉中南有巴黔中"。《战国策·楚策一》载苏秦游说楚威王说："楚在西有黔中、巫郡。"所谓"黔中"，系指今贵州与重庆接壤的地域，其地早期为巴国所据，后为楚国所有。后来，秦国先后派司马错、张仪攻灭蜀国和巴国，于是秦、楚之间便展开了旷日持久的黔中之争。如秦昭襄王二十七年（前280年）使司马错"发陇西（兵）因蜀攻取楚黔中，拔之"。[1]不久，楚国又夺回黔中。故昭襄王三十年（前277年）又使"蜀守（张）若伐楚，取楚巫郡及江南为黔中郡"。[2]一年后，楚"复西取秦所拔我江旁十五邑以为郡，拒秦"。[3]秦昭襄王三十年（前277年）至三十四年（前273年）之间，"武安君（白起）因取楚，定巫、黔中郡"。[4]

实际上，庄𫏋入滇，亦可能与秦、楚之间的黔中之争有关系。据《史记·西南夷列传》载：

> 始，楚威王时，使将军庄𫏋将兵循江上，略巴黔中以西。庄𫏋者，故楚庄王苗裔也。𫏋至滇池，方三百里，旁平地，肥饶数千里，以兵威定属楚。欲归报，会秦击夺楚巴黔中郡，道塞不通，因还。以其众王滇，变服从其俗，以长之。

《后汉书·西南夷列传》载：

> 初，楚顷襄王时，遣将军庄豪从沅水伐夜郎，军至且兰，橛船于岸

[1]　《史记·秦本纪》。
[2]　《史记·秦本纪》。
[3]　《史记·楚世家》。
[4]　《史记·白起王翦传》。

而步战。既灭夜郎，因留王滇池。

据考证，庄𫎩入滇的时间大约是在公元前280年至前276年之间。《淮南子·兵略训》说："昔者楚人南卷沅湘，北绕颍泗，西包巴蜀，东裹郯邳。"庄𫎩此次奉命通过且兰、夜郎等今贵州地域而入云南，是为了迂回贵州地域，对秦国实行前后夹攻的包抄战略计划。刘学洙、史继忠说：

> 当我们华夏祖先在黄河流域热闹异常地演出一幕幕政治军事争雄活剧时，贵州这块荒陲，还静静地躺在万山丛中，过着与外界无争的封闭生活，北国霸权鞭长莫及。秦楚围绕着对黔中地的争夺，目光扫视到今贵州东部和东北部的局部地区，开始打破了群山沉睡万年的静寂。秦楚对黔中地之争，后来还延续多年，这大约是中原大国对贵州发生兴趣的肇始。[1]

范同寿亦说：

> 地理位置决定了贵州高原在西南地区举足轻重的战略地位。如果庄𫎩的确是奉了顷襄王之命，取道贵州进入云南，以便对秦国进行迂回包围的话，这个顷襄王的战略眼光是很值得称道的，他应该是第一个发现贵州战略重要地位的郡国统治者。[2]

我们认为，秦汉以来，无论是周边政治势力之关注贵州，还是中

---

[1] 刘学洙、史继忠：《历史的理性思维——大视角看贵州十八题》，第14页，贵州教育出版社2004年版。

[2] 范同寿：《贵州历史笔记》，第49页，贵州人民出版社2008年版。

央政府之介入贵州，所看重的都是贵州地域的战略通道地位。庄蹻取道贵州进入云南，企图对秦国实施迂回包抄战略，是如此。秦国（包括之后的秦朝）对贵州的介入，亦是如此。秦国在与楚国的数年争战中，取得贵州偏北的地域，设立黔中郡，管辖今贵州沿河、印江以东，思南、乌江以北的地区。后来，又在贵州偏南的地域，设置象郡，管理今贵州偏南的独山、荔波、锦屏、从江等地。又"命常頞略通五尺道，诸此国颇置吏焉"。[1]这条从四川经黔西北至滇西的"五尺道"，始于今川南的宜宾，经高县、拱县、筠连，入云南境过盐津、大关、彝良、昭通，又入贵州境内经过赫章、威宁，再入云南境走宣威抵达曲靖。[2]其目的地是云南，仅仅从贵州西北擦肩而过。秦始皇修筑的这条"五尺道"，学者有高度评价，如范同寿说："秦统一以前，从来没有一个中原政权能够对僻处西南的贵州，进行有效的直接管辖。无论是鬼方、牂牁或夜郎，都是凭借军事实力独据一隅的方国，是中原群雄无力染指的地方。秦的统一，建立起包括今贵州地区在内的封建中央集权国家。"认为"五尺道是贵州境内已知的由官方投资修建的第一条道路，在贵州交通史上有着极不平常的地位"，秦始皇是"第一个打破贵州封闭状态"的皇帝。[3]刘学洙亦说："这是中国有史以来中央王朝对贵州的第一次开发，那怕仅仅是一点启动，也总算使封闭的贵州有了一条沟通外界的官修小小动脉了。"[4]

秦王朝对贵州的经营和管理，有两个问题值得注意：其一，他在贵州偏北的地方设置黔中郡，管理贵州偏东北的地域；在贵州南面设

---

[1] 《史记·西南夷列传》。

[2] 向达：《蛮书校注》。

[3] 范同寿：《贵州历史笔记》，第53、56页，贵州人民出版社2008年版。

[4] 刘学洙、史继忠：《历史的理性思维——大视角看贵州十八题》，第15页，贵州教育出版社2004年版。

置象郡，势力介入到贵州偏南的地域；他修筑五尺道，经过贵州偏西北的地域，亦置吏管理。可以说，秦朝的政治势力已经进入到贵州的东北、西北和南部，对贵州地域形成包围之势，可他并没有把政治势力深入到贵州的腹心地带。亦许是因为秦王朝统治的时间较短，二世而亡，还没有来得及经营贵州地域的腹心地带便灭亡了。但是，对贵州地域的如此经营策略，亦至少体现了秦朝中央政府对贵州地域的态度。其二，秦王朝开通"五尺道"的最终目的是什么？这是值得追问的问题。很显然，他的目标不是贵州，而是云南，它的终点是云南的曲靖，只是取道贵州之赫章、威宁等地而已。我们认为，秦朝开通途经贵州直抵云南曲靖的"五尺道"，可能还是与秦、楚之间持续多年的西南之争有关。前面讨论庄蹻取道贵州入滇，虽然他顺便"灭且兰，降夜郎"，但他的目的不是占据贵州，而是为了抵达云南。所以，他在贵州没有更多的军事行动和政治举措，而抵达云南后便筑城定居，称王管理。所以，楚和秦一样，对贵州腹心地带并没有特别浓厚的兴趣。庄蹻入滇，可能是以此对秦国实行迂回包围。而秦朝开"五尺道"，可能就是为了瓦解楚国的迂回包抄战略。虽然常頞开"五尺道"，可能是在秦国灭亡楚国、一统天下之后。但是，庄蹻入滇，因秦夺回黔中，阻断了庄蹻回楚的道路，于是"以其众王滇，变服从其俗以长之"。[1]因此，即便楚国已经灭亡，但楚国遗留在滇的势力，可能还很强大。秦国开通直抵云南曲靖的"五尺道"，就是为了制约这股楚国遗留下来的潜在的反秦势力。[2]所以，秦、楚二国对贵州的经营，皆不重视今贵州的腹心地带，其着眼点皆是贵州地域在军事上的战略通道地位。

---

[1] 《史记·西南夷列传》。

[2] 滇人自称是楚国庄蹻之后，如桓宽《盐铁论·论功》说："今西南诸夷，楚庄之后。"《新唐书·南蛮传》说："自滇池、夜郎以西，皆曰庄蹻之裔。"《太平寰宇记·四夷》说："自夜郎以西，皆曰庄蹻余种也。"

总之，在先秦时期的国家视野和"他者"眼中，作为地域空间的贵州，就是一个不能忽略的军事战略通道。秦、楚二国基于军事目的和贵州地域空间之实情，给予贵州的这种形象定位，在贵州地域形象发展史上，有特别重要的影响。

三、两汉时期国家视野下的贵州

　　汉朝初年，中央王朝面对内困外忧，无力顾及西南地区，故"皆弃此国"，暂时放弃了对西南夷地区的经营和管理，并且"关蜀故徼"，[1] 切断内地与西南夷地区的联系。因此，西南夷诸国对汉王朝"遂不宾"。[2] 据《史记·西南夷列传》载："西南夷君长以什数，夜郎最大；其西靡莫之属以什数，滇最大；自滇以北，君长以什数，邛都最大……此皆巴蜀徼外蛮夷也。"即在汉代一般人的心目中，巴蜀是化内之地，巴蜀以外的西南包括滇、黔之地，均属化外之地，是蛮夷之邦。

　　在汉武帝时期，汉王朝逐渐摆脱内困外忧，国家经济、军事实力逐渐加强。于是，经营西南夷的工作提上议事日程，便首先派遣唐蒙出使西南夷，通使夜郎。

　　唐蒙通使夜郎的动机，与秦、楚二国大体相近。简言之，汉武帝派唐蒙通使夜郎，开筑南夷道，其主要目的是为了对付南越国。汉初面临的外患，一为北方的匈奴，二为南方的南越。南越国始建于秦末，在秦末农民大起义期间，乘机张大势力，据地自雄，割据一方。在汉初，南越王对汉王朝阳奉阴违，还数次出兵攻袭汉朝所属的长沙王辖地，亦"以财物役属夜郎"，其首领赵佗自称南越武帝，其势力"东

---

[1]　《史记·西南夷列传》载："及汉兴，皆弃此国而关蜀故徼。"说的就是这个情况。
[2]　《华阳国志·南中志》。

西万余里，乃黄屋左纛，称帝与中国侔"。[1]俨然一独立王国，对中央王朝的国家安全构成的威胁，虽然不能与北方的匈奴相比，但亦实为汉王朝的一个心头大患。于是，在建元六年（前135），汉武帝派唐蒙出使南越，了解南越之虚实，为攻灭南越做前期准备工作。据《史记·西南夷列传》记载：唐蒙出使南越，在南越王的招待宴席上，吃到蜀地所产的枸酱，问所从来，南越人称："道西北牂柯，牂柯江广数里，出番禺城下。"即从蜀地进入夜郎，沿牂牁江南下抵达番禺（今广州）。敏感的唐蒙捕捉到一个极其重要的军事情报，回到长安后又寻找蜀地贾人验证。贾人说："独蜀出枸酱，多持窃出市夜郎。夜郎者，临牂柯江，江广百余步，足以行船。南越以财物役属夜郎，西至桐师，然亦不能臣使也。"这个信息至少有两点引起唐蒙的注意：一是由蜀地进入夜郎，沿牂柯江行船南下可直抵番禺；二是南越虽然"以财物役属夜郎"，然"不能臣使"，即南越与夜郎之间还未构成政治共同体。于是，唐蒙向汉武帝上书说：

> 南越王黄屋左纛，地东西万余里，名为外臣，实一州主也。今以长沙、豫章往，水道多绝，难行。窃闻夜郎所有精兵，可得十余万，浮船牂柯江，出其不意，此制越一奇也。诚以汉之强，巴蜀之饶，通夜郎道，为置吏，易甚。[2]

汉武帝欣然接受这个策略。事实上，在这个攻打南越的策略上，贵州的作用，唐蒙说得很清楚，就是以"巴蜀之饶"而"通夜郎道"，即借助巴蜀之财力开通夜郎道路，作为攻打南越的军事通道。为此，唐

[1] 《史记·南越尉佗列传》。
[2] 司马迁：《史记》（点校本），第2994页，中华书局1982年版。

蒙以中郎将的身份，做了两件工作：

一是通使夜郎。据《汉书·西南夷列传》载：建元六年（前135），唐蒙"将千人，食重万余人，从巴蜀笮关入，遂见夜郎侯多同。蒙厚赐，谕以威德，约为置吏，使其子为令。夜郎旁小邑皆贪汉缯帛，以为汉道险，终不能有也，乃且听唐蒙约"。[1] 唐蒙恩威并施，尤其是以大量的缯帛馈赠夜郎王及其周边小邑，收买人心，达到预期效果，并于当年建立犍为郡。关于唐蒙通使夜郎及其建立犍为郡之动机，朱俊明说："汉王朝从为闽越侵南越出兵击闽越，唐蒙受命'风晓南越'，他在南越和长安打听夜郎的情况，到他入夜郎并返回长安报告置犍为郡，都是在同一年里。汉王朝的确是为对付南越而急于打通夜郎。"[2] 其说有据，颇能昭示唐蒙通使夜郎的真实目的。

二是开通南夷道。唐蒙以中郎将的身份受命出使夜郎，乃"令蜀通僰、青衣道"，即开通自乐山至宜宾的道路。据《华阳国志·蜀志》载：

> 武帝初欲开南中，令蜀通僰、青衣道。是元年，僰道令通之，费功无成，百姓愁怨，司马相如讽谕之。使者唐蒙将南入，以道不通。……蒙即令送成都市而杀之。蒙乃斩石通阁道。故世为泣曰：思都邮，斩令头。后蒙为都尉治南夷道。

因青衣道未开通，唐蒙放弃原先由僰道入夜郎的计划，改为从巴符关入夜郎，之后再继续修建由僰通夜郎的道路，即南夷道。据《史记·司马相如列传》载："唐蒙已略通夜郎，因通西南夷道，发巴、蜀、

[1] 司马迁：《史记》（点校本），第 2994 页，中华书局 1982 年版。
[2] 朱俊明：《夜郎史稿》，第 67 页，贵州人民出版社 1990 年版。

广汉卒,作者数万人。治道二岁,道不成。"修筑这条道路,异常艰难,"士罢饿离湿死者甚众",[1] "士卒多物故,费以巨万计"。[2] 据《史记·平淮书》说:"唐蒙、司马相如开路西南夷……巴蜀之民罢焉。""汉通西南夷道,作者数万人,千里负担馈粮……巴蜀租赋不足以更之。"因开道所征发者是巴蜀民众,经费亦是从巴蜀租赋中列支,因而遭到巴蜀人士的反对。所以,司马相如出使巴蜀,巴蜀长老质问之说:"今罢三郡人士,通夜郎之涂,三年于兹,而功不竟,士卒劳倦,万民不赡……今割齐民以附夷狄,弊所恃以事无用,鄙人固陋,不识所谓。"[3] 另外,亦常常遭遇夜郎方面的阻挠,据《史记·平淮书》说:"数岁道不通,蛮夷因以数功,吏发兵诛之。"《史记·西南夷列传》说:"西南夷又数反,发兵兴击,耗费无功。"基于上述情况,汉武帝派公孙弘前往视察。公孙弘视察回来,"言其不便","甚毁西南夷无所用"。因为当时朝廷面临的主要敌人是北方的匈奴,故公孙弘又"数言西南夷害,可且罢,专力事匈奴"。[4] 因此,汉武帝乃"罢西夷,独置南夷、夜郎两县一都尉",并"稍令犍为自葆就",暂时停止了南夷道的修建。但是,汉王朝中央并没有完全放弃这条道路的修建,此后又有重建,至迟在元鼎五年(前112)前已经开通。因为正是这一年,汉朝就已经开始起用这条道路,"使驰义侯因巴蜀罪人,夜郎兵下牂柯",[5] 参与攻讨南越的战争。南越灭亡后,这支军队返回巴蜀,走的仍然是这条新开通的道路。据《汉书·西南夷列传》记载,这支返回的军队,

---

[1] 《史记·西南夷列传》。

[2] 《史记·司马相如列传》。

[3] 《史记·司马相如列传》。

[4] 《史记·公孙弘列传》。

[5] 《史记·南越尉佗列传》。

还"行诛隔滇道者且兰"。[1]

汉武帝对夜郎的经营和开发，总与寻路、修路有关系。据载：元狩元年（前122）张骞通使西域回到长安，向武帝报告：于西域大夏见到"蜀布、邛竹杖"，据说是从身毒（印度）转运过去的。建议汉武帝派人探寻这条途经四川、贵州、云南到东南亚的商道，以保障中央政府与西域各国之间的联系，避免取道河西受匈奴势力的干扰。[2]汉武帝采纳了这个建议，便派柏始昌、王然于、吕越人等先后到达夜郎、滇等国，探寻这条后来被称为"南方丝绸之路"的通道。

总之，秦汉时期中央势力介入贵州，对夜郎地区的经营和开发，如修筑道路（秦始皇时开通的"五尺道"、汉武帝时开通的南夷道）、设置郡县（如秦朝的黔中郡、象郡，汉武帝时的犍为郡、牂柯郡）、迁入移民等等，在客观上，对夜郎地区社会经济的发展，起到重要的促进作用。特别是随着大量移民的进入而传入的华夏主流文化，加速了夜郎地区的华夏文明化进程，"向化"程度日趋加深，对华夏主流文化的认同和对中央政权的依附日趋显著。如据《华阳国志·南中志》记载："会公孙述时，三蜀大姓龙、傅、尹、董氏与功曹谢暹保郡，闻世祖在河北，乃远使使由番禺江出，奉贡汉朝。世祖嘉之，号为义郎。"《后汉书·西南夷列传》载："公孙述时，大姓龙、傅、尹、董与郡功曹谢暹，保境为汉，乃遣使从番禺江奉贡，光武嘉之。"就体现了这种"向化"倾向和对中央势力的依附。

我们认为：汉王朝中央势力之介入贵州，客观上对夜郎地区的开发起到重要的促进作用。但是，从主观上讲，无论是秦始皇，还是汉

[1] 汉王朝之所以要诛灭且兰，是因为他"隔滇道"，即阻碍王朝中央通往云南的道路。此亦可证汉王朝对夜郎地区的经营，主要是为了战略通道的畅通无阻。

[2] 汉武帝派遣使者探寻这条途经四川、贵州、云南到东南亚，直通西域的商道，或许有另辟新路联合西域各国共同对付匈奴的意图。

武帝，其势力介入贵州和开发贵州的真正动机，皆出于军事战略目的。在他们的观念中，贵州就是一个战略通道或军事据点，秦王朝开通"五尺道"，经营夜郎地区，是意欲通过占领夜郎地区以瓦解楚国"西包巴蜀"的军事策略；汉武帝开通"南夷道"，经营夜郎地区，是为了攻打南越国，或者有打通南方丝绸之路以形成对匈奴的包抄之势的意图。总之，皆着眼于军事上。另外，秦汉时期的夜郎，在国家视野中，是一个典型的边郡，与巴蜀地域亦有明显的区别。巴蜀属于"化内"之地，巴蜀以外包括夜郎地域，则属于"化外"之地。[1] 所以，中央政府认为夜郎、滇、邛等地"皆巴蜀徼外蛮夷也"，故在汉初天下动荡之际，中央政府有"闭蜀故徼"之举动。汉武帝时期在"边郡"建立郡县行政机构，纳入全国统一的行政建置。但是，这些边郡的建置，只不过是中央政府在西南地区设置的一些政治、军事据点，据点之外仍由当地土著王侯按"毋赋税，以其故俗治"的方式统治。所以，与内地不同，这里是"郡国并存"或"郡国并治"，实际上就是一种羁縻政策。因此，秦汉时期中央政府对夜郎地区的这种态度，显示了当时国家视野下的贵州位置——边郡，以及因边郡位置而体现出来的军事意义。或者说，作为地域空间的贵州，在秦汉王朝中央的视野中，其价值是军事通道，其位置是边郡。

四、魏晋至宋元时期国家视野下的贵州

自东汉以来，在夜郎地区，从四川移民而来的"三蜀"大姓逐渐发展起来，形成以龙、傅、尹、董、谢为代表的南中大姓，他们称雄

---

[1] 巴蜀人士以"化内"之民即"齐民"自居，视夜郎为"化外"之民，为夷狄。故在开通南夷道过程中，蜀人质问司马相如说：中央政府"罢三蜀之士，通夜郎之涂"，是"割齐民以附夷狄，弊所恃以事无用"（《史记·司马相如列传》）。

一地，影响南中政局数百年。

在三国纷争时期，南中是蜀汉政权抗衡魏、吴的根据地和大后方，所以，对蜀国来说，南中具有特别重要的意义。但是，在当时，"南中恃其久远，不服久也"。[1] 所以，蜀汉对南中的经营很重视，尤其对南中通吴一事极为敏感。据《三国志·蜀志·张裔传》载：

> 先是，益州郡杀太守正昂，耆率雍闿恩信著于南土，使命周旋，远通孙权。（蜀）乃使裔为益州太守，径往至郡。闿遂趑趄不宾，假鬼教曰：张府君如瓠壶，外虽泽而内实粗，不足杀，令缚与吴。于是遂送裔于孙权。

雍闿是当时南中地区的大姓和夷帅首领，在当地具有相当大的号召力。但是，他与孙吴早有勾结，而且关系密切。据《三国志·蜀志·吕凯传》记载：

> 时雍闿等闻先主薨于永安，骄黠滋甚，都护李严与闿书六纸，解喻利害，闿但答一纸曰：盖闻天无二日，土无二主，今天下鼎立，正朔有三，是以远人惶惑，不知所归也。其桀慢如此。

雍闿"杀所署太守正昂，与（士）燮相闻，求内附，（步）骘因承制遣使宣恩抚纳"。[2] 当时，士燮为东吴大将军，驻守交趾，步骘为东吴任命的交州刺史。雍闿的反蜀，得到孙吴的支持。孙吴为了支持南中反蜀，委派刘璋子刘阐遥领益州郡刺史，以便与雍闿相呼应。又发表雍闿为永昌太守。在雍闿的号召下，南中诸郡"并皆叛乱"。正如

---

[1]　《三国志·蜀志·马谡传》。

[2]　《三国志·吴志·步骘传》。

论者所说：

> 蜀汉政权建立之时，就只拥有巴、蜀和南中地区，与曹魏相比，地域已经很小，如果再失去南中，就等于失去国力之半，如果坐视南中丢失，甚至任其依附于吴，则蜀汉仅求自保亦不可得。同时平定南中可以得到物资、兵源的补充，没有南中的丰富物质资源和兵源作后盾，蜀汉政权难于抗衡曹魏，难于调整蜀、吴关系。[1]

其实，我们认为，蜀汉平定南中，不仅仅是为资源的问题，南中的资源在当时亦难称丰富。当诸葛亮谋划对南中用兵时，丞相长史王连谏曰："此不毛之地，疫疠之乡，不宜以一国之望，冒险而行。"[2]这应当代表当时蜀汉上层人士对南中地区的一般看法。如此"不毛之地"，在经济上不可能为蜀汉对抗魏、吴提供军资和兵源。蜀汉之平定南中，主要是从军事上考虑。如前所述，秦始皇之开通"五尺道"和经营夜郎，是为瓦解楚国借道夜郎对秦国实施迂回包抄的策略。吴国之分裂南中，以雍闿为代表的南中势力叛离蜀国，而暗中与吴国沟通，走的路线，实际上就是借道南中以对蜀国形成包抄之势。而诸葛亮之征讨南中，犹如当年秦始皇之经营夜郎，就是为了瓦解这种迂回包抄的策略。顾祖禹《读史方舆纪要·陕西纪要》说："定南中，然后可以图巴蜀，固巴蜀，然后可以图关中。"诸葛亮之经营南中，主要是从军事角度考虑。平定南中之后，对南中的管理，采取的亦是汉代以来的羁縻政策。所以，他说：

---

[1]　《贵州通史》第 1 卷，第 224～225 页，当代中国出版社 2002 年版。

[2]　《三国志·蜀志·王连传》。

> 若留外人，则当留兵，兵留则无所食，一不易也；加夷新伤破，父兄死丧，留外人而无兵者，必成祸患，二不易也；又夷累有废杀之罪，自嫌衅重，若留外人，终不相信，三不易也。今吾欲使不留兵，不运粮，而纲纪粗定，夷汉粗安故耳。[1]

南中在三国蜀汉政权中的位置和在诸葛亮心目中的地位，大体如此。

唐朝初年，中央政府对西南地区的经营，基本上沿袭前朝的做法，采取比较宽松的统治策略，招抚少数民族首领内附，在乌江以北及黔东北地区设置正州，在乌江以南的地区设置羁縻州。至天宝年间，南诏在吐蕃的支持下，势力逐渐强大，征服了爨地，并占领今四川南部和贵州大部分地区，由此在唐朝和南诏之间展开了长达百年的争战。在这场争战中，贵州军事地理位置的重要性突显出来，由此唐王朝才开始重视对贵州地区的经营。在当时，牂牁大姓赵氏势力强大，成为唐王朝抗击南诏东侵的重要力量，因此而被唐王朝封为黔中都督，官至工部尚书。在唐朝中后期，贵州地区既是唐朝抗击南诏东侵的缓冲地带，又是唐朝沟通南诏的重要通道。在唐朝和南诏近百年的时战时和的政治格局中，贵州成为双方争夺的重要地区。对于唐王朝而言，是基于抗击南诏东侵的军事目的，才着力对贵州地区的经营和管理，其招募太原杨端带兵讨伐南诏，收复播州，就是为了抵御南诏势力的东向扩张。可以说，是因为南诏势力的逐渐强大及其向东扩张，危及了唐王朝在西南地区的政治安全，贵州地区在军事上的重要性，才引起唐王朝的重视，才招募杨端进入西南，经营贵州。贵州在唐王朝中央政治格局中的地位，大体如此。

---

[1] 《三国志·蜀志·诸葛亮传》注引。

北宋王朝对贵州的经营和控制，比唐朝更为松弛，依然是实行经制州、羁縻州和藩国并存的统治方式。其地虽属夔州路，但正州甚少，绝大部分地区均属羁縻州。因为当时朝廷面临的主要外患，来自北方，故而秉持"北有大故，不遑远略"的治国理念，于西南地区仅以羁縻以求相安无事。如太祖开宝七年（974），彝族首领普贵及其子内附，太祖敕曰：

> 予以义正邦，华夏蛮貊，罔不率服。惟尔贵州，远在要荒。先王之制，要服者来贡，荒服者来享。不贡，有征伐之兵，攻讨之典。予往岁为扶播州之弱，劳我王师，罪人斯得，想亦闻之。有司固请进兵尔土，惩问不贡。予曰：远人不服，则修文德以来之，穷兵黩武，予所不忍。寻乃班师。近得尔父子情状，知欲向化，乃布兹文告之。尔若挈土来廷，爵禄、土地、人民，世守如旧。故兹制旨，想宜知悉。

这是北宋王朝对贵州的基本策略。

在南宋时期，由于时局的变化，中央政府在南方设立马市，贵州地域的重要性又一次凸显出来。长期以来，宋朝与北方少数民族政权的对峙和战争，必须大量用马。北宋买马多在北方，主要购买吐蕃、回纥、党项之马，史称"西马"。宋室南渡后，购买"西马"的通道被阻断，于是，中央政府在广西开设马市，重点采购云南大理马。云南是西南地区最大的产马地，其中大理马数量多而品质优良。但是，南宋王朝鉴于南诏国时时侵扰唐王朝西南边疆的历史教训，对于直接从大理买马并与大理国发生联系，深怀戒心。故在广西设立马市，通过罗殿、自杞和毗那诸国的转手而采买大理马。如《岭外代答·宜州买马》说："马产于大理国，大理国去宜州十五程尔，不得而通，故自杞、罗殿皆贩于大理而转于我。"《玉海·马政》说："今之买马，多出于罗殿、自杞诸蛮，而自彼乃以锦、彩博于大理。"因此，当时贵州的自杞、罗殿等地，成为南宋采买大理马的重要转运站，贵州的通道地位又一次得到彰显。

贵州地域区位的重要性，在南宋末年的宋蒙战争中再一次得到充分体现。南宋末年，蒙军企图采取迂回包抄的战略，首先征服西南，在此建立根据地，然后对南宋进行南北夹击。因此，蒙军进入四川、云南后，贵州的罗氏鬼国、罗殿国、自杞国和思、播二州构成一道抗击蒙军的前沿防线，成为南宋抗元的中坚力量。宝祐四年（1256），云南大部分地区为蒙军占据，形势危及贵州。董槐奏曰："罗鬼国报，思、播谓北兵留大理，招养蛮人为向导，此甚可忧。"宋理宗亦充分意识到，"彼不能支，骎骎及我矣"。于是以银万两，"使思、播约结罗鬼为援"，以阻止蒙军东进。[1]并"筑思州三隘"，又命"黄平、清浪、漾溪三处，当审度缓急，分置大小屯"。[2]实际上，贵州横亘在四川、云南、湖广三省之间，境内山高谷深，道路险阻，易守难攻，是兵家必争之地。自蒙军进入四川、云南之后，贵州便成为蒙军与宋朝对峙的前沿地带，蒙、宋西南之争，其焦点便在贵州。

贵州地域的战略通道地位，及其在维护西南边疆政治安全中的重要作用，在唐宋时期得到充分体现。因此，元代大兴"站赤"，便力图将贵州纳入全国的交通网络中，贵州成为四川、云南、湖广三省交通的咽喉重地。设立八番顺元宣慰司都元帅府，使之成为三省毗边之地的政治、军事中心。三省驿道在贵州相接，贵州因此成为西南驿道上的枢纽，其战略地位相当显著。三条驿道分别是：横贯东西的由湖

[1]　《宋史·理宗本纪》。
[2]　《续资治通鉴》"理宗定祐四年"。

广通往云南的大道，川黔驿道，乌撒入蜀入滇通道。而由湖广通往云南的驿道，东西横贯贵州，是沟通内地与西南边疆的大动脉。

大体而言，元朝以前包括元代，中央政府对贵州地区的经营，主要是基于其重要的军事战略位置和通道地位，从楚国庄蹻借道入滇，通过经营贵州以图对秦国实施包抄策略，秦国开通"五尺道"入滇，以此瓦解楚国的包抄策略。汉武帝开通"南夷道"以攻讨南越国，诸葛亮征服南中以瓦解南中大姓与孙吴结盟，唐朝经营贵州以抵御大理国的东侵，宋朝因买马而加强与贵州的联系，南宋把贵州作为抗击蒙军的前沿阵地，元朝大兴"站赤"而确立贵州在西南边疆管理上的战略通道地位。总之，历史上的贵州，在国家视野下，在历代统治者心目中，就是军事通道和战略屏障，是中央政府经略西南地区的战略要地。因此，在一定程度上可以说，北方中原之争的焦点是关中，南方江淮之争的焦点是荆州，历代西南之争的焦点是贵州。中央王朝对贵州的态度，大体如此。国家视野下的贵州地域形象特征，亦由此基本确定。

五、明清时期国家视野下的贵州

贵州真正进入国家视野，并被纳入国家统筹的行政管理系统，是从明朝开始的。其中的标志性事件，就是明朝中央政府于永乐十一年（1413）在贵州建立行省。从此，贵州以一个独立的行省身份进入到国家政治的大舞台。

一个地域能否成为一个独立的行政区域，除了政治、军事方面的因素外，还需要考虑其地理特征、族群构成、经济状况、历史沿革和文化习俗等方面的因素。虽然行政区域与人文地域、自然地理不能完成等同，但是，行政区域之划分亦往往需要考虑区域内自然地理、族群构成和文化习俗的趋同性，尤其是经济上的自足性。在明朝，无论从地理特征和经济状况来看，还是就族群构成和文化习俗而言，贵州皆不足以构成一个独立的行政区域，贵州实在不具备建置独立行省的条件。

就地理条件而言。贵州山高谷深，溪流纵横，受着大山和深谷的阻隔，区域内各地域之间的联系并不紧密。贵州的地形特点，是"一面高，三面低"，由西部向东部逐渐降低，又由中部向南北两面倾斜，江河亦顺势向南、北、东三面分流，注入邻省。此种地理特征，内部无必然的联系，不能构成一个独立的地理单元，难以形成内部紧密联系的空间共同体，如四川盆地之于四川、关中平原之于陕西那样的空间共同体。其东面与湖广地形近似；其北面是四川盆地之边缘地带，与巴蜀的地形近似；其西面与云南高原的地域近似。所以，元朝实行行省制度，建立湖广、四川、云南三行省，将贵州之东、北、西三面的地域分属之，倒是比较符合贵州的地形特征。而明朝"割楚、粤、川、滇之剩地"以建立贵州行省，实在不是因为它本身的地理条件可以成为一个独立的空间共同体，而是另有原因。

就经济条件而言。贵州多山多石，可耕种的土地面积甚少；贵州矿产资源丰富，但限于各方面的条件，亦未能得到开采。所以，历史以来，贵州便以贫穷落后著称，其赋税收入不足以支撑一个省级行政机构的支出。即便是在明朝建省之后，其财政上的困难程度，在全国亦是首屈一指。如（嘉靖）《贵州通志·财赋》说："天下布政司十有二，而贵州为最后，故财赋所出，不能当中原一大郡，诸所任用，大半仰给于川、湖。"郭子章《黔记·止榷》说："贵州崎岖……国家以滇南门户而郡县之，兵饷倚协川、湖征解，愆期动欲脱巾；商苦盗劫，往来稀少，天下最为贫苦之地，不宜惊扰。"《协济》又说："黔中以贫，故累及二省甚多。"所以，自开省以来，贵州的粮荒、钱荒极为严重，这亦是明清治黔长官最为头疼的事情。因此，从经济发展情况看，贵州实在不具备设置独立行省的条件。

就族群构成和文化传统而言。贵州是一个多民族移动的大走廊，是四方族群的交汇之地。在贵州大地上，最早的居民是濮人，其西面居住的是氐羌，东面居住的是苗瑶，南面居住的是百越。秦汉以后，氐羌、苗瑶、百越等民族纷纷迁入到地广人稀的贵州地区，濮人逐渐衰落，汉族人口亦大量迁入，使贵州成为西南四大族系的交汇点，最终形成多民族"大杂居、小聚居"的网型分布格局。概括地说，在贵州的几大区域中，黔东南、黔南和黔西南主要集中了苗瑶和百越两大族系，黔西北、黔东北则主要居住的是氐羌族系，黔北则以汉族居多。因此，黔北人更多认同巴蜀文化，与四川人在文化心理方面比较接近，实际上属于巴蜀文化圈的延伸部分。黔西北人更多认同滇云文化，与滇人之间有天然的亲近关系，是滇云文化的扩展。黔西南、黔南人的文化心理与粤人比较接近，更多认同粤广文化。黔东南、黔东北人更多认同湘楚文化，与楚人的关系比较亲近。这种族群和文化上的"拼合"特点，决定贵州无法成为一个文化特征集中统一的行政区域。因此，元朝实行行省制度，建立湖广、四川、云南三行省，将贵州东、北、西三面的地域分属之，是比较符合贵州的族群构成特征和文化渊源情况的。换言之，就族群构成和文化渊源状况看，贵州亦不具备建立独立行省的条件。这是元朝将贵州地域分属周边三行省的重要原因，亦是明朝迟至永乐十一年（1413）才在贵州建立行省的主要原因。而明朝之所以要"割楚、粤、川、滇之剩地"建立贵州行省，实在不是因为它本身的族群构成和文化渊源可以成为一个族群共同体和文化共同体，而是另有原因。

贵州终于在永乐十一年（1413）设立布政司，成为一个独立的行省。虽然从地理条件、经济基础、族群构成和文化渊源等方面看，它皆不具备设置独立行省的条件。而明朝中央政府之所以在诸种条件皆不具备的情况下，执意"割楚、粤、川、滇之剩地"建立贵州行省，郭子章的分析是有道理的，他说：

> 盖贵州乃罗施鬼国，地皆蛮夷，山多箐广，流水涵淳，土无货殖，通计民屯仅十四万石，为天下第一贫瘠之处，官戎岁仰湖广、四川二省，盖本非都会之地。……我朝因云南而从此借一线之路，以通往来。

又说："贵州崎岖……国家以滇南门户而郡县之。"[1] 亦就是说，明王朝在贵州建立行省，最直接的原因，就是因为它是"滇南门户"，就是为了"因云南而从此借一线之路"，为了云南边防的巩固，为了加强中央政府对西南各省的统治。简言之，贵州之建省，主要是中央政府基于政治和军事方面的考虑。贵州行省的任务，是为了保障这条通往云南的"一线之路"畅通无阻。在世界历史上，为了一条道路的畅通无阻而建立一个行省，或者说专门设置一个行省来保障一条道路的畅通，这恐怕是独一无二的。甚至可以说，明朝设置贵州行省，其根本目的，或者说其所重视的，不是贵州，而是云南。郭子章所谓"因云南而从此借一线之路"，这个"借"字大有深意，它隐微曲折地体现了中央政府对贵州的态度，以及贵州在中央政府政治格局中的地位。

贵州的地理位置，东临荆湘，南濒粤桂，西靠云南，北接四川，

---

[1] （万历）《黔记·止榷志上》，《中国地方志集成·贵州府县志辑》（第2册），巴蜀书社等2006年版。

南来北往，东进西出，莫不以贵州为冲要，实为"西南之奥区"。顾祖禹对贵州地理形势之分析，颇有见地。他说：

> 尝考贵州之地，虽偏隅逼窄，然驿道所经，自平溪、清浪而西，回环于西北几千六百余里，贵阳犹人之有胸腹也。东西诸府卫，犹人之两臂然。守偏桥、铜鼓，以当沅、靖之冲，则沅、靖未敢争也；踞普安、乌撒，以临滇、粤之冲，则滇、粤不能难也；扼平越、永宁，以拒川、蜀之师，则川、蜀未敢争也，所谓以守则固也。命一军出沾益，以压云南之口，而以一军东指辰沅，声言下湖南而捲甲以趋湖北，武陵、澧阳不知其所守；膺击荆南，垂头襄阳，而天下之腰膂已为吾所制矣。一军北出思、黔，下重庆，敌疑我之有意成都，而不疑我之飚驰葭萌也。问途沔北，顾盼长安，而天下之嚛吭且为我所搤矣。所谓以攻则强矣，如是而曰贵州蕞尔之地也，其然乎哉？[1]

贵州为"西南之奥区"，贵阳为西南军事重镇，东南西北四条驿道在此交会，其地"东连五溪，南接两粤，西迤滇服，北屏川南"，对于稳定西南局势，尤其是经营云南，至关重要。顾祖禹说："一旦有警，则滇南隔绝，便成异域，故议者每以贵阳为滇南门户。欲得滇南，未有不先从事于贵阳者。"[2] 因此，经略云南，稳定西南政局，必先经营贵州。

贵州地理在军事上的战略地位，自秦汉以来，凡有意经营西南之政治家和军事家，皆有明确认识，并付诸其时的军事行动中。在明朝，

---

[1] 顾祖禹：《读史方舆纪要》第十一册，贺次君、施金和点校，第5231页，中华书局2005年版。

[2] 顾祖禹：《读史方舆纪要》第十一册，贺次君、施金和点校，第5231页，中华书局2005年版。

因为交通条件的改善，贵州地理在军事战略中的重要性，更加彰显。贵州成为明朝镇守云南，巩固边防，经营西南之关键。其重要性，近似于唐前之关中，唐后之荆州。故明朝初年，朱元璋有"先安贵州，后取云南"的战略方针。朱元璋称王之次年（1365）六月，思南宣慰使田仁智归附，同年七年思州宣抚使田仁厚归附，洪武四年（1371）出兵攻打四川明升的夏政权。川蜀归附后，便在今贵阳设立贵州卫，以与成都卫和永宁卫形成掎角之势。洪武五年（1372），招降播州杨铿，又将水东、水西合并为贵州宣慰司，设司于贵阳，与贵州卫同城，以便控制。如此，贵州大部分地区皆在明朝的控制之下。此为朱元璋"先安贵州"策略的实施。洪武十四年（1381）九月，朱元璋命傅友德、蓝玉、沐英等率三十万大军征讨云南。其大军分两路进讨：一是由永宁出发奔向乌撒，二是由湖广出发，由辰州、沅州进入贵州，克普定、普安，直逼曲靖。两路军队分别堵住云南的北向和东向出口，使梁王成为瓮中之鳖。此为朱元璋"后取云南"策略的实施。因为两路大军皆从贵州境内穿过，为确保征讨云南的成功和西南局势的稳定，保障驿路的畅通，于洪武十五年（1382）正月，建立贵州都指挥使司，同时在驿道沿线建立卫所，以保障"云南道路往来无碍"，"以备大军行粮"。明朝在贵州建立的卫所，其密集程度远远超过其他地区，亦说明贵州在军事战略上的重要意义。同时，这些密集设置的卫所，又主要分布在由湖广、四川通往云南的驿道上，说明这些卫所的设置，主要是为了保护军事通道的安全。[1] 总之，"先安贵州"的目的是为了"后取云南"，贵州是个通道，取云南才是目标。贵州地域在明朝中央的政治格局中，就是一个军事通道。

清朝对贵州的经营情况，与明朝大体类似。在清初，张献忠大西政权余部孙可望、李定国退守贵州。顺治九年（1652）五月，大西军以云贵为据点，分三路迎击清军的进攻，攻击清朝十六府二州，辟地三千余里，几使清王朝准备与南明政权议和。顺治十四年（1657）十二月，清廷派三路大军分别从四川、湖南、广西进攻在贵州的大西军余部，瓦解了大西军的层层防线，清军势力由此进入贵州腹地。清军能够顺利进入贵州，水西安氏土司做了重要的协助工作，或者说，清军是利用了安坤的力量，才顺利进入贵阳，打通了进军云贵的障碍，并且经过贵州进入到云南。但是，为了稳定西南政局，清廷对水西安氏并不信任，如总督杨茂勋上奏说：

> 水西地方，沃野千里，地广兵强，在滇为咽喉，于蜀为牗户，若黔则腹心之蛊也。失今不讨，譬之养痈，为害必大。[2]

在当时，朝廷企图削弱水西安氏以稳定西南政局，吴三桂企图消

---

[1] 明朝在贵州设置的卫所，有"上六卫"，即贵阳以西的威清、平坝、普定、安庄、安南、普安，其主要任务是控制滇黔驿道，守护贵阳至云南平夷路段；有"下六卫"，即贵阳以东的龙里、新添、平越、清平、兴隆、都匀，其主要任务是控制湘黔驿道，守护贵阳至偏桥路段；有"边六卫"，即铜鼓、五开、偏桥、镇远、清浪、平溪，主要保障湖广至贵州的驿道畅通；有"西四卫"，即乌撒、毕节、赤水、永宁，其主要任务是控制川滇驿道，守护四川永宁经贵州而达云南曲靖路段。可以看出，这种卫所的设置布局，完全是为了保障驿道畅通，是针对经略云南而设置。（参见《贵州通史》第2卷，第98页，当代中国出版社2002年版）

[2] 《大定府志·水西安氏本末第四下》卷四十九。

灭水西安氏以发展自己的势力，进而以云南为基地向东扩张。于是，朝廷命吴三桂统领云贵各镇守兵平水西。水西安氏政权和贵州地域成为当时兵家关注的焦点。

吴三桂平水西后，势力强大，于康熙十二年（1673）发动叛乱，正式反清，不到一年时间，先后占领四川、湖南、广西、福建及甘肃、陕西、湖北、江西、浙江部分地区。康熙十八年（1679）清军收复失地，吴三桂退守云贵。实际上，贵州地域又成为清军与吴三桂决战的主战场，吴三桂失守贵州，其败亡亦就在旦夕之间。由于贵州的战略地位极其重要，在平定大西军余部和吴三桂叛乱期间，清廷在贵州采取"抚绥"政策，稳定贵州本土局势。平叛之后，清廷在贵州采取绿营镇戍制度，从当时在贵州布置绿营兵的驻守情况看，"督标、抚标、提标俱驻扎贵阳、安顺一带，以控制贵州中心地带，而四镇标则由东向西沿湘滇驿道一线设置，将全省一分为二。而在此线之南北即由副将、参将、游击、都司、守备等将领分别统兵据守各要害地方"。[1]由此可见，清廷的主要兵力基本上驻扎在湘滇交通大道上，其目的就是为了保障这条军事通道的畅通无阻。

雍正年间的"改土归流"和"开辟苗疆"，亦是为了巩固清廷对这块战略要地的控制。"改土归流"的目标之一，就是"开辟苗疆"，疏通湘黔、黔粤通道。鄂尔泰在奏疏中说：

> 贵州土司向无钳束群苗之责，苗患甚于土司。而苗疆四周几三千余里，千有三百余寨。古州踞其中，群砦环其外，左有清江可北达楚，右有都江可南通粤，皆为顽苗蟠据，梗隔三省，遂成化外。如欲开江路以

---

[1]　《贵州通史》第3卷，第36页，当代中国出版社2002年版。

通黔粤，非勒兵深入，偏加剿抚不可，此贵州宜治之边夷也。[1]

鄂尔泰这段话对清朝"开辟苗疆"的动机，讲得很清楚。即所谓"苗疆"，地处清水江和都柳江流域，此为"达楚"和"通粤"之战略要道。因为"苗顽蟠据"，造成"梗隔三省"的格局。所以，"开辟苗疆"，"偏加剿抚"，就是为了改变"苗顽""梗隔三省"之局面，保障黔楚、黔粤通道的畅通无阻。因此，贵州地域在清朝中央政治格局中的地位，与明朝一样，仍然是一个战略通道。

六、近代以来国家视野下的贵州

近代以来，作为地域空间的贵州，在两个节点上受到国家的特别关注，其影响和地位亦因此而得到特别彰显。这两个节点分别是：作为抗战大后方的贵州，作为"三线建设"核心区的贵州。其受到的重视和关注，及其所呈现出来的形象特点，因国家的动机和目的不同，而体现出不同的特点和意义。以下分述之。

第一，作为抗战大后方的贵州。在抗战时期，以贵阳为中心的贵州地域成为抗战大后方，正如顾君毅在《贵阳杂写》中说："真梦想不到抗战以后，贵阳会形成西南诸省交通的中心枢纽，民族复兴的重要根据地。"[2] 亦如抗战胜利后贵州省政府所编的《战时贡献与牺牲》所说："对此八年国家民族之生死搏斗中，吾黔亦无愧矣。"的确，在当时，中央政府西迁重庆，东部国土大部沦陷，西南地区成为抗战大后方，"云贵骤成畿辅，民族存亡，系此一隅"。[3]

---

[1] 鄂尔泰：《改土归流疏》，《皇朝经世文编》卷八十六《蛮防》上。

[2] 王尧礼：《抗战贵州文录》（上），第151页，贵州人民出版社2015年版。

[3] 王尧礼：《抗战贵州文录》之"选编前言"，贵州人民出版社2015年版。

在此期间，内迁到贵州的各类工厂共120余家，金融机构30余家，高等院校23所，还有一批军事院校、科研院所、新闻机构、战俘营和医疗机构的迁入。大批著名学者迁入贵州，包括气象学家竺可桢、桥梁专家茅以升、地质学家李四光、医学专家张孝骞，以及众多学术精英如苏步青、王淦昌、陈建功、卢嘉锡、贝时璋、李宗恩、罗登义、吴泽霖、钱穆、翦伯赞、周谷城、梅光迪等。抗战时期中国科学界的若干重要成果，都是在贵州山区中孕育产生的。所以，1944年李约瑟参观浙江大学后，盛赞浙江大学为"东方剑桥"，他说："在那里，不仅有世界第一流的气象学兼地理学家竺可桢教授，有世界第一流的数学家陈建功、苏步青教授，还有世界上第一流的原子能物理专家卢鹤绂、王淦昌教授。"[1]大批文学艺术家云集贵阳，如郭沫若、茅盾、闻一多、丰子恺、张恨水、艾芜、田汉、金克木、萧乾、刘海粟、徐悲鸿、叶浅予、叶圣陶、夏衍、洪琛等。在此期间，贵州成为全国的学术文化和文学艺术中心。

抗战期间，作为大后方的贵州，获得了自明代建省以来最大规模的一次开发，经济社会的发展取得了重要进步，包括文化、教育、交通、经济等方面。在文化、教育方面，随着一批高等院校的迁入和大批文人学者的进入，促进了贵州文化教育的全面发展，先后建立起贵州大学、贵阳医学院、贵阳师范学院等三所国立大学。建立的出版机构文通书局，成为全国最重要的出版机构之一，出版了一批在全国有较大影响的图书和杂志。在交通方面，正如当时的亲历者林冰《西南公路——湘黔段》所说：

西南公路纵横湖南、贵州、四川、广西及云南五省，全程二千七百八十

---

[1]　周春元：《贵州近代史》，第426页，贵州人民出版社1987年版。

余公里，交叉点在贵州省的贵阳。所以今日的贵阳，成为西南公路的必经之地，同时又是全线的中心点。东线是湘黔段，是京滇干线，可直达长沙；西线是黔滇段，可直达昆明，最近还要延长到云南的西南边境的瑞丽；南线是黔桂段，可直达柳州转桂林；北线是川黔段，可直达重庆。[1]

经济社会的发展更是显著，如顾君毅在《贵阳杂写》中说：

> 不要说交通、政治，就是一切建筑、人物、风俗、人情也都为之一变。数年前贵阳的街道很狭小，房屋很低矮，现在有的是平坦宽阔的马路，立体式的门面，水泥钢筋的建筑，旅舍林立，餐馆对峙。以前路上只见牛车小轿，骡马驮运者，现在庞大的卡车，流线型的汽车在马路上风驰电掣般往来，哪个又看见过它们断过片刻；就是看看马路上熙熙攘攘的人物吧，军装的官兵，中山装的公务人员，哪个不是徽章革履，服装整齐；再有西装的和长袍大褂的先生们整天若有其事地在马路上拥来拥去，还加上摩登女郎，时髦太太，可说是"所在皆是"。总之，贵阳已今非昔比，与以前已不啻有霄壤之别了。[2]

可是，抗战胜利后，学校、工厂、医院、研究院所、新闻机构等又纷纷迁回内地，大批学者、专家、文人和记者又纷纷复员，昔日繁华的贵阳又萧条如故。因此，贵州是抗战的大后方，但亦仅仅是一个因为战时需要而建立的临时战略基地。

第二，作为"三线建设"核心区的贵州。20 世纪 60 年代中期，世界局势动荡，中国周边的国际关系趋于紧张，中国面临着来自多方面的军事压力、战争挑衅和侵略威胁。在北面，苏联已开始派重兵进

---

[1] 王尧礼：《抗战贵州文录》（上），第 3 页，贵州人民出版社 2015 年版。
[2] 王尧礼：《抗战贵州文录》（上），第 151 页，贵州人民出版社 2015 年版。

驻中蒙边界，战略导弹直指中国；在南面，美国对越南的战争逐步升级，战火有蔓延到中国的可能；在西面，印度军队在中印边境不断制造事端，进行挑衅；在东面，台湾蒋介石当局在美国的军事援助下企图反攻大陆。因此，在 1964 年初召开的中共中央工作会议上，毛泽东同志指出，国家经济建设必须以准备打仗为出发点，并提出把全国划分为一、二、三线的战略构想，即沿海、东北地区为一线，中部地区为二线，西部包括贵州在内涉及 13 个省、区的纵深地带为三线。在 1964 年 7 月召开的西昌会议上，中央确立了以建设攀枝花钢铁基地为中心的西南"三线建设"规划，而为了达到"三线建设""靠山、分散、隐蔽"的选址原则，会议明确贵州和四川两省作为西南"三线建设"的重点，主抓国防工业，波澜壮阔的贵州"三线建设"由此拉开序幕。贵州的"三线建设"，从工业布局上看，是以贵阳为中心，以六盘水、遵义、安顺、都匀、凯里为重点，沿着铁路干线呈辐射状态展开。本着"备战备荒为人民，好人好马上三线"的原则，从 1964 年起，一大批风华正茂的年轻人和人民解放军的 18 万精锐陆续汇聚贵州，打响了贵州"三线建设"大会战。国防科技工业是贵州"三线建设"的重点，1965 年 3 月，经中央批准，初步确立在贵州建设 94 个国防科技工业项目，总投资 29 亿元。通过近半个世纪的建设与发展，贵州建成了 011、061、083 三大国防军工基地和以六盘水为中心的能源基地。其中，011 位于安顺地区，是当时规模最大、配套最完整的飞机和航空发动机科研生产基地；061 位于遵义地区，是地空导弹武器系统科研生产基地；083 位于黔东南、黔南地区，是高科技电子元件科研生产基地，产品主要应用于航天事业。六盘水有"西南煤海"之称，通过"三线建设"，形成了煤炭、钢铁、电力、建材四大支柱性产业，成为贵州，乃至江南地区重要的能源、原材料工业基地。

贵州的"三线建设",自始至终得到了中央最高决策层的高度关注。邓小平等中央领导人分别来到贵州视察"三线"企业及国防工业科技工作。随着"大三线"的建设,贵州从边远封闭的穷乡僻壤迅速崛起,成为中国西部地区重要的能源基地、军工基地和国防科研基地。从建设之初至今,"三线建设"为贵州的发展带来了极大机遇,为贵州经济社会的发展奠定了坚实基础。但是,如同抗战大后方的贵州一样,在特定历史条件下开展的"三线建设"工作结束后,部分工厂和科研究机构迁回原地,一批技术工人和专家又纷纷返回内地。亦就是说,"三线建设"时期的贵州,如同抗战大后方的贵州,只是一个临时的大后方或暂时的建设基地。

七、结语

以上,我们列述了自春秋、战国时期至近现代,国家政治势力对贵州的介入,及其经营和管理,陈述其介入的过程,分析其介入的动机、目的及其所发生的影响。我们不厌其烦地进行这番述与论,目的就是为了揭示历代中央政府对贵州的态度,及其对建构贵州地域形象所发生的影响。

徐嘉炎《黔书序》说:

> 黔地居五溪之外,于四海之内为荒服,其称藩翰者未三百年。其地尺寸皆山,欲求所谓平原旷野者,积数十里而不得亥丈。其人自军屯卫所官户戍卒来自他方者,虽曰黔人,而皆能道其故乡,无不自称为寓客。其真黔产者,则皆苗、獞、犵狫之种。劫掠仇杀,犷悍难驯,易于负固。其土田物产,较他方之瘠薄者,尚不能及十之二。夫以黔之地之人之不

可倚以守也如彼，其土田物产之无可利赖也如此，夫国家亦何事于黔哉？吾闻先生（引者按：即《黔书》之作者田雯）之言曰："无黔，则粤、蜀之臂可把，而滇、楚之吭可扼。国家数十年来，亦知荒落之壤无可供天府之藏，犹且日仰济于他省，岁糜金钱而不惜者，怀柔之道固如是也。"然则黔治则有与之俱治者，黔乱则有与之俱乱者。[1]

徐氏所言极是。历史以来，在"他者"眼中，作为地域空间的贵州，其人、其地、其物皆不可"倚"、不足"赖"。就其人而言，或是"来自他方"而自称"寓客"者，对贵州地域空间缺乏认同感；其"真黔产者"，又是"苗、獞、犵狫之种"，为人"劫掠仇杀，犷悍难驯，易于负固"，故其人不足"赖"。就其地而言，"居五溪之外"，是"荒服"，其地形是"尺寸皆山"，故而自来被视为"化外之地"和"蛮夷之邦"，其纳入国家政治体系亦"未三百年"，人文底蕴单薄，故其地亦不可"倚"。就其物而言，"较他方之瘠薄者，尚不能及十之二"，因而被称为"天下第一贫瘠处"或"极贫之地"，故"居恒仰给楚、蜀，有如称贷"，故其物不足"赖"。问题是，作为地域空间的贵州，既然其人、其地、其物皆不可"倚"、不足"赖"，国家亦"知荒落之壤无可供天府之藏"，为何依然还要"岁糜金钱而不惜"？所谓"怀柔之道"，固然是冠冕堂皇的理由，而其根本原因恐不仅此。田雯一语道破了历代中央政府经营贵州的真实意图："无黔，则粤、蜀之臂可把，而滇、楚之吭可扼。""黔治则有与之俱治者，黔乱则有与之俱乱者。"

的确如此，历史以来，黔地之治乱，关系西南地区政局之大势，

---

[1]　田雯：《黔书》卷首，见罗书勤等点校《黔书·续黔书·黔记·黔语》，贵州人民出版社1992年版。

关乎国家的统一大业。作为地域空间的贵州，因其特殊的通道地位和重要的军事战略位置而得到历代中央政府的关注和重视。而实际上，历代中央政府所重视和关注者，亦就是其通道作用和军事战略位置。如，在战国时期，秦、楚二国对贵州的经营，皆不重视今贵州的腹心地带，其着眼点皆是贵州地域在军事上的战略地位和通道位置。在秦汉时期，秦王朝开通"五尺道"，经营夜郎，是意欲通过占领夜郎地区以瓦解楚国"西包巴蜀"的军事策略；汉武帝开通"南夷道"，经营夜郎，是为了攻打南越国，或者有打通"南方丝绸之路"以形成对匈奴的包抄之势的意图，重视的亦是其通道地位和战略作用。作为地域空间的贵州形象，在秦汉中央王朝的视野中，就是一个军事通道和蛮夷边郡。在三国时期，诸葛亮征服南中，是为瓦解南中大姓与孙吴的结盟，把南中作为蜀汉政权经略北方中原的后方基地。在唐朝，中央政府经营贵州，是为了抵御大理国的东侵，遏制大理国势力的发展。在宋朝，中央政府因为买马而加强与贵州的联系，至南宋，则是把贵州作为抗击蒙军的前沿阵地。元朝大兴"站赤"，开辟驿道，进一步确立贵州在西南边疆管理上的战略通道地位。在明朝，虽然从地理条件、经济条件、族群构成、文化渊源等方面看，贵州皆不具备设置独立行省的条件，而明朝中央政府之所以在诸种条件皆不具备的情况下，执意"割楚、粤、川、滇之剩地"建立贵州行省，就是为了维护贵州这条战略通道的畅通无阻。为了保障这条军事通道的安全，明王朝又将卫所主要设置在由湖广、四川经贵州通往云南的驿道上。在清朝，贵州成为清军与吴三桂决战的主战场，在平定大西军余部和吴三桂叛乱期间，清廷在贵州采取"抚绥"政策，实施绿营镇戍制度，在贵州布置的绿营兵，基本上都驻扎在湘滇交通大道上，其目的就是为了维持这条军事通道的畅通无阻。而"改土归流""开辟苗疆"的主要目的之一，亦是为了疏通湘黔、黔粤通道，并保障其畅通。在抗战时期，贵州成为全国抗战的大后方，大批工厂、院校、医院、文化机构迁入贵州，大量文人、学者和艺术家进入贵州，促进了贵州地域经济和文化的发展。但是，抗战结束后，这些机构和人员又纷纷返回原地。在"三线建设"时期，数十万技术工人和专家奔赴贵州，开展"三线建设"，而在"三线建设"工作结束后，大批技术工人和专家又纷纷返回内地。亦就是说，在抗战时期和"三线建设"时期，贵州亦仍然仅仅是一个临时的大后方或暂时的建设基地。

总之，作为地域空间的贵州，在历代国家视野下，就是一个军事通道，就是一个战略屏障，就是中央政府经略西南地区的战略要地。历代中央政府对贵州的这个定位及其态度，是值得注意的。因为它是军事通道和战略屏障，所以，历代中央政府必须重视它，必须关注它。而且，中央政府重视它的，亦只是它的通道地位和战略作用，而不是其他。亦正因为它是军事通道和战略屏障，所以，亦只在有军事需要的时候，中央政府才重视它，才关注它。关于这个问题，史继忠说："中国历史的活动舞台主要在中原和江南，贵州一直被看成'要荒'，是背靠内地面临边疆的地区。这种'不边不内'的位置，使贵州经常处于尴尬地位。因为它不是立国争霸的'内地'，也不是威胁王朝安全的'边陲'，所以很少进入中央王朝的视线范围。"[1] 但是，用史继忠的话说，中央政府在某些特殊情况下亦会对贵州"瞧上一眼"，即中央政府有能力有计划控制和经营西南边疆的时候。或者说，中央政府经营西南边疆时，贵州在西南地区作为一个重要军事基地的战略地位才呈现出来，才会被中央政府重视。否则，它就是一个其人、其地、

---

[1] 刘学洙、史继忠：《历史的理性思维——大视角看贵州十八题》，第34页，贵州教育出版社2004年版。

其物皆不足倚、不可赖的"荒服"之地。

历代中央政府基于政治、军事之目的和贵州地域空间之实情，给予贵州的这种形象定位，在贵州地域形象建构史上，有特别重要的影响。如前所说，一个地域，只要有国家政治势力的介入，便会产生国家势力对这块土地的认识和态度，因而亦就发生了国家势力对此地域形象的建构。国家势力如何介入、介入之动机和目的，直接影响地域形象的建构；其介入程度之深与浅，与其对此地域空间形象建构之影响的大与小，是成正比关系的。秦汉以来中央政府对作为地域空间的贵州的这种态度，显示了历代国家视野下的贵州位置——边郡，以及因边郡位置而体现出来的军事意义。或者说，作为地域空间的贵州形象，在历代中央政府的视野下，就是一个军事通道和"荒服"之地。

秦汉以来国家视野下的此种贵州地域形象定位，在当代中央政府开展的"西部大开发"战略行动中，得到根本性的改变。在当代中国的国家视野下，由于中央政府的大力支持和地方政府的励精图治，以及全体贵州人的感恩奋进，作为地域空间的贵州正在逐渐撕下贫穷落后的标签，逐渐摆脱被忽略、被轻贱的卑微地位，以大扶贫为抓手，以大生态、大数据、大旅游为发展目标，逐渐彰显地域社会的内生发展动力，地域自觉意识和地域认同感以及相关的文化自觉和文化自信，得到前所未有的彰扬。在此基础上建构的"多彩贵州"地域形象，亦逐渐呈现出风行天下之势。

第四章 异化："他者"对贵州的想象和书写

作为地域空间的贵州形象，是在"他者"与"我者"之合力与张力的互动影响下建构起来的。在"他者"之书写与"我者"的建构之间，既有合作共谋的一面，亦有矛盾斗争的一面。贵州地域形象之建构，就是在这种合作共谋与矛盾斗争中完成的。本章讨论"他者"对贵州的想象和书写，着重揭示"他者"的"述异"心态和"畏黔"心理，研究"他者"对贵州地域空间和人文习俗的"述异"描写和诗性关怀，以及为贵州地域空间和人文习俗所遭遇的忽略和轻贱所做的"辩护"描写。

一、"述异"与"畏黔"："他者"对贵州的整体印象

1. "他者"的"述异"心态

"他者"与"我者"在地域形象的建构中，有一个话语权的掌控问题。话语权的掌控，常常由"我者"与"他者"之强弱地位所决定。强势者主导话语权，掌控地域形象建构的舆论方向和传播途径；弱

势者则是在被掌控的舆论方向和传播途径下求生存，寻觅抗拒的空间和路径。一般而言，当"我者"所在之地域处于强势地位或中心地位，即与"他者"地域相比，自身的历史悠久、文化深厚、经济富庶、人民安康，则"我者"就处在强势地位，拥有自我形象塑造的话语权。在这种情境下，"他者"仅能随声附和。而当"我者"所在之地域处于边缘或弱势地位，则"我者"往往就会失去自我形象塑造的话语权。在这种情境下，"他者"掌握话语权，"我者"失去自我形象塑造的主导地位，虽极力抗争或辩解，但因其话语能力之弱小而无济于事，亦无可奈何。

历史上的贵州，就是一个在自我形象塑造上失去话语权的典型例子。作为地域空间的贵州，因其特殊的地理环境和地域区位，历史以来便被视为"化外之地"和"蛮夷之邦"。其经济和文化的发展，在全国处于落后水平，因而历史以来就遭遇国家的忽略和"他者"的轻视。这种被忽略和被轻视的处境，致使其地域形象之塑造亦处于"被描写"的处境。或者说，贵州地域形象的建构，长期以来由"他者"掌握话语权，"我者"处于弱势地位，尽管对于"他者"的描写而时有辩解的声音，但总是显得十分微弱，并且无济于事。如历史上关于贵州"三言两语"的描写，便是突出的例子。"他者"以"夜郎自大"描写贵州，因其话语势力之强大而广泛传播，在国人中产生了深入人心的影响，基本上成为"他者"对贵州形象的共识。"我者"亦极力辩解，或以司马迁所谓"道不通故"解释"自大"并非黔人的天性，实乃因为客观交通条件之限制所致。或以滇王"自大"在前，夜郎王"自大"在后，以求缓解"他者"对贵州的负面描写。"他者"以"黔驴技穷"描写贵州，亦因其广泛传播而在国人中产生了深入人心的影响，亦成为"他者"对贵州形象的共识。同样，"我者"亦极力辩解，或以为"黔驴"

之"黔"非专指贵州,而是指建置于重庆彭水的黔中郡。或以为此"黔驴"非黔地所产,乃"好事者船载以入",是贵州的虎吃掉了来自外地的外强中干的驴。我们认为,无论是"夜郎自大",还是"黔驴技穷",这两个"他者"关于贵州形象的描写,或者是避重就轻,如"夜郎自大";或者是移花接木,如"黔驴技穷",皆是"他者"对贵州形象的严重误读,并且因其凝结成妇孺皆知的成语而广泛传播,给贵州人造成了严重的心理阴影,对其文化自觉和身份自信构成了致命的冲击。但是,尽管是"他者"的误读或者误解,尽管有"我者"的再三辩解,然而因为"他者"与"我者"话语权力和传播能力的悬殊,亦无济于事。一般国人亦就将错就错,固执地、持久地把它作为贵州地域的形象特征。地域形象建构中,话语权力之重要性,于此可见一斑。

历史以来,在贵州地域形象之建构中,"他者"掌握着绝对的话语权,由此导致贵州地域形象长期以来处在"被描写"的处境。进一步说,参与贵州地域形象建构的"他者",又有两种情况:一是亲历贵州者,他们或游宦,或观光,或途经,其对贵州的描写,主要来自于目睹,间或亦有所耳闻,如王士性《黔志》、徐霞客《黔游日记》、田雯《黔书》、张澍《续黔书》、李宗昉《黔记》、吴振棫《黔语》、陈鼎《滇黔土司婚礼记》《黔游记》、檀萃《黔囊》、蒋攸铦《黔轺纪行集》等等。二是未尝亲历贵州者,其对贵州的认识和了解,完全来自耳闻,或得自于师友之间的交流,或得自于阅读与贵州相关的文献,总之,皆是依据道听途说来建构他们想象中的贵州。这股关于贵州形象建构的"他者"力量,不容忽略。因为他们往往以知识精英的身份出现,是社会舆论的主导者,他们的声音在社会上具有相当的影响力和传播力。虽然其想象并非完全出于虚构,亦仍有一定的真实性,但道听途说总不如亲身经历。其次,参与贵州地域形象建构的"他者",

又有两种态度：一是主观上力求客观真实地记录贵州和描写贵州，或赞美其奇特的山水和多彩的民俗；或同情其经济上的贫瘠和生活上的艰难；或建言献策以图改变其贫穷落后之现状。二是主观上刻意轻贱贵州，蔑视其独具特色的地域文化和民族文化，着意强调其地域文化与主流文化之间的差距，甚至丑化当地少数民族。研究贵州地域形象的建构，"他者"的这两种情况和两种态度，皆是必须兼顾的。

参与贵州地域形象建构的"他者"，无论是亲历者，还是耳闻者。无论是持客观描写态度者，还是有主观偏见或地域歧视者，皆有一种相当明显的"述异"心理。即视贵州地域为异域，视贵州人为异类，对贵州地域空间持有一种强烈的异类感，以一种"述异"的心态描写贵州。

所谓"异类感"，就是以"我者"为中心而对"他者"的评判，自我中心主义和自我优越感，是对"他者"产生异类感的心理基础。所谓"异类"，首先是指种族或血缘上的异类，其次是指生存空间和生活方式上的异类，再次就是指文化习俗上的异类。"他者"在种族血缘上与"我者"无关联，是"非我族类"，所以是异类；在生存空间和生活方式上与"我者"不同，所以是异类。在文化习俗上与"我者"有别，所以是异类。"我者"为正，"他者"则是异。古人常常以"殊方"指称边远偏僻之地，并且往往与"异类"并举。地域既已不同，自然非我族类。传统中国人的异类意识由来甚久，且根深蒂固，并且在汉魏以来逐渐产生了一种以描述异域、异类为主要内容的"述异"文体。具体而言，在种族上，以炎黄传人为正，以诸夷为异；在地理上，以中原为正，以边缘为异；在文化上，以华夏主流文化为正，以边缘民族文化为异。以地域、种族和文化为依据，分别正与异，是基于传统中国人的天朝中心观念、中原地理正统观念和华夏礼仁文化正统观念。[1]

视"他者"为异类,常常有两种不同的态度:一是以好奇心理欣赏异类,二是以轻贱心理鄙夷异类。进一步说,或出于政治立场,或出于伦理需要,"他者"对异类又有两种处理方式:一是通过文化的渗透或礼乐的教化,即以夏变夷的方式,将作为异类的"他者"驯化为"我者"之一部分,即古人所谓"远人不服,修文德以来之"是也。二是排斥拒绝"他者",始终以敌对或鄙夷的心态对待异类。在传统中国,在华夏主流文化的强势影响下,夏之于夷,虽然有明显的异类感,但"以夏变夷",通过文德教化,培育其"向化"追求,泯灭这种异类感,变"他者"为"我者",是其主流之目标。以极端种族主义为特征的异类感,并不占主导地位。

"他者"对贵州的描写,参与贵州地域形象的建构,常常是以一种"述异"的心态进行,体现出很明显的异类感。比如,在地理空间上,突出贵州是"要荒",是"边徼"或"遐陬";在地理特征上,强调贵州是"山国",是"跬步皆山",是"尺寸皆山,地极硗确",甚至夸张为"地无三尺平"。在交通条件上,是"层峦叠嶂,路不堪车,溪滩陡狭,复阻舟运"。在经济条件上,说贵州"为天下第一贫瘠处","属极贫之地",甚至夸张为"人无三分银"。在地域区位上,强调贵州是"割楚、粤、川、滇之剩地"所构成。在生存环境上,说贵州是"非人所居",是"猿猴所居",是"塞天皆石,无地不坡",是"万山戟列,百里烟微,厥土黑坟,田皆下下"。在地域种族上,说"黔介荒服,环以苗顽部落","率皆鸟言卉服,鹄面鸠形之伦",其人是"结题鸟言,山栖狋服,无轩裳宫室之观,文仪揖让之缛",其性

[1] 参见汪文学:《正统论——中国古代政治权力合法性理论研究》,贵州人民出版社 2019 年版。

格是"暗于生计，甘于玩愒"，"好言恶詈，直情率遂"，"劫掠仇杀，狞悍难驯，易于负固"，等等，皆持着一种异类感进行"述异"描写，呈显贵州的异类形象。

总之，历史以来，在"他者"的视野中，在贵州，是一群异类的人，在一个异类的地理环境和地域区位中，说着异类的话，穿着异类的服饰，有着异类的性格，传承着异类的礼俗，过着异类的生活。

2. "他者"的"畏黔"心理

正因为在"他者"描写下的贵州地域空间，是"边徼遐陬"，是"民苗杂居"，是"山国"，是"非人所居"。正因为在"他者"描写下的贵州民情风俗，是"礼让未兴"，是"骠悍成习"。所以，在"他者"看来，贵州就是"苗顽难驯"，就是"民贫以鄙"。因为"怵于猛暴"而视入黔为畏途，因而在"他者"群体中产生了比较普遍的"畏黔"心理。

孔尚任在《敝帚集序》一文中，说到贵州地理险峻和山川阻隔，外籍人士"轮蹄之往来，疲于险阻，怵于猛暴，惟恐过此不速。即官其地者，视为鬼方、蛮触之域，恨不旦夕去之"。[1] 卫既济在《康熙贵州通志序》一文中，说贵州"地处荒徼，苗顽难驯，筮仕得此方，辄多瑟缩不前"。[2] 这种"畏黔"心理，在"他者"那里具有相当的普遍性。如陈尚象《黔记序》说：

> 尝观名山大川，载在图经，宇内寥廓，昭旷之士恨不旦暮遇。乃退陬僻壤，岂无一丘一壑为造化所含奇者？即辇轩过之，不肯经览。人情

[1] 《黔南丛书》第三集《敝帚集》卷首，贵阳文通书局铅印本。

[2] （康熙）《贵州通志》卷首，《中国地方志集成·省志辑·贵州》，凤凰出版社2010年版。

贵耳贱目，贵近贱远，大抵然也。夫黔际中土，亦何以异此。且黔自我明建藩来不二百余年，二祖之所创造，累朝之所覆育，皇祖与皇上之所观文成化，亦既等之雄藩矣，民鼓舞于恬熙，士涵咏于诗书，亦既彬彬，质有其文。第游谭之士，尚往往以其意轻之。又士大夫闻除目一下，辄厌薄不欲往。[1]

丘禾实《黔记序》说：

今天下开府，置官属之地十有三，而黔最后。黔非特后也，籍黔之入，不足以当中土一大郡，又汉夷错居而夷倍蓰焉。以此宇内往往少黔，其官于黔者或不欲至，至则意旦夕代去，固无怪其然。乃士生其间，或亦谬自陋，通籍后往往籍其先世故里，视黔若将浼焉。[2]

蓝鼎元《贵州全省总论》说：

当今仕宦，尚以黔为畏途，谓其山高地僻，土瘠以荒，民贫以鄙，无文献之足观，有异类之难驯。[3]

陈法《黔论》说：

黔处天末，崇山复岭，鸟道羊肠，舟车不通，地狭民贫。无论仕途者视为畏途，即生于黔而仕宦于外者，习见中土之广大繁富，亦多不愿

---

[1]　（万历）《黔记》卷首，《中国地方志集成·贵州府县志辑》第 2 册，巴蜀书社等 2006 年版。

[2]　（万历）《黔记》卷首，《中国地方志集成·贵州府县志辑》第 2 册，巴蜀书社等 2006 年版。

[3]　（道光）《贵阳府志》（点校本）余编卷三，第 1649 页，贵州人民出版社 2005 年版。

归乡里。

张澍在《续黔书自叙》一文中，说到自己被任命为贵州玉屏知县，本人是欣然"乐往"，而"他者"却认为是个苦差。他虚拟"他者"之言说：

> 黔之天则蛮烟瘴雨，黔之地则鸟道蚕丛，其人则红仡紫姜，其俗则鸱张鼠伏。宦斯土者往往鄙夷之，愿旦夕即去，若陋不可居者。今子何视之易，而乐往焉？[1]

据此可知，贵州之被轻视，被视为"畏途"，一则因为地域上的"遐陬僻壤"，交通上的"鸟道蚕丛"，环境上的"蛮烟瘴雨"，经济上的"地狭民贫"，故"他者"因"疲于险阻"而"畏黔"。再则因为其族群上是"汉夷错居而夷倍蓰"，其民风上是"苗顽难驯"，是"民贫以鄙"，故"他者"因"怵于猛暴"而"畏黔"。由此之故，"游谭之士"不屑至此，即使途经贵州者，亦是"惟恐过此不速"，游宦于此者，亦视之为"畏途"，或"厌薄不欲往"，或"恨不旦夕去之"。

"他者"的"畏黔"心理，在王阳明《瘗旅文》中表现得最充分。据文称，一吏目携一子一仆前往贵州就职，三人于两天内先后困死于龙场附近。王阳明着礼掩埋之，并著文吊之说：

> 吾与尔皆中土之产，吾不知尔郡邑，尔乌为乎来为兹山之鬼乎？古者重去其乡，游宦不逾千里，吾以窜逐而来此宜也。尔亦何辜乎？闻尔官吏目耳，俸不能五斗，尔率妻子躬耕可有也。乌为乎以五斗而易尔七

[1] 罗书勤等点校：《黔书·续黔书·黔记·黔语》，第137页，贵州人民出版社1992年版。

尺之躯，又不足益以尔子与仆乎？ 呜呼伤哉！

在"他者"眼中，贵州是"异域殊方"，非仅"蛮人之言语不相知"，
而且瘴疠流行，道路崎岖坎坷，是为"畏途"。在王阳明看来，"吾
以窜逐而来此宜也"，而吏目以五斗俸钱而来，又牵连一子一仆，更
属不堪。所以，他说："夫冲冒雾露，扳援崖壁，行万峰之顶，饥渴
劳顿，筋骨疲惫，而又瘴疠侵其外，忧郁攻其中，其能以无死
乎？"[1] 其时中土人士的"畏黔"心理，于兹可见一斑。

二、"他者"对贵州地域空间的描写

考察唐宋以来"他者"对贵州地域空间的描写，大体有两种情况：
一是着重于贵州地理环境之"山国"特征、地域区位之"要荒"特点、
区域构成之"剩地"特征和地理位置之"咽喉"特点的描写；二是着
重于贵州优美自然风光及其所引发的浪漫诗情的描写。虽然"他者"
对贵州地域空间的描写，在整体上都存在着"述异"的心态，但其中
又有几种不同的情况：或者是客观描写贵州多山多石、山高谷深的地
理特点，或者因其多山多石的地理特征而歧视之，或者因其多山多石
构成的美丽风景而喜爱之，或者为其所遭遇的忽略和轻视而辩护之。

1. "他者"对贵州地域空间的"述异"描写

相对于"他者"地域而言，无论是地理环境和地域区位，还是区
域构成和地理位置，贵州都是"殊方"，亦是"异域"。因此，无论"他

---

[1]　王阳明：《阳明先生辑要》（下），第 943～944 页，中华书局 2008 年版。

者"所持态度如何，其心理上的异域感则是共同的，其描写上的"述异"特征则是相似的。

首先，"他者"对贵州地域空间的异域感及其"述异"描写，主要是由于贵州多山多石、山高谷深的地理特点，使其惊讶，使其感慨。的确，贵州号称"山国"，多山多石，多奇山多奇石，山高谷深，山川险阻，天下无有出其右者。"地无三尺平"之说，虽不免夸张，但亦不乏文学意义上的真实。如孟郊《赠黔府王中丞楚》云："旧说天下山，半在黔中青。"刘基诗云："江南千条水，云贵万重山。"黔人置身其中，见怪不怪。而作为异乡人的"他者"的惊叹，虽有少见多怪之嫌疑，但亦的确显示出贵州地理独特的地貌特征。

如王阳明《重修月潭寺建公馆记》说：

> 天下之山，萃于云贵，连亘万里，际天无极。行旅之往来，日攀缘下上于穷崖绝壑之间。虽雅有泉石之癖者，一入云贵之途，莫不困踣烦厌，非复夙好。[1]

王阳明初入贵州，即目睹和感受到贵州山之多、山之大、山之奇、山之险。对于水乡泽国的江南人来说，少见奇山奇石，故以山、石为欣赏之物，而有"泉石之癖"。而在贵州，开门见山，出户即石，日日行走于群山之间，穿梭于岩石之上。所以，在异乡人是少见多怪，在贵州人则是见怪不惊。

徐霞客在贵州的旅行，对贵州的山石、山路、山雨亦有很深刻的印象，故其对贵州地理的描写，一则写山石之多，二是写山路之险，三则写山雨之繁。他一进入贵州，即感受到"其石极嵯峨，其树极蒙密，

---

[1] 吴光等编校：《王阳明全集》卷二十三，上海古籍出版社 2011 年版。

其路极崎岖"，而且"石齿如锯，横锋竖锷，莫可投足"。[1]他描写贵州山水及其沿途观感，多用"奇""异"等语词，亦体现其"述异"心态和对贵州地域的异域感。

其他客籍官员或文人的观感或描写，亦大体类似。如田雯《黔书·山水》说：

> 黔，跬步皆山，然童阜也。至于水，舟楫不能通，又井干之观耳。水细也，而山亦不雄。锋攒篝列荦确而为蹄辙之妨，皆无足道。[2]

张澍《续黔书·治盗》说：

> 黔之地，悬峰林立，亏日抉云，怪石堪当曝鳖、寝虎，散无统纪，如仇相避。又山枯水瘠，刚柔数觭，逐队东驰，环绕不定。[3]

王炳文《乾隆开州志略序》说：

> 余以己亥岁来黔，所历山川险阻，皆平生所未睹。开州更层峦耸翠，上出重霄，直别是一洞天。[4]

丹达礼《康熙后贵州通志序》称：

[1] 徐霞客：《徐霞客游记》，第 624 页，河北人民出版社 1998 年版。
[2] 罗书勤等点校：《黔书·续黔书·黔记·黔语》，第 43 页，贵州人民出版社 1992 年版。
[3] 罗书勤等点校：《黔书·续黔书·黔记·黔语》，第 149 页，贵州人民出版社 1992 年版。
[4] （道光）《贵阳府志》（点校本）卷五十一，第 995 页，贵州人民出版社 2005 年版。

> 黔介荒服，环以苗顽部落。唐蒙所通道，尺寸皆山，地极硗确。终岁丁赋所入，不足供文武庶僚经费，犹仰给于外省。[1]

王杏《圣泉赋》说：

> 眇兹牂州，蕞尔一隩，仰视中原，犹寄黑子于人身之一肢。其间怪石累累，如吐如吞；层岩业业，如结如浮；蟠苍耸翠，连亘绸缪。……人文正气，中原多抱。山谷之深，溪流之巧，彼苍或为殊方者造之，子胡视之乎渺瀛也哉。[2]

曾燠《铜鼓山赋》亦说：

> 今之贵筑，古之牂柯，西通六诏，北障三巴。塞天皆石，无地不坡。扪参历井，联岷拥峨。嵎峗错崖，寒嶂岭岈。路悬鸟外，人在茧窝。或升木而从猱，乍出洞而旋螺。远蠕蠕其若蚁，高袅袅其若蛇。盖鳖瓠廪君之所道，而竹王夜郎之所家。[3]

怪石累累，层岩叠嶂，塞天皆石，无地不坡，确是贵州地理特征的具体概括。贵州地理因多山多石的特征，因而又有"八山一水一分田"的说法。徐嘉炎《黔书序》中说：

> 黔地居五溪之外，于四海之内为荒服，其称藩翰者未三百年。其地

---

[1] （道光）《贵阳府志》（点校本）卷五十，第970页，贵州人民出版社2005年版。
[2] （道光）《贵阳府志》（点校本）余编卷四，第1688页，贵州人民出版社2005年版。
[3] （道光）《贵阳府志》（点校本）余编卷四，第1692页，贵州人民出版社2005年版。

尺寸皆山，欲求所谓平原旷野者，积数十里而不得衰丈。[1]

　　据统计，在贵州境内，山地面积占百分之八十七，丘陵面积占百分之十，如若将山地与丘陵加在一起，则占全省总面积的百分之九十七，剩下的平地仅占百分之三。据说，像这样几乎全部由山地和丘陵构成的地理环境，在国内是绝无仅有，在世界范围内亦只有瑞士堪与贵州相比。所以，以"山国"称贵州，实乃名副其实。说贵州"尺寸皆山""跬步皆山""开门见山""苍山如海"，亦大体准确。

　　贵州多山多石，多大山多深溪，因而交通尤其困难。是"层峦叠嶂，路不堪车，溪滩陡狭，复阻舟运"。[2] 所以，对于"他者"而言，无论是游览还是游宦，皆视入黔为畏途。张澍《续黔书·驿站》对贵州交通困难情况，有详细的描述，他说：

　　　　黔之地，跬步皆山，上则层霄，下则九渊，其驿站之苦，有万倍于他省者。如贵阳之东至湖广，玉屏以至清溪五十余里中，有桥头坡、三冢桥坡。清溪至镇远九十余里中，有蕉溪坡、梅溪坡、白羊坡。镇远至偏桥五十余里中，有沿沙坡、干溪坡、谷定坡。施秉至清平九十余里中，有鬼门关坡、黄猴坡、小观音坡、大观音坡、落蹬坡，中隔一重安江。清平至平越八十余里中，有腊梅坡、三十三坎坡、杨老坡、羊肠坡、三郎坡、葛桥坡。平越至新添驿一百余里中，有五圣关坡、倒马坡、虎场营坡、卯场坡、黄丝坡、偪偬坡、打杵坡、望城坡。又如贵阳之西至云南查城驿，以至安南驿，一百余里中，有梅子坡、黄土坡、北极观坡、

[1] 田雯：《黔书》卷首，罗书勤等点校《黔书·续黔书·黔记·黔语》，贵州人民出版社 1992 年版。

[2] 潘文芮：《黔省开垦足食议》，（道光）《贵阳府志》（点校本）余编卷三，第1647 页，贵州人民出版社 2005 年版。

盘江河、盘江坡、保甸坡、哈马坡。安南至新兴站九十余里中，有马跑泉坡、鸟鸣坡、腊茄坡、江西坡、泥纳坡。新兴至普安驿八十余里中，有望城坡、罗汉坡、烂桥坡、鹦哥坡、软桥坡、旧普安坡、铉坛坡、倒马坡。或石竖狼牙，或峰成剑锷，或立壁如削，或抽笋如坠。又或盘旋屈曲，鸟道羊肠。又或嶔崎巇崿，鱼凫蚕丛，太行孟门，匹兹匪险，崤关陇坻，对此则夷，见者骇魄，闻之怵心。[1]

其次，"他者"对贵州地域空间的异域感及其"述异"描写，还因为贵州地域区位上的"要荒"特征和"剩地"特点。

"他者"对贵州地域区位的描写，无不突出其"要荒"特征。所谓"要荒"，即"要服""荒服"。《禹贡》划分中国疆域，以王畿为中心向四方扩展，分为"五服"，依次是甸服、侯服、绥服、要服、荒服。其中的"要服"和"荒服"是离王畿最遥远的地方。称贵州为"要荒"，说明贵州是一个典型的边缘地区，故古代文献中常以"边徼"或"遐陬"称之。如宋太祖《赐普贵敕》云："维尔贵州，远在要荒。"徐嘉炎《黔书序》说："黔地居五溪之外，于四海之内为荒服。"田雯《黔书·创建》说："贵州古荒服地也，东临荆楚，西接蜀粤，南倚滇云，……亦百战而后有之。"王杏《圣泉赋》说："眇兹牂州，蕞尔一陬，仰视中原，犹寄黑子于人身之一肢。"正因为贵州在地域空间上的"要荒"特点，才使"他者"产生特别突出的异域感。

"他者"对贵州地域空间的描写，还特别突出其地域构成上的"剩地"特点。所谓"剩地"，是指明朝永乐十一年（1413）设立贵州承宣布政使司，"割楚、粤、川、滇之剩地"组合而成贵州行政区域，

---

[1] 罗书勤等点校：《黔书·续黔书·黔记·黔语》，第 146～147 页，贵州人民出版社 1992 年版。

即将原属四川、云南、广西、湖南的部分地区，划出归并作为贵州省的地理区域。如田雯《黔书·改隶》说：

> 黔之幅员亦甚褊矣。在昔截楚移播而后成，有如水田之衣，虽则成衣，然捉襟则肘露，而短方至骭也。稽户口，考租庸，不足从邾、莒之后；而又错之蛮髦之乡，加以兵燹眚灾之余，民不余什一焉，赋不敌东南小郡焉。[1]

作为地域空间的贵州，由于是"要荒"，因为是"剩地"，所以常常被轻视和被忽略，往往被"他者"视为"殊方异域"。

其三，"他者"对贵州地域空间的"述异"描写，还表现在对贵州地理位置之"咽喉"特点的强调上。如丹达礼（康熙）《贵州通志序》说："黔中形势，把粤、蜀之臂而扼楚、滇之吭，居然为西南一重镇矣。"[2] 杨天纵《贵州舆图说》认为贵州地域具有"肘腋咽喉乎四省"的地理优势。[3] 江盈科《黔师平播铭》说：

> 顾黔虽弹丸乎！而于蜀为内援，于楚为西蔽。黔既完矣，贼欲引兵而北，则虞黔之捣其穴，出而无与归也，而不敢北。欲引兵于东，则虞黔之尾其后，往而不可继也，而不敢东。贼不敢北，乃有完蜀；贼不敢东，乃有完楚。夫能完黔，又有完蜀、完楚，其功岂独黔人擅哉！[4]

---

[1] 罗书勤等点校：《黔书·续黔书·黔记·黔语》，第11~12页，贵州人民出版社1992年版。

[2] （康熙）《贵州通志》卷首，《中国地方志集成·省志辑·贵州》，凤凰出版社2010年版。

[3] （道光）《贵阳府志》（点校本）余编卷三，第1658~1659页，贵州人民出版社2005年版。

[4] （道光）《贵阳府志》（点校本）余编卷四，第1700页，贵州人民出版社2005年版。

顾祖禹《读史方舆纪要》于贵州地理位置之"咽喉"特点，有更精尽的阐说，其云：

> 尝考贵州之地，虽偏隅逼窄，然驿道所经，自平溪、清浪而西，回环于西北几千六百余里，贵阳犹人之有胸腹也，东西诸府卫，犹人之两臂然。守偏桥、铜鼓，以当沅、靖之冲，则沅、靖未敢争也；踞普安、乌撒，以临滇、粤之冲，则滇、粤不能难也；扼平越、永宁，以拒川、蜀之师，则川、蜀未敢争也，所谓以守则固也。[1]

贵州"把粤、蜀之臂而扼楚、滇之吭"，有"肘腋咽喉乎四省"之军事形势，故而成为经营西南边疆的兵家必争之地。因其地理位置上的"肘腋咽喉"特点，所以，在"他者"的眼中，是"秘境"，是"异域"。

"他者"对贵州地域空间的描写，杨天纵的意见具有代表性。他在《贵州舆图》一文中说：

> 贵州虽列《职方》，其先固西南荒徼也。庄蹻之略地，有同假道；唐蒙之持节，大类凿空。即其后或兼隶，或分隶，享王日至，名位渐加，要亦羁縻无绝而已。……于稽其地：铜岩、瀁溪阻其东，赤虺、蟒山控其西，盘江、关岭扼其南，西望、乌江限其北。悬车束马，碎踝穿蹄，一以为太行，一以为孟门，行路之难，称天险矣！然险可用不可恃：可用者，一夫守之，千人自废也；不可恃者，廪无隔岁之储，帑无宿贮之金也。幅员非不廖廓，要皆割截补凑而后成。崇冈杳嶂，蟠互而争雄；卉服椎髻，遍处而肆暴。非无水也，舟楫鱼盐之利不闻；非无土也，金锡丝枲之饶不与。田多石而草易宅，民屡徙而户久凋；城郭虽在，百堵犹未尽兴；学校虽修，弦

---

[1] 顾祖禹：《读史方舆纪要》第十一册，贺次君、施金和点校，第5231页，中华书局2005年版。

诵犹未尽溥。备多则兵防难撤，道衢则驿道难弛。喜则人而怒则兽，官司之法有时不得行。春苦旱而秋苦霖，补助之术有所不及济。是以延袤虽千有余里，实不及中州一大县。锱铢丝粟，曾无裨于上供，岁靡金钱数十万，亦何赖有此黔哉！然而地有所必争，昔人欲去之而不可，则以其肘腋咽喉乎四省也。[1]

这段文字代表"他者"对贵州的普遍看法，概而言之：一是地属"荒徼"，是"割截补凑而后成"；二是交通不便，"行路之难，称天险矣"；三是多山多石，"崇冈沓嶂"；四是民风骄悍，"逼处而肆暴"；五是民生贫困，"廪无隔岁之储，帑无宿贮之金"；六是教化不修，"弦诵犹未尽溥"。所以，作为地域空间的贵州，是"可用不可恃"。唯一"可用"者，就是其"肘腋咽喉乎四省"的军事形势。

　　总之，在"他者"眼中，贵州是"山国"，是"要荒"，是"剩地"，是"肘腋咽喉"。因而亦是异域，是秘境，所以在"他者"之心中有很强烈的异域感和神秘感。

2. "他者"对贵州地域空间的诗性描写

　　作为地域空间的贵州，塞天皆石，无地不坡，怪石累累，层峦叠嶂，山高谷深，溪流纵横，是"山国"，是"要荒"，是"剩地"，是"咽喉"。因此，在"他者"的笔下，鄙之者视为穷山恶水和边鄙要荒，视为畏途，有明显的"畏黔"心理，或"厌薄不欲往"，或"恨不旦夕去之"，甚至途经此地亦"惟恐过此不速"。但是，对于"他者"中的诗人来说，则是一个意外的发现，有意外的惊喜。大体而言，大部分宦游贵州的诗人或画家，对贵州的佳山秀水和优美风光，皆有深挚的热爱之情和

---

[1]　（道光）《贵阳府志》（点校本）余编卷三，第 1658～1659 页，贵州人民出版社 2005 年版。

惊喜之意。尽管因为种种原因，他们亦希望早日返回家园或回到中土。但是，对贵州山水风光的偏爱之情，确亦相当显著。

"他者"中的诗人置身于贵州的佳山秀水中，往往流连忘返，诗意盎然，兴趣勃发，常常流露出特别浓厚的爱慕之意和眷念之情。其对贵州地域空间的描写，虽然亦充满着一种异域感，亦不乏"述异"心态。但是，这种"述异"描写，是在异域感和神秘感影响之下的诗性描写。

所谓诗性描写，是指描写者以诗人的眼光，发现或者发掘描写对象的诗性元素，并以艺术的方式将其呈显出来。所谓"诗性"，概括地说，就是指本真、新奇、浪漫的特性。万物皆有诗性，但物之诗性又有轻重浓淡之分。诗性的呈现有一个被发现的过程，诗人是发现诗性的主体，或者说，诗人有发现诗性的敏锐触觉。诗人与诗性之物之间，惺惺相惜，相互欣赏。诗性需要诗人来发现，诗人需要诗性之物的激发而产生诗情。作为地域空间的贵州，无论其人还是其地，皆具有浓厚的诗性精神，或者说，贵州地理是一种诗性地理，贵州精神是一种诗性精神。但是，长期以来，由于种种原因，其人其地之诗性皆未能得到有效地发现和充分地彰显。因此，作为地域空间的贵州，其人其地之诗性，皆需要一个被发现、被描写、被彰显的过程。

明清以来，"他者"诗人不断发现贵州地理的诗性特征，并将其充分地彰显出来。如，王阳明就是一个典型的例子，他对贵州的自然山水，有一个从惊恐到欣赏的认识过程。他初入贵州，"日攀缘上下于穷崖绝壑之间"，感觉"困踬烦厌"。在他看来，甚至"雅有泉石之癖者，一入云贵之途"，亦"非复夙好"。[1] 这是初入贵州的人常

---

[1] 吴光等编校：《王阳明全集》卷二十三，上海古籍出版社 2011 年版。

有的惊恐之情。但是，"处之旬月，安而乐之，求其所谓甚陋而莫得"。[1]
尤其是他破除荣辱、得失、生死之念以后，以一种达观的态度、平静
的心情观赏贵州佳山秀水，则别是一番感觉，不再以为陋，故名其轩
曰"何陋轩"，并著《何陋轩记》以记之。他在《龙冈漫兴》（其一）
中说：

> 投荒万里入炎州，却喜官卑得自由。
> 心在夷居何有陋，身虽吏隐未忘忧。
> 春山卉服时相问，雪寨蓝舆每独游。
> 拟把犁锄从许子，谩将弦诵止言游。

《始得东洞遂改为阳明小洞天》诗说："夷居信何陋，恬淡意方在。"
生活安定下来，王阳明渐起游观之兴，"古洞闲来日日游，山中宰相
胜封侯"。[2] 其《居夷诗》共180余首，其中以写景为主的诗有30余首，
如《过天生桥》《木阁道中》《元夕木阁山水》《陆广晓发》《七盘》
等等，皆称名篇，抒发了他对贵州自然山水的喜爱之情。"境多奇绝
非吾土，时可淹留是谪宦"。[3] 其《六广晓发》诗云：

> 初日瞳瞳似晓霞，雨痕新霁渡头沙。
> 溪深几曲云藏霞，树老千年雪作花。
> 白鸟去边回驿站，青岩缺处见人家。

---

[1] 王阳明：《何陋轩记》，吴光等编校《王阳明全集》卷二十三，上海古籍出版社
2011年版。

[2] 王阳明：《夏日游阳明小洞喜诸生偕集偶用唐韵》，吴光等编校《王阳明全集》
卷二十九，上海古籍出版社2011年版。

[3] 王阳明：《七盘》，吴光等编校《王阳明全集》卷十九，上海古籍出版社2011年版。

遍行奇胜才经此，江上无劳羡九华。[1]

其《送张宪长左迁滇南大参次韵》亦说：

绝域烟花怜我远，今霄风月好谁谈。

交流若问居夷事，为说山泉颇自堪。[2]

　　他在《重修月潭寺建公馆记》中赞美飞云崖说："惟至兹崖之下，则又皆洒然开豁，心洗目醒。虽庸侪俗侣不知有山水之观者，亦皆徘徊顾盼，相与延恋而不忍去。"[3] 其对贵州佳山秀水的赞美之意和留恋之情，可想而知。"青山清我目，流水静我耳"，远离尘世，亲近山水，与山水自然融合，摒弃私心杂念，澄怀味道，山水引发道机。他之所以能在龙场顿悟"心即理"，贵州的佳山秀水有澄怀静默、引发道机之功效。或者说，阳明心学之建立，得力于贵州的"山水之助"。贵州自然山水的诗性特征，王阳明有发现之功，有表彰之力。

　　寓居普安的浙江诗人杨彝说："复瞻奇胜南荒外，雅兴何如李谪仙。"因游览贵州的佳山秀水而激发作诗之"雅兴"，是大部分"他者"诗人的普遍经历。如取道贵州前往云南的诗人杨慎，创作了大量描绘贵州山水和风情的诗篇，表现了对贵州山水和风情的眷念之情。当他目睹七星关之雄奇风姿后，感慨说："登来仿佛临云圃，不信飘零逐转蓬。"[4] 查慎行游幕贵州，对贵州山水尤其欣赏，创作了近二百首诗歌，

---

[1]　王阳明：《六广晓发》，吴光等编校《王阳明全集》卷十九，上海古籍出版社 2011 年版。

[2]　王阳明：《送张宪长左迁滇南大参次韵》，吴光等编校《王阳明全集》卷十九，上海古籍出版社 2011 年版。

[3]　吴光等编校：《王阳明全集》卷二十三，上海古籍出版社 2011 年版。

[4]　杨慎：《七星关新桥》。

收录在《慎旃集》《遄归集》中。其《飞云岩》诗说："惜哉灵胜境，乃落在西南。好事遇一逢，高情谁复较。"[1] 其游天擎洞后说：

> 黔江自与楚水通，楚山不与黔山同。
>
> 神灵有意幻奇谲，使我豁达开心胸。[2]

其游牟珠洞后亦说："将归得奇观，顿解肺肝渴。"[3] 其惊喜和热爱之情，溢于言表。

乾隆三十六年（1771）四月，赵翼由广州知府升任贵西兵备道道员，三十七年（1772）十月因广州谳案发而离职，其在贵州仅有一年半的时间，却创作了近二百首描绘贵州自然山水和民俗风情的诗篇，其对贵州山水和风情之偏爱以及由此激发出来的创作热情，可想而知。赵翼对贵州山水和风情，亦有一个从畏惧到热爱、由热爱到惋惜、从不舍到贪恋的过程。或者说，因为他宗奉的"性灵"诗学，与贵州山水和风情的特质正相吻合，才导致他对贵州山水和风情的爱怜与贪恋。他游赏飞云岩，惊叹其景之优美绝伦，并感慨说："兹岩若得移江南，宛委娘環敢相妒。""惜哉抛落蛮荒中，千古胜流谁一顾。""归途我欲挟之行，携置姑苏虎丘路。"[4] 行走在谷峒道上，感慨如此佳景，"可惜轻抛蛮徼外，几人来此寄清哦"[5]。行走于都匀道中，又说："分明一幅山家画，可惜荆关未得知。"[6] 到达水城，亦说："如何此佳景，

---

[1] 查慎行：《飞云岩》。

[2] 查慎行：《天擎洞歌》。

[3] 查慎行：《母猪洞观瀑》。

[4] 赵翼：《飞云岩》，华夫《赵翼诗编年全集》，天津古籍出版社1996年版。

[5] 赵翼：《谷峒道中》，华夫《赵翼诗编年全集》，天津古籍出版社1996年版。

[6] 赵翼：《都匀道中》，华夫《赵翼诗编年全集》，天津古籍出版社1996年版。

抛落猓人边。"[1] 如《谷峒道中》说：

> 陆行日日遇岩阿，此地尤称锦绣窠。
>
> 岭树身长树叶少，溪流性急浪涛多。
>
> 野禽五色仙裙蝶，山黛千盘佛髻螺。
>
> 可惜轻抛蛮徼内，几人来此寄清哦。[2]

"性灵派"诗人大多好山水之游，在真山真水中感悟真性真情。赵翼置身于贵州的佳山秀水中，流连忘返，触目动机，诗情飞扬，其创作可谓得贵州"江山之助"。

贵州优美神奇的自然山水，令本有山水癖好的洪亮吉神往心迷，赞叹不已。如《度响洞峡》诗说：

> 排空石笋立一山，人在笋上行弯环。
>
> 篮舆舍此即无路，危在皆从笋尖步。
>
> 行人至此亦掉心，空有细响同鸣琴。
>
> 琴声愈急步愈促，一跌几将陷山腹。
>
> 我行万山无此奇，过此一折山仍夷。

其欣喜之情，溢动于字里行间。他有一诗题云《渡水至焦溪行馆，山环水抱，林森尤邃，觉严滩、剡中无此奇胜也》，诗题本身就流露出他对贵州自然山水的赞美。在《自平思塘至白岩汛道中》（其二），亦感慨说："百转千回抱村坞，江南无此好屏风。"其《自平贯塘至白岩汛道中》说：

---

[1]　赵翼：《水城》，华夫《赵翼诗编年全集》，天津古籍出版社 1996 年版。

[2]　赵翼：《谷峒道中》，华夫《赵翼诗编年全集》，天津古籍出版社 1996 年版。

马头浓绿间深红，半日全行复嶂中。

百转千回抱村坞，江南无此好屏风。[1]

贝青乔行经大娄关，著有《舆行避道快睹异端寄程大庭鹭》一诗，其结尾亦说：

幻想欲移中土去，幽探惜少故人偕。

他日归乞荆吴笔，写到穷荒此亦佳。[2]

据此可知，"他者"中的诗人游览贵州，常常被贵州的佳山秀水所吸引，从而触发诗情，创作了大量的山水诗歌。贵州自然山水的诗性特征，亦因为诗人的描写而得到彰显。

另外，画家置身于贵州山水中，亦能触发道机，引发创作冲动。如乾隆年间著名画家邹一桂，出任贵州提学使，留黔达六年之久。后升任礼部侍郎，忆及贵州山水，"林壑在胸不能去"，乃作《山水观我》画若干幅，他在画册之序里说：

天下奇特山水甚多，惜游人观后往往迅速忘却。而黔中山水，格外有情。人不观山水，山水却起而观人，具有特殊魅力，引得无数文士，竟往游观。而自己观看时流连忘返，至久别后，仍忆念不已。[3]

[1] 洪亮吉：《自平贯塘至白岩汛道中》。

[2] 贝青乔：《舆行避道快睹异端寄程大庭鹭》。

[3] 转引自黄万机：《客籍文人与贵州文化》，第151页，贵州人民出版社1992年版。按，此段文字于黄书中加有引号，似为原文。但从文字表述上看，则有部分文字与白话文无异。估计黄氏引述时有改动。惜无从找到原书校证。特志于此，以致歉意。

总之，作为地域空间的贵州，其多山多石的地理特征，在"他者"中的一般人眼里，是穷山恶水，是边鄙要荒。而在"他者"中的诗人眼里，却是另一番景象，所谓"山皆石则岩洞玲珑，水多潜故井泉勃萃"是也。[1]贵州的佳山秀水激发了他们的创作热情，置身其中，"洒然开豁，心洗目醒"，"解肺肝渴"，"高情""雅兴"勃然而生，不仅"使我豁达开心胸"，而且"不信飘零逐转蓬"。故宦游贵州的诗人，对于贵州的山水，皆表现出高度的喜爱，或称其为"奇胜"，如王阳明、杨彝；或称其为"锦绣寰"，如赵翼；或以为是"奇观""胜境"，如查慎行。贵州的佳山秀水激发了诗人的创作热情，如王阳明、杨慎、吴国伦、田雯、查慎行、赵翼、洪亮吉、吴嵩梁、舒位、阮元、林则徐、程恩泽、何绍基等等，宦游贵州，创作了大量的诗篇，其中不乏名篇佳作传世。所以，笔者认为：黔境即诗境，贵州的佳山秀水不仅培育了贵州文人的诗性精神，亦激发了"他者"文人的创作热情。同时，贵州佳山秀水的诗性特征，亦因为诗人、画家的描写而得到彰显。

3. "他者"为贵州地域空间的辩护描写

考察古代文献，最早为贵州地域空间之被丑化而辩护者，当首推刘禹锡。他在《送义舟师却还黔南并引》中说：

> 黔之乡，在秦楚为争地。近世人多过言其幽荒以谈笑，闻者又从而张皇之，犹夫束蕴逐原燎，或近乎语妖。适有沙门义舟，道黔江而来，能画地为山川，及条其风俗，纤悉可信，且曰：贫道以一锡游他方众矣，至黔而不知其远，始遇前节使，而闻今节使益贤而文，故其佐多才士，

---

[1] 田雯：《黔书》卷二"山水"条，罗书勤等点校《黔书·续黔书·黔记·黔语》，贵州人民出版社1992年版。

麾围之下，拽裾秉笔，彬然与兔园同风。[1]

"过言"贵州之"幽荒"，以作谈笑之资者，可能就是柳宗元、裴度等人。因为柳宗元说过"播州非人所居"，裴度亦说过"播极远，猿猴所居"这样的"过言"。闻此"过言"者又"从而张皇之"，作为地域空间的贵州形象，就是在这样的丑化过程中被逐渐建构起来的。刘禹锡引沙门义舟之语，为贵州辩诬，说贵州虽地处"幽荒"，但如今已是"彬然与兔园同风"。这是现存文献中留下的最早为贵州辩护的文字。

在明清时期，学者对贵州地域空间之被轻视而为之辩护者，代不乏人。如杨慎在《贵州通志序》里说：

> 余尝慨今之议论，以边徼为遐远不之重，而官其土者亦自厌薄之。呜呼！边可轻乎哉？衣之裔曰边，器之羡曰边，而器破必自羡始，衣坏必自裔始。边徼之说何以异此？边可轻乎哉！[2]

作为地域空间的贵州，从区位上看，确实是"边徼"。但是，"器破必自羡始，衣坏必自裔始"，"边徼"之不可轻视，犹如衣之不可轻裔，器之不可贱羡。华章志在（康熙）《贵州通志序》中回应并赞同杨慎这个妙喻，他说：

> 黔者，吴、越、齐、鲁、秦、晋、楚、蜀之余也。衣余曰裔，匪裔不饬；

---

[1] 《全唐诗》六·三·三五九，中华书局 2011 年版。

[2] （嘉靖）《贵州通志》卷首，《中国地方志集成·贵州府县志辑》第 1 册，巴蜀书社等 2006 年版。

器余日羡，匪羡不完。杨升庵先生言之矣。[1]

以上是针对"他者"于贵州之"边徼"或"要荒"描写，所做的辩护。

张澍在《续黔书自叙》中，对"他者"因轻贱贵州之地与人而产生的"畏黔"心理，他为之辩护说：

> 予诚不知人之何以裹足于黔，而予之视黔，则犹齐州也。昔者庄蹻盗兵，唐蒙略地，而道通漏卧，臣属斯榆。迨夜郎爵王，牂柯置守，马忠典郡，东谢请朝，虽属羁縻，亦奉征调。二路十二部，李唐乃有贵州之称；八番十八卫，明世而有专藩之设。泊入圣朝，易椎髻而冠裳之，刊柟芳而郡县之，鉏邛笼而守围之，百余年来，盖浸浸乎济美华风矣。且其镂镉兜傈，可图王会也；芦笙箭镞，可入国风也；木瓜金筑，沿革可稽也；鳌矶龙洞，幽胜可探也；白水碧云，奇情可咏也。诸葛祸牙之地，李恢鏖战之方，尹珍读书之宅，山图寻药之崖，可题襟而散烦胸也，岂仅眷怀迁谪之李白。[2]

蓝鼎元在《贵州全省总论》中，对"他者"的因地论人，因轻贵州之地而轻贵州之人，亦进行了批驳和辩护。他说：

> 凡皆连岁兵戈，疮痍未起，鸣镝又至，二百年间，曾无生聚休养教训之日，安望其人文物采与上国絜短长也。……乃当今仕宦，尚以黔为畏途，谓其山高地僻，土瘠以荒，民贫以鄙，无文献之足观，有异类之难驯。……山川险阻，乃足壮国家藩篱，夫何嫌于鄙僻哉！吴越之初，

[1] （康熙）《贵州通志》卷首，《中国地方志集成·省志辑·贵州》，凤凰出版社2010年版。

[2] 罗书勤等点校：《黔书·续黔书·黔记·黔语》，第137页，贵州人民出版社1992年版。

皆为蛮彝，而至于今，乃能若彼。地固不能限人，岂于黔而独限？[1]

　　"他者"对贵州地域空间的描写，往往以地论人，因轻其地而鄙其人。所谓"山高地僻，土瘠以荒，民贫以鄙，无文献之足观，有异类之难驯"，就是典型的偏见。蓝鼎元以为"地固不能限人"，贵州之"山川险阻"正"足以壮国家藩篱"。因而对那种因地废人、以地论文之偏见很为不满。

　　总之，包括地理特征和地域区位的地域空间，本是一个物质性的客观存在。对其所发生的或褒或贬的评价，全由描写者的主观感情和兴趣好尚所决定。所以，对于同一个地域空间，"他者"和"我者"的描写有差别，不同阶层和不同趣味的描写者，亦有差异较大的描写。因此，作为地域空间的贵州，在"他者"的视野中，毁之者称之为穷山恶水，誉之者称之为佳山秀山，或毁或誉，态度不同，但其异域感则是相同的，"述异"态度则是相近的，"畏黔"心理则是比较普遍的。作为地域空间的贵州形象，就是在这种或毁或誉的张力中逐渐建构起来的。

三、"他者"对贵州地域人文的描写

　　考察历史以来"他者"对贵州地域人文习俗的描写，大体有两种情况：一是着重于对贵州地域空间中的族群构成及其性格特征的描写；二是着重于对贵州地域空间中的人文习俗及其所引发的浪漫诗情的描写。虽然"他者"对贵州地域族群特征和人文习俗的描写，在整体上

---

[1]　（道光）《贵阳府志》（点校本）余编卷三，第 1649 ~ 1650 页，贵州人民出版
　　社 2005 年版。

都存在着"述异"的心态，有明显的异类感。但是，其中又有几种不同的情况：或者是客观地描写贵州地域的族群构成及其性格特点，或者因其人文底蕴之浅薄而歧视之，或者因其丰富多彩的民俗文化而喜爱之，或者为其所遭遇的轻视而辩护之。

1. "他者"对贵州地域人文的"述异"描写

在"他者"眼中，无论是族群构成和性格特征，还是人文习俗和民族文化，贵州地域其人、其文均属异类。因此，无论其所持之态度如何，其心理上的异类感则是相近的，其描写上的"述异"态度则是相似的。

首先，"他者"对贵州地域人文的异类感及其"述异"描写，主要是因为贵州是一个多民族聚居区，各少数民族的族群特征、性格特点、人文习俗和民族文化，与其所熟悉的华夏族群和华夏主流文化，大相径庭，故而使其惊异。本着自我中心主义的观点，而视其族群为异类。"非我族类，其心必异"，对其性格和文化，以异类视之，亦以"述异"态度描写之。

"他者"对贵州地域人文的"述异"描写，始于两汉时期，见于《史记》和《汉书》。在《后汉书》卷八六《南蛮西南夷列传》中，记录的夜郎竹王故事，亦反映当时"他者"对这一方人群的异类感。这种异类感，在明清时期依然相当普遍。在当时，"他者"中的一般人，对贵州的印象是"环以苗顽部落"的"荒服"之区。[1] 如，董安国（康熙）《贵州通志序》说：

---

[1]　丹达礼：《康熙后贵州通志序》，（道光）《贵阳府志》（点校本）卷五十，第970页，贵州人民出版社2005年版。

> 大抵山丛蛮杂，地确民贫，加以寇乱相寻，凋　尤甚。辛未秋，忝
> 备黔藩，由夜郎渡牂柯江，见夫万山戟列，百里烟微，厥土黑坟，田皆下下。
> 途间所值，率皆鸟言卉服，鹄面鸠形之伦。

所谓"鸟言卉服""鹄面鸠形"，描写的是其异类的一面。又如，如
徐嘉炎在《黔书序》中说：

> 黔地居五溪之外，于四海之内为荒服，其称藩翰者未三百年。其地
> 尺寸皆山，欲求所谓平原旷野者，积数十里而不得衺丈。其人自军屯卫
> 所官户戌卒来自他方者，虽曰黔人，而皆能道其故乡，无不自称为寓客。
> 其真黔产者，则皆苗、獞、犵狫之种。劫掠仇杀，犷悍难驯，易于负固。
> 其土田物产，较他方之瘠薄者，尚不能及十之二。夫以黔之地之人之不
> 可倚以守也如彼，其土田物产之无可利赖也如此，夫国家亦何事于黔
> 哉？[1]

田雯《黔书·苗蛮种类部落》亦说：

> 黔僻处西南，穷山深箐，所在无非苗蛮，其种类各殊，而部落亦不
> 一矣。爰稽其概，莫大于卢鹿，莫悍于仲家，莫恶于生苗。……此三者，
> 苗之最为患者也。[2]

在"他者"眼中，作为地域族群的"贵州"，"皆苗、獞、犵狫
之种"，故其"所在无非苗蛮"，其族群特征是"鸟言卉服"，是"鹄

---

[1] 田雯：《黔书》卷首，罗书勤等点校《黔书·续黔书·黔记·黔语》，贵州人民
　　出版社1992年版。

[2] 罗书勤等点校：《黔书·续黔书·黔记·黔语》，第16页，贵州人民出版社1992年版。

面鸠形"，因而是"非我族类"。

田雯好奇，《黔书》之形式与内容皆体现其好奇的特点。[1] 对贵州民情风俗之"述异"描写，就体现其内容上好奇好异的特点。其《苗俗》一篇，对贵州少数民族的奇风异俗就有相当全面的描写，其云：

> 十年幼学，曾披《山海》之经；蚤岁登朝，亲与享王之会。以云睹记，未若今兹。离城十里之区，便是三苗之种。既无姓氏之谱系，孰察其详；赖有父老之流传，尝闻其略。试言大者，莫过罗施；即问从来，亦称鬼国。长身黑面，依然豻虎之伦；刷齿缚屩，本是斫雕之习。布囊笼发而为角（在额），肩披羊皮，鸠杖镂银以称苴（更苴，蛮长名）。顶冠竹笠，食无兼味，盘盂皆用漆皮；病不延医，禳除但从祈祷。行军则率然相应，掉尾断头（谚云：水西罗鬼，断头掉尾。言其相应）；作字则蝌蚪遗文，称先则古（文字类蝌蚪书）。千人驰铁马，张盖可以招魂（葬时作幕）；比屋质交关，刻木堪为信约。重岩密箐，自云虎豹在山；劲弩在矛，宁畏车骑满野。乌蛮如此，群獠可知。腰围缠幅布，不假针工（犵狫）；丧祭竞屠牛，只思砍鲙（仲家居丧，屠牛飨客，而不自食，但食鱼）。茹毛饮血，蠕动之物咸尝（白猓）；饰薏结螺，野植之竿共绕（龙家妇结髻若螺，饰发以薏苡，立鬼竿择对）。围炉卧寒夕，梦魂飞去，不向衾枕搜求（苗皆无被，但炙火）；席地宴嘉宾，竿酒传来，亦自觥筹交错（无坐具，插竿于酒而饮）。新鬼大而旧鬼小，语任奚婆（鬼师名）；赤降殃而白降祥，卜凭鸡骨（看鸡卦）。持斧林间翻拾橡，驱牛坂上且高眠。醉鼓诸葛之铜，釂金赛社（诸葛铜鼓，蛮人宝之）；冷吹娲皇之管，连袂踏歌（编竹为芦笙以跳月）。短裙才至髀，难拖六幅潇湘；窄袖仅

---

[1] 《四库全书总目提要》引王士祯《居易录》称其书："篇不一格，有似《考工记》者，有似《公》《谷》《檀弓》者，有似《越绝书》者，如观偃师幻人之戏，然实祖郭宪《洞冥记》、王嘉《拾遗记》之体，是亦好奇之一证，存备文章之别格尔。"

齐腰，岂识五铢雾縠。然而盘丝绘蜡，亦自可人（绣花于布或以蜡画花）；
抹粉涂朱，常多怜己（临水自照）。银环双婳妥，酷似帘钩（大而且长）；
鬐发一蒙茸，全资马鬣（以马鬣杂发为髻而戴之）。虽采兰赠芍，为古
圣之所不删；而逾礼荡闲，亦国人之所共贱。毕方独脚，时现如鹤之形；
履舄双精，徒弄吹灯之伎。欲写鬼方之变相，难赍铅素以搜求；聊为杂
俎之词，用发掀髯之粲。[1]

在田雯看来，贵州的民情风俗，比"山海之经"所记录的还要奇异。因此，
其创作之动机，是用"杂俎之词"以"写鬼方之变相"，即"述异"。
其"述异"之目的，是"用发掀髯之粲"。

对于贵州地域族群性格的描写，当始于司马迁《史记》，所谓"夜
郎自大"，是"他者"对贵州族群性格的最早描写。田雯《黔书·苗俗》
描写少数民族的性情，亦有明显的"述异"倾向，还过分夸大少数民
族"犷悍难驯"的性情，如说青苗"性强悍好争斗"，白苗"性戆而厉"，
谷蔺苗"性凶顽，善击刺，出入必持枪弩，蛮党皆畏之"，九股黑苗"性
尤凶恶"、"常啸聚为乱"，紫姜苗"狼诈而饕波"，阳洞罗汉苗"佩
刀弩，小隙辄操戈"，黑罗罗"悍而喜斗，习攻击，尚气力"，打牙
仡佬"矫而善奔，轻命死党，触之则靡沸，得片肉卮酒即捐躯与之"，
木老"性狡悍"，仲家"性险谲，嗜杀，出入必负强弩，带刺刀，睚
眦之仇必报"，蛮人"性犷戾"、"祭鬼为乐"，侗人"性多忌，喜杀"，
等等。[2] 张澍《续黔书·苗警》亦说："楚南镇筸与黔之铜仁接壤，

[1] 罗书勤等点校：《黔书·续黔书·黔记·黔语》，第 18 ~ 19 页，贵州人民出版
社 1992 年版。
[2] 罗书勤等点校：《黔书·续黔书·黔记·黔语》，第 21 ~ 27 页，贵州人民出版
社 1992 年版。

箐深地阻，蠢苗蜂聚，性犷悍甚，攻斗劫杀，无日无之。"[1]

一般而言，贵州少数民族性格刚烈，作风骠悍。在"他者"看来，就是"劫掠仇杀，犷悍难驯，易于负固"，就是"苗顽难驯"，就是"民贫以鄙"，就是"骠悍成习"。

贵州少数民族的娱乐精神，亦常为"他者"所关注，并被视为是致贫的主要原因。如包袥永《饬黔督教民纺织疏》说：

> 黔素称土瘠民贫，山多田少，地皆刀耕，民多卉服。……黔远处天末，虽历来督抚亦屡经劝导，无如愚民暗于生计，甘于玩惕，诚可悯念。[2]

宋如林《劝种橡养蚕示》说：

> 访察黔省，地故瘠薄，民多拮据。推原其故，由于素不讲求养生之道，则地利不能尽收，而民情又耽安逸，无怪乎日给不暇者多矣。[3]

在一般情况下，与汉族相比，少数民族更富于娱乐精神和游戏精神。但是，这种精神，在"他者"看来，就是"暗于生计，甘于玩惕"，就是"耽安逸"。

"他者"描写贵州地域族群之性格，还可注意者，就是特别突出其朴鲁敦厚之特征。如范承勋《康熙贵州通志序》说：

> 黔虽天末退荒，计其财赋，不足以当中州一大郡。然其风土之淳朴，

---

[1] 罗书勤等点校：《黔书·续黔书·黔记·黔语》，第145页，贵州人民出版社1992年版。

[2] （道光）《贵阳府志》（点校本）余编卷一，第1619页，贵州人民出版社2005年版。

[3] （道光）《贵阳府志》（点校本）余编卷二，第1631页，贵州人民出版社2005年版。

民俗之近古，犹有足多者焉。[1]

卫既济《康熙贵州通志序》说：

> 贵州风犹近古，务质朴，耻夸诈，虽有硕德懿行，恒隐而不扬。[2]

蓝鼎元《贵州全省总论》说：

> 其民庶朴有古风，士大夫亦质直而知廉节。[3]

爱必达《黔南识略》说：

> （贵州）介楚之区，其民夸；介蜀之区，其民果；介滇之区，其民鲁；介粤之区，其民蒙。大率皆质野而少文，纤啬而重利。[4]

李还素《卢山司黑神庙记》说：

> 黔，山国也，民生不见外事，俗虽侈，犹存三代遗风。[5]

陈矩在为黔人犹法贤《黔史》所作序中说：

---

[1] （康熙）《贵州通志》卷首，《中国地方志集成·省志辑·贵州》，凤凰出版社2010年版。

[2] （康熙）《贵州通志》卷首，《中国地方志集成·省志辑·贵州》，凤凰出版社2010年版。

[3] （道光）《贵阳府志》（点校本）余编卷三，第1649页，贵州人民出版社2005年版。

[4] 爱必达：《黔南识略》（点校本）卷一，第19页，贵州人民出版社1992年版。

[5] （道光）《贵阳府志》（点校本）余编卷七，第1776页，贵州人民出版社2005年版。

> 黔处万山中，其人率厚重质实，执坚忍以自表见者，所在多有，独
> 见闻较狭，无以朴学称者。[1]

梁启超《中国地理大势论》说：

> 其（滇、黔）民之稍优秀者，大率流宦迁贾，来自他乡，至其原民，
> 则犹有羲皇以上之遗风也。[2]

学者论贵州地域族群之性格，尤其强调其"有古风"，有"三代遗风"
或"羲皇以上之遗风"。这种"古风"或"遗风"的特点，就是"淳朴"
或"质朴"，就是"质直而知廉节""质野而少文""厚重质实"。

大体上说，这种描写是切近实情的。因为贵州人的性格，最明显
的特征，就是淳朴质实，就是傲岸质直。或如张晓松所说："贵州人
性格倔强，就像大山里的岩石，诚实耿直，粗犷豪迈，朴质无华，说
话单刀直入，不大圆融善谋。"[3] 这种性格的形成，与多山多石的地
理特征有必然的联系。如陈灿《江西布政使刘公家传》说：

> 《黔书》云：天下之山聚于黔，其山之磊落峭拔，雄直清刚之气，
> 一钟为巨人。近世如平远丁文诚，贵阳石侍郎，镇远谭中丞，遵义唐中丞，
> 类皆以刚直著。[4]

---

[1] 犹法贤：《黔史》卷首，《中国地方志集成·贵州府县志辑》第 1 册，巴蜀书社
等 2006 年版。

[2] 梁启超：《中国地理大势论》，夏晓虹编校《中国现代学术经典·梁启超卷》，
第 707 页，河北教育出版社 1996 年版。

[3] 张晓松：《山骨印记——贵州文化论》，第 59 页，贵州教育出版社 2000 年版。

[4] （民国）《贵州通志·人物志》（点校本）卷五，第 206 页，贵州人民出版社
1989 年版。

"平远丁文诚"，即平远（今织金）人丁宝桢，咸丰三年（1853）进士，官至山东巡抚，四川总督，谥文诚，追赠太子太保，杀太监安德海，被曾国藩目为"豪杰士"，《清史稿》有传。"贵阳石侍郎"，即贵阳人石赞清，道光十八年（1838）进士，官至天津知府，值英法联军入侵，赞清坚守衙门，被劫持后，绝食抗议，凛然不屈，为敌所敬重，礼送还衙，忠勇之声闻于海内。"镇远谭中丞"，即镇远人谭钧培，同治元年（1862）进士，官至云南巡抚，兼云贵总督，以刚直称，所至皆有善政，为民众所景仰，《清史稿》有传。"遵义唐中丞"，即遵义人唐炯，道光己酉（1849）举人，官至云南巡抚，史称其人"性刚恪，遇事持大体，不直者，虽贵亦皆责之，以此生平多妒媚之者"。[1]这样的人，这样的性格，在官场上，常常被视为不通人情，不明世故，所以被视为异类。

"他者"对贵州地域人文习俗的"述异"描写，还体现在对其能力和文化的忽略和轻贱上。追溯这种忽略和轻贱，有史可据且影响最大者，当数司马迁《史记·西南夷列传》中的"夜郎自大"一语，和柳宗元《黔之驴》中的"黔驴技穷"一语。如果说"夜郎自大"是"他者"对贵州人的心胸和眼界的描写；那末，"黔驴技穷"则是"他者"对贵州人的能力和技能的描写。因为这两个成语的广泛传播，贵州人的形象特点在国人心中被固化为：眼界狭隘，狂妄自大，智能低下，文化落后。

所以，明清以来，贵州文人的文学创作，虽然有一定的成就，并在域内外产生一定影响。但是，"他者"仍然固怀偏见，以为荒服无文，边徼无人。如孔尚任著《官梅堂诗序》，"论十五国人才多寡之数，以十分为率，于吴越得其五，齐、鲁、燕、赵、中州得其三，秦晋、巴、

[1] （民国）《贵州通志·人物志》（点校本），第205页，贵州人民出版社2001年版。

蜀得其一，闽、楚、粤、滇再得其一，而黔阳则全无"。[1] 这是对贵州文学的忽视。又如，晚明文人杨文骢，以诗、书、画三绝闻名于江南，颇受江南大家之推崇；在晚明王朝的复兴运动中，功勋卓著，颇富民族气节，最后是全家壮烈殉国。可是，在孔尚任的《桃花扇》中，却被塑造成一个奸诈小人。这是对贵州文人的恶意轻贱。又如，在清朝，贵州文人周起渭初入翰苑，"他者"认为这位来自"蛮貊之邦"的文人，不娴声律，颇轻视之。但是，在一次消夏诗会上，他以《分咏京师古迹得明成祖华严大钟》一诗，惊动四座，"瑰伟特出，冠于一时，则是称翰林能诗者，必以公为学首"。据陈允恭《桐埜诗集序》说：

> 初，君在翰苑，或疑其起自遐方，未娴声律。时值馆试，君试先成，稿置砚函下。同列者得之，谓是馆师手笔。既乃知为君作，相与敛手叹息。从此才名郁起，馆阁无不知有桐野先生矣。[2]

即便如此，周起渭典试浙江，仍被江浙文人轻视。据载：他典试浙江，下车伊始，闻士大夫讽议说："周大宗师贵州人，读《千字文》者也。"及入场，题久不下，士子哗噪，从事以闻，即厉声曰："吾题久揭橥堂上，胡未察耶？"趋视，则以一剪插梁间，不解其故，请示，则曰："此贵州人所常读《千字文》中'起剪颇牧'句也。"后命从事研浓墨数瓮，卷有不当意者，辄投瓮中。及揭晓，仅录定额的三分之一。起程时，士子聚众遮留，各携砚池，意将得而甘心。周分别召问，一一背其试卷，指出其瑕疵，群相顾错愕，罔知所措，地方官绅出面调解，其事乃罢。[3] 宋元以来，浙江乃人文极盛之地，士子养成自高自大之心理，

[1] 孔尚任：《敝帚集序》，《黔南丛书》第三集《敝帚集》卷首，贵阳文通书局铅印本。
[2] 周起渭：《桐埜诗集》之"附录"，贵州人民出版社1999年版。
[3] 黄万机：《周渔璜年谱》，见《桐埜诗集》之"附录"，贵州人民出版社1999年版。

故黔人周起渭在他们眼里仅是识得《千字文》等几本蒙学书籍的人，根本不把他放在眼里。这个传说虽有夸张成分，但其体现出来的"他者"对贵州文人的轻贱，对贵州文学的漠视，则是真实的。

再如郑珍，据陈夔龙《郑征君遗著序》说："近人为诗，多祧唐而称宋，号为步武黄、陈，实则《巢经》一集，乃枕中鸿宝也。"[1] 对此，胡晓明解释说：

> 近代不少著名诗人文学家，甚至一些思想家，虽然远在北京、上海或广州，却都不约而同地经历过"发现郑珍"的惊喜。然而公开说出他们的精神偶像时，他们的眼光却都越过了郑珍，远远地追到宋人黄山谷、苏东坡那里。他们有点不好意思承认，毕竟在心里面是向一个深山穷壤、远离现代化进程的老诗人顶礼致敬。然而嘴上说是老杜或老坡，他们的枕头底下却往往藏着一部翻得有些破损的《巢经巢诗文》。[2]

"清诗三百年，王气在夜郎"，郑珍被学者赞誉为继李、杜、苏、黄之后最杰出的诗人，代表清代宋诗派创作的最高成就。一般人在心里崇敬他，学习他，而在表面上却羞于承认这种膜拜与崇敬。这种现象，体现的依然是"他者"对贵州文人和文学的轻视。

古代贵州长期处在被忽略乃至被轻视的边缘状态，特别是在文化思想方面，在乡试科场的设置上，在科举名额的分配上，表现得尤其突出。明代中叶以前，贵州未设乡试考场，贵州士子考举人，要到邻省云南应试。在真正的边疆云南开科考试而不在边疆的腹地贵州设乡试考场，中央政府对贵州人文的轻视态度，于此可见。当时全国十三

---

[1] （民国）《贵州通志·艺文志》（点校本）卷十六，第 702 页，贵州人民出版社 1989 年版。

[2] 胡晓明：《说不完的郑子尹》，《当代贵州》2012 年第 23 期。

个行省，两京十二行省各设乡试考场，唯独在贵州不设，虽屡经地方
人士和军政大员的请求，亦拖了若干年，直到嘉靖十六年（1537，此
时距明朝开国 169 年，距贵州建省 124 年）才设置乡试考场，显示的
是中央王朝对贵州人文的忽略和轻视。还有，虽然经贵州巡抚王杏的
多年努力，于嘉靖十六年（1537）在贵州设置了乡试科场，但乡举名
额却远远少于其他省份。到万历二十二年（1594），即科场设置后之
五十七年，虽经贵州巡抚乔相的多方争取而略有增加，但总数仍比云
南少 10 名，亦比邻省广西要少。所以，田雯《黔书·设科》说：

> 科目设自隋唐，而贵州不与。时无刘蜕，天荒未易破也。逮洪宣之
> 季而合试，始诏；迄王、田之请，而乡闱以分。因额数之定而中卷以入，
> 何其迟之又久哉？[1]

"何其迟之又久"？我们认为，其主要原因，与贵州处于被忽略的边
缘状态有关，亦与"他者"对贵州人文的轻视有关。

总之，在"他者"眼中，贵州地域族群"无非苗蛮"，是"非我
族类"。"非我族类"，其形则异，是"鸟言卉服"，是"鹄面鸠形"。
"非我族类，其心必异"，是"犷悍难驯，易于负固"，是"暗于生计，
甘于玩愒"，是"质野少文，不娴声律"。故而其人其文其俗，皆遭
遇"他者"的普遍忽略和轻贱。

2. "他者"对贵州地域人文的诗性描写

作为地域人文的"贵州"，在"他者"笔下，其人是"非我族类"，
其性格是"犷悍难驯"，是"厚重质实"，其兴趣是"甘于玩愒"，

---

[1] 罗书勤等点校：《黔书·续黔书·黔记·黔语》，第 12 页，贵州人民出版社 1992 年版。

其文是"未娴声律"，故而常常以异类视之，往往忽略之，轻贱之。但是，对于"他者"中的文人来说，则是另一番情况。大体而言，大部分宦游贵州的"他者"文人，对贵州少数民族及其多姿多彩的民族风情和民族文化，皆有深挚的热爱之情和惊喜之意。虽然亦不免于异域感和异类感，其描写亦有一定的"述异"心理。但是，他们又常常能够从这种异类感和异域感中发现其可贵的品质和值得珍视的精神资源。因此，"他者"文人关于贵州地域人文的描写，就常常突出其诗性精神的一面。

王阳明就是一个典型的例子。他谪居龙场，草庵初成，周边少数民族给他留下了深刻印象，其《初至龙场无所止结草庵居之》说：

> 群獠环聚讯，语庞意颇质。
>
> 鹿豚且同游，兹类犹人属。
>
> 污樽映瓦豆，尽醉不知夕。
>
> 缅怀黄唐化，略称茅茨迹。

"鹿豚"句颇有轻视之意，虽然言语不通（"语庞"），但其质朴善良之品性还是能够明显感受到（"意颇质"）。接下来，周边的苗、彝等少数族人，在王阳明处境非常艰难的情况下，所做的两件事情，让他很感动。其一，为他修建房屋。王阳明从茅庵迁居龙冈山洞，"居久，夷人亦日来亲狎，以所居湫湿，乃伐木构龙冈书院及宾阳堂、何陋轩、君子亭、玩易窝以居之"。当地少数族人不仅教他农耕稼穑，还在衣、食、住、行等方面给予他很大的帮助，王阳明有《谪居粮绝请学于农将田南山永言寄》以记之。其二，保护他的人生安全。据王阳明《答毛宪副书》说："（太府）差人至龙场凌侮……龙场诸夷与之争斗。"《年谱》说："思州守遣人至驿侮先生，诸夷不平，共殴辱之。守大怒，言诸当道。毛宪副科令先生请谢，且喻以祸福，先生致书复之，守惭服。"[1] 通过这两件事情，王阳明认识到少数族人的淳朴善良和耿直敦厚。所以，他说："夷居虽异俗，野朴意所眷。"[2] 少数族人的质朴善良和真情厚意，使他逐渐爱上了龙场和龙场苗、彝土著，有了"山中宰相胜封侯"的欣喜之情。对苗、彝等少数族人的认识，最集中体现在他的名篇《何陋轩记》中，其云：

> 人皆以予自上国往，将陋其地，弗能居也。而予处之旬月，安而乐之，求其所谓甚陋者而莫得。独其结题鸟言，山栖羝服，无轩裳宫室之观，文仪揖让之缛。然此犹淳庞质素之遗焉。盖古之时，法制未备，则有然矣，不得以为陋也。夫爱憎面背，乱白黝丹，竣奸穷黠，外良而中蝥，诸夏盖不免焉。若是而彬郁其容，宋甫鲁掖，折旋矩镬，将无为陋乎？夷之人乃不能此，其好言恶詈，直情率遂则有矣。世徒以其言辞物采之眇而陋之，吾不谓然也。……嗟乎，诸夏之盛，其典章礼乐，历圣修而传之，夷不能有也，则谓之陋固宜。于后蔑道德而专法令，搜抉钩斁之术穷，而狡匿谲诈无所不至，浑朴尽矣。夷之民方若未琢之璞，未绳之木，虽粗砺顽梗，而椎斧尚有施也，安可以陋之？斯孔子所谓欲居也与？虽然，典章文物，则亦胡可以无讲。今夷之俗，崇巫而事鬼，渎礼而任情，不中不节，卒未免于陋之名，则亦不讲于是耳，然此无损于其质也。诚有君子而居焉，其化之也盖易。而予非其人也，记之以俟来者。[3]

笔者以为，这段文字是理解王阳明"良知"学说最重要的材料，虽然

[1] 《年谱》一，吴光等编校《王阳明全集》卷三十三，上海古籍出版社 2011 年版。

[2] 《诸生来》，吴光等编校《王阳明全集》卷十九，上海古籍出版社 2011 年版。

[3] 《何陋轩记》，吴光等编校《王阳明全集》卷二十三，上海古籍出版社 2011 年版。

他在晚年才正式提出"致良知",但这种观点的萌芽与形成,则是在贬谪龙场期间。概括地说,这段文字有以下几个方面值得注意:

第一,苗、彝浑朴,苗、彝不陋。苗、彝"结题鸟言,山栖羝服,无轩裳宫室之观,文仪揖让之缛","好言恶詈,直情率遂"。这种"淳庞质素",是为"浑朴"之美。因此,苗、彝"若未琢之璞,未绳之木,虽粗砺顽梗",但未可以陋视之。即使其"崇巫而事鬼,渎礼而任情,不中不节",亦无损其浑朴质素,亦不可以陋视之。

第二,苗、彝浑朴,犹存上古遗风。其"结题鸟言,山栖羝服",是因为"法制未备",故无"轩裳宫室",不讲"文仪揖让"。其无诸夏之"典章礼乐",故"好言恶詈,直情率遂",故"崇巫而事鬼,渎礼而任情,不中不节"。此种未经"文明"洗礼的上古遗风,其本质犹如"未琢之璞,未绳之木"。若以礼乐化之,"其化之也盖易"。

第三,苗、彝不陋,诸夏亦未必尽善。其实,这段文字中隐含着一个不便明说但却是显而易见的观点,即与苗、彝的浑朴质素相比,崇修典章礼乐的诸夏或有虚矫伪饰之嫌。诸夏之人崇尚典礼,表面上"彬郁其容,宋甫鲁掖,折旋矩镬",但其内心"爱憎面背,乱白黝丹,浚奸穷黠",以至"蔑道德而专法令,搜抉钩縶之术穷,而狡匿谲诈无所不至",这种"外良中蟹"的表现,才是真正的陋。在这里,王阳明虽然亦说"典章文物,则亦胡可以无讲",但字里行间透露出来的意思,则是在说典章文物败坏风俗,导致虚矫伪饰。

苗、彝的淳朴质素,正是王阳明"良知"之范本,或者说是苗、彝的浑朴淳庞之性情启迪了王阳明的"良知"之说,使他认识到"致良知"的可能性。所谓"良知",就是内在心灵自有的神明;"致良知"就是发掘内在心灵自有的神明。"天下之人,用其私智,以相倾轧",就是因为"良知之学未明",所以要"致良知"。当诸夏之人因典章礼乐之熏陶而渐趋虚矫伪饰时，未经礼制浸润的苗、彝的浑朴淳庞之性情就弥足珍贵。在世人渐失"良知"之时，苗、彝之"良知"正是时代所急需。同时，世人之渐失"良知"，在一定程度上与典章礼制有关，而苗、彝之保有"良知"，恰是因为他们"礼制未备"。这在一定程度上亦使王阳明坚信"心即理"，坚信"圣人之道，吾性自足"，"吾心自足，不假外求"。所以，上引文字透露出王阳明"良知"学说的两项重要内容：

第一，天生的淳庞浑朴之性就是"良知"，就是"心"，就是"理"，就是"真"。它只有善没有恶，更不可名之曰"陋"。它存在于每一个人的心中，即使苗、彝之愚夫愚妇，亦和圣人一样，拥有这淳庞浑朴、清澈神明的"良知"。虽然王阳明亦并未完全放弃礼制典章之教化，但他实际上亦启示了阳明后学激进的自然主义取向。

第二，上文暗示典章法制导致"良知"渐失，导致虚矫伪饰，使王阳明转向内心，提倡"吾性自足""吾心自足"。虽然他未明确否定典章制度，但他实际上亦启发了阳明后学"非圣无法"的激进自由主义取向。这种颇具理想主义色彩的激进自然主义和自由主义，萌芽于龙场，表述于《何陋轩记》，其后渐渐越出王阳明设定的范围，亦越出主流意识和政治秩序允许的边界，对于长期在程朱理学之禁锢下变得几乎麻木不仁的明代中后期士人来说，无疑具有相当的吸引力和诱惑力，因此成为当时社会最具影响力的学术思潮。

王阳明对贵州少数民族淳朴质素性格的赞美，得到张澍的高度评价。他在《续黔书·谒王阳明先生祠记》一文中说：

嗟乎，先生之论，不独洞物情，直示人以朴，令各返其浑穆之天，而狡匿谲诈之不作，庶典章、礼乐、宫室、轩裳可附之以行，不然，是无轩轾之车也。又以夷之崇巫事鬼，渎礼任情，不中不节，期望于来者之移风易俗，是直以天下无不可化之人。以夷之昭质未亏，因其机而利导之，则为功易而为效亦速。[1]

在张澍看来，少数民族的性情或心性之可贵，就在于他"昭质未亏"。王阳明以自身的体验和感受，洞悉少数民族的此种"物情"，而"示人以朴"，并以这种朴质"浑穆"之性，救治世人"狡匿谲诈"之情。

赵翼对贵州少数民族人文习俗之真纯朴素特质，亦有深切感受和高度赞赏。他为诗论诗重"性灵"，一年有余的贵州经历，贵州少数民族那种真纯朴素的自然性情，对于他的"性灵"诗学亦不无感染和启发。像王阳明一样，赵翼对贵州少数族人的性情，亦有一个认识过程，即从最初的轻贱、鄙弃到后来的赞美、喜爱。如关于苗人的性情，他在《苗楼》中说：

> 相传苗性颇狠鸷，不意如此驯且柔。
> 乃知此辈实椎鲁，心无六凿惟天游。
> 顺则供使如犬鹿，拂则反触如羊牛。[2]

在《苗人》中亦说：

> 侏离言不辩，椎鲁意偏真。
> 混沌犹无窍，獉狂略似人。
> 千针缝衲细，百褶制裙新。

---

[1] 罗书勤等点校：《黔书·续黔书·黔记·黔语》，第172页，贵州人民出版社1992年版。

[2] 华夫：《赵翼诗编年全集》，天津古籍出版社1996年版。

莫笑鬼方陋，淳如怀葛氏。

在赵翼看来，苗人的这种性格，表面上看是"狠鸷"，实际上却是"真"和"淳"，是"驯且柔"，是"椎鲁意偏真""淳如怀葛氏"的真性真情，而这正是"性灵派"诗人所追求的理想境界。所以赵翼呼吁"莫笑鬼方陋"，因为他们"淳如怀葛氏"。另外，关于彝人的性情，他在《猓猡》诗中说：

> 通计南陲万余里，族类何止千百呼。
>
> 大都人形物其性，混沌未凿犹顽愚。
>
> 矫捷登山脚不袜，风流跳月唇吹笙。
>
> 衣冠不与人世接，习俗未可礼法拘。
>
> 始知清淑气有限，中土以外界弗逾。
>
> 就中驯鸷虽不一，嗜利好斗性则俱。
>
> 刐牛桀犬传木刻，时或突起操戈殳。
>
> 我无相如喻蜀檄，又无终军弃关繻。
>
> 所至乃与此辈狎，如课七月儿之无。
>
> 得非风气欲开闢，天以易俗烦腐儒。
>
> 腐儒安有经济具？徒恃忠信豚鱼孚。
>
> 人世难保不淄涅，世俗愧无近赤朱。
>
> 不如还他本色好，黔乌浴鹄毋乃迂。[1]

在追求真性、真情的诗人眼里，彝人其性、其情、其俗，皆是与生俱来的真性情。诗人"所至乃与此辈狎"，正是由于他的"性灵"诗学主张与彝人的"本色"情性相吻合。所以，对于腐儒那些移风易

---

[1]　华夫：《赵翼诗编年全集》，天津古籍出版社1996年版。

俗的主张，诗人直言："不如还他本色好，黔乌浴鹄毋乃迁。"

另外，林同济1941年5月途经贵州，写下了《千山万岭我归来》一文，对贵州的山地文明和贵州人的"大山精神"，有一段很值得注意的评说。其云：

> "留得青山在，不怕没柴烧！"我们中国文明，一向是在平原上发展，偏重于利用平原，对"山地"的价值，始终不了解。我们这次经过了一千公里的山地，尽是牛山濯濯，不见一座森林。我心中起过怪感：一个民族，数千年来，对一切崇高的天然遗产——山——不断地摧残、剥削、蔑视，终不会有好报的。山地弄得全部濯濯之日，就是我们民族富力扫地，精神扫地之日！现在局面，已经迫着我们这个"平原为基"的民族，来到"山地"上寻求复兴的柱石。我们必须要认识山地，爱护山地，发挥山地的威力——养林，开矿，牧畜，果艺……换言之，创造"山地文明"以补我们数千年"平原文明"的不足。即进而就民族精神方面说，"平原型"的精神，博大有余，崇高不逮。我们这个平易中庸的民族，所急急需要的，也许正是一股崇高奇险的"山地型"的气魄。[1]

林同济的言论是有感而发。在他看来，中华数千年来的文明是平原文明，其特征是"博大有余，崇高不逮"。而山地文明是一种崇高的文明，拥有"崇高奇险的山地型的气魄"。这种崇高的气魄，就是"山之骨""山之钙"，亦是以坚忍不拔、傲然质直为内涵的"大山性格"。延续数千年的平原文明养成的平易中庸性格的中国人，需要的正是这是山地文明的崇高气魄。因此，忽视山地文明，摧残山地遗产，就是忽视和摧残崇高文明的精神价值。

---

[1] 施康强：《浪迹滇黔桂》，中央编译出版社2001年版。

总之，无论是王阳明以"致良知"为核心内容的心学，还是赵翼以"偏真""淳如"为主要特色的性灵诗学，抑或是林同济提倡的以"崇高奇险的山地型的气魄"为特点的山地文明，其基本内涵就是人类的诗性精神和本真性情。而贵州少数民族的本真性情，及其浓厚的娱乐精神和游戏精神，体现出来的正是一种诗性精神。所以，"他者"中的诗人，对贵州少数民族的赞美，从贵州少数民族文化中获得的精神滋养，就是这种诗性精神。其对贵州少数民族人文习俗的描写，亦就是一种诗性的描写。进一步说，贵州少数民族的本真性情和浑穆性格，激发了"他者"诗人的浪漫情怀和诗性精神。同时，亦因"他者"诗人的描写，这种以诗性精神为特质的贵州地域人文，亦得到发现和彰显。

3."他者"对贵州地域人文的辩护描写

明清时期，以王阳明、丁养浩、田雯、张澍等为代表的一批客籍官员，通过撰文或者搜集、整理贵州地域文史资料，说明贵州地域人文自有其不可磨灭的价值；证明贵州文化渊源有自，不可轻视。如前引王阳明《何陋轩记》，赵翼的系列诗篇，就是为贵州少数民族被矮化、被丑化描写的辩护文字。前引林同济《千山万岭我归来》对贵州山地文明的赞扬，就是为贵州地域文化和山地文明辩护的文字。

"他者"对贵州地域人文的辩护描写，尤其突出其"向化"的一面。如蓝鼎元《贵州全省总论》说：

> 黔省本西南荒徼，入中国版图最后，故以蛮彝目之。然鬼方怀服于殷宗，髳、微听誓于牧野，固已沾三代声教矣。旁批：先为黔寻出个声教来。后王失驭，废为狂獇。庄蹻略地，如同过客。夜郎之知汉大，则自武帝始也。

东汉末，牂柯尹珍，自以生于荒裔，未知文学。旁批：次为黔寻出个文学来。
从汝南许慎受经，还里教授。傅宝、尹贡之徒，并有名德，号"南州人
士"。而周公、仲尼之道，亦渐渐及之矣。后帝建兴间，丞相诸葛亮南征，
蛮酋济火刊山通道，聚粮以应王师。旁批：次为黔寻出个忠义来。功成，
表为罗甸王。是出谷迁乔识汉家，得统之正，贤于邺下、江东昧义而挟
汉贼者远也。旁批：比假，好为黔生气。山川之灵秀将开，惜晋、宋、隋、
唐以下，莫有起而振之。旁批：黔地未兴，由抚黔者不修政教。朝贡时通，
因革时频，亦视为蛮苗罗鬼，偶尔羁縻而已。赵宋中叶姓名贵州，然分
隶楚、蜀而政教无闻。元时稍扩而大。至明永乐间设贵州布政司，始自
为一省。亦未立学，兴教化。宣德中，始命合云南乡试，嘉靖十四年始
开科本省，有成进士，读中秘书者。旁批：黔地稍振。孝义节烈，亦遂
群然以兴，人文风气，骎骎欲上。[1]

蓝鼎元从声教、文学、忠义、政教等方面追溯贵州的人文渊源，目的
就是要突出贵州地域社会的"向化"追求。像蓝鼎元这样通过发掘地
域社会的人文渊源，彰显地域社会的"向化"追求，以体现地域人文
与国家政教的统一性，是"他者"为贵州地域人文辩护的常用路径。

以"风裁峻整"著称的仁和人丁养浩，于弘治九年（1496）巡按
贵州，他"喜吟咏"，因"常与士人酬唱"而深悉贵州文人的创作水平，
故对其被忽略、被轻视的处境深表同情。他在为贵州明代诗人周瑛的
诗文集作序时，发表了一番值得注意的言论：

> 文章与时上下，而又限于地理之不同。故时不能无古今，地不能无
> 远近。游艺之士，生其时，处其地，囿其风气、习俗之不齐，则文章之
> 美恶亦因之，此天下之通论也。惟豪杰之士则不然，虽曰生于今，后于古，

播越于僻陋之域，而其志大，其气昌，其功精以勤，则其文章可以高视一世，与古之人不相上下。是故汉之去古为尚近，唐次之，宋又次之。然其时司马迁、韩、柳、欧、苏之数君子，或产于北，或产于南，已非三代之时之比，而苏氏之所产，又远且后，若以古今人论，宜其沦胥以陷而不能自拔也久矣。数君子者乃能奋发淬厉，追古之豪杰而友之，其文与诗皆可与古之豪杰并。若马迁之文，舍六经，诸子无与为比；韩之文近于马；欧之文师于韩。而柳与苏则视韩、欧在师友间，皆不可以优劣辨。由此言之，谓后世无文章，边鄙无豪杰，可乎？[1]

丁养浩之所以应承为黔人周瑛的诗文集作序，乃是有感于贵州"游艺之士，乃往往狃于风气之偏、习俗之陋，不知儒业为何物，视诗与文忽焉若不与其事"；有感于周瑛本人"非敢以古人自期，直不欲自弃于僻陋之域以与庸众之人等耳"的宏远志向。因为在丁养浩看来，真正的豪杰之士虽然必定生活于特定的时间与空间中，但肯定能够超越时间与空间的限制。所以，即便是"生于今，后于古"，即便是"播越于僻陋之域"，只要"奋发淬厉"，使其"志大""气昌"，再加上"精以勤"之功，是一定能够"高视一世，与古之人不相上下"的。这不仅是对周瑛的赞美，亦是对贵州文人的鼓励，亦符合他"兴学育才，以教化为先"的为政方略。[2] 他对"后世无文章，边鄙无豪杰"的传统主流观念的批评，实际上亦是对学者因地论文之偏见的批判。此非为周瑛个人鸣委屈，实乃为贵州所有豪杰之士被轻视、被忽略之处境伸张。

又如，曾任贵州巡抚的田雯，撰《黔书》二卷，其写作之动机，据徐嘉炎《序》说：

[1] 《黔诗纪略》（点校本）卷二，第63～64页，贵州人民出版社1993年版。
[2] （道光）《贵阳府志》（点校本）卷五十六，第1107页，贵州人民出版社2005年版。

凡黔之草木、山川、人材、土物，皆幸有先生以发其菁华而抒其藻丽。是故椎髻木刻，皆可入王会之图也；踏月吹笙，皆可作名都之赋也；飞云、白水之瀑，可以媲美台、庐也；济火、关索之名，可以核实于纪载也；牡丹之花，并于洛阳；渥洼之产，雄于冀北；以及丹砂、卉革、砆银、雄黄之属，皆艳称而悉数之。使人之视黔，以为名邦，以为乐土，慕而安之，美而赋之。盖不欲使天末一隅，为曹郐之无讥于季札，且将如吴蜀之见赋于左思。先生之于黔，不亦思深而意长乎！[1]

田雯施政，文教为先，以为"黔省穷荒固陋，必崇文治而后可以正人心，变风俗"。[2] 因此，他扩建阳明书院，于州、县增设儒学，定出学额，着力于本土人才的培养。他在《黔士制义》一文中说：

于劝农讲武之暇，进黔士而叩之。见其人多磊落通脱，其文亦蕴藉深沉，如玉在璞，如珠在渊，如马之伏枥，苟无以濯磨而腾踔之，求其清辉发越，追风逸群也，难矣。……今日宣扬圣天子右文德意，以至三苗干羽之格者，正余之责也。自此人才日盛，文章一新，又余之望也。愿黔士无以曹、郐、邾、莒小邦自囿，彼鱼凫、蚕丛之山川，不复睥睨夜郎称雄长可矣。[3]

其良苦之用心，于兹可见。故其在贵州任职期间，搜寻人才，尽心奖掖，着力推扬，如周起渭、周钟瑄、刘子章等贵州文士，皆得其关怀和奖掖，

[1] 田雯：《黔书》卷首，罗书勤等点校《黔书·续黔书·黔记·黔语》，贵州人民出版社 1992 年版。

[2] 田雯：《黔书》卷一"请建学疏"条，罗书勤等点校《黔书·续黔书·黔记·黔语》，第 14 页，贵州人民出版社 1992 年版。

[3] 田雯：《黔书》卷四"黔士制义"条，罗书勤等点校《黔书·续黔书·黔记·黔语》，第 131~133 页，贵州人民出版社 1992 年版。

并在文学上卓有成就。

另外，嘉庆年间甘肃武威人张澍，历任玉屏、遵义等地知县，他仿田雯《黔书》撰《续黔书》八卷，其创作之动机，据其《自序》所说，是有感于域外人士对贵州的轻贱，以为"黔之天则蛮烟棘雨，黔之地则鸟道蚕丛，其人则红佧紫薑，其俗则鸱张鼠伏"，故撰著《续黔书》为贵州辩护。因为在他看来，贵州地区"百余年来，盖浸浸乎济美华风矣。且其镂锅、兜侪、可图王会也；芦笙箭簇，可入国风也；木瓜金筑，沿革可稽也；鳌矶龙洞，幽胜可探也；白水碧云，奇情可咏也；诸葛祸牙之地，李恢鏖战之方，尹珍读书之宅，山图寻药之崖，可题襟而散胸闷也，岂仅倦怀迁谪之李白"。[1]因此，他著《续黔书》，其宗旨就是宣扬和彰显贵州地域文化。其《修文昌宫记》说：

> 黔虽介在荒服，文采风流远逊函夏。然汉时盛览，字长通，牂柯名士，与司马相如为友，作《合组歌》《列锦赋》，知赋家之心。毋敛尹珍，字道真，自以生于逖裔，未践庠序，乃从汝南许慎受五经，师应奉学图纬，通三才，还乡教授，南域由是知学。孝桓时，尹氏以经术选用，历尚书丞、郎、荆州刺史，而应奉为司隶校尉，师生并显。平夷傅宝、夜郎尹贡，亦有明德，历尚书郎、长安令、巴郡太守、彭城相，号南州人士。明代如马氏心庵、陈氏五栗，研钻理窟，克绍关洛之传。而清平孙文恭，思南李少参，笃学超诣，鸿文经世，为时所宗。夫以獉狉之中，卓然崛起，功业文章，流芳汗简，而微言懿旨，复有以启后人之灵府，岂非圣贤，非异人任，而学之可几哉？ [2]

---

[1] 张澍：《续黔书》书首，罗书勤等点校《黔书·续黔书·黔记·黔记》，第137页，贵州人民出版社1992年版。

[2] 罗书勤等点校：《黔书·续黔书·黔记·黔语》，第158～159页，贵州人民出版社1992年版。

"他者"人士能够摆脱地域偏见，以"同情理解"的态度，对贵州地域文化作如此客观之描写和高度的赞赏，实为少见。

总之，对于地域人文的描写，是见仁见智之事。"他者"和"我者"的态度不同，"他者"中不同身份的人的描写亦有差异。所以，"他者"关于贵州地域人文的描写，虽然普遍存在着异类感，有近似的"述异"态度，但是亦明显存在或褒或贬之差异。褒之者誉之为"淳朴真如""本色偏真"，贬之者视之为"犷悍难驯""民贫以鄙"。所以，关于地域人文的"他者"描写，文化相对主义是可取的立场，"各美其美，美人之美，美美与共"是可取的理念，以"同情理解"的态度理解地域社会为自己编织的、对自己有价值的"意义之网"，研究地域社会如何理解、如何想象、如何解释这张"意义之网"，阐释"他们自认为是谁"，他们在日常生活中怎样做人做事，以及为什么要这样做，才可能获得对地域人文大致正确的描写和有意义的阐释。

第五章　向化："我者"对贵州的认识和建构

作为地域空间的贵州形象，虽然是在"他者"与"我者"的合力与张力之互动影响下建构起来的，但其主体还是"我者"。或者说，"我者"在贵州地域形象之建构中，起着决定性的作用。本章讨论"我者"对贵州的认识和对贵州地域形象的建构，着重研究"我者"在"他者"之"述异"描写的压力下，所产生的"去黔"心理和"向化"追求。其"向化"追求，主要表现在"我者"关于贵州地域文献的搜集、整理上，关于贵州地域文统和道统的建构上，即通过对地域文献之搜集、整理和传播，呈现贵州的人文底蕴；通过对贵州地域文统和道统的建构，展现贵州地域文化之渊源流变，从而将贵州地域文化纳入国家文化体系中，展现贵州地域的文化形象，彰显贵州地域的"向化"特征，证实贵州地域文化是国家政教体系的重要组成部分，并在国家视野下重建贵州地域形象。

一、"去黔"与"向化"："我者"关于贵州的认识

历史以来，作为地域空间的贵州，由于自身的地理环境、地域区

位、区域构成、经济条件和文化状态等因素的影响，长期处于被忽略、被轻视和被描写的处境。尤其是在"他者"强势话语描写的影响下，在国人的心目中，贵州地域空间被固化为"殊方异域"，贵州人被固化为异类，贵州的经济文化被固化为贫穷落后的代名词，"三言两语"成为"他者"对贵州的整体印象。在"他者"如此强势话语权力的压力下，"我者"的态度，大体有两种情况：一是因为顶不住"他者"强势话语权力之压力，而产生具有一定普遍性的"去黔"心理；二是顶住"他者"的强势话语暴力，对自身作深刻的反思和省察，通过"向化"追求，证明"我者"是国家政治统一体之一分子和国家文化同一性之一部分，在国家视野下重建贵州地域形象。以下对这两种态度分述之。

1. "我者"的"去黔"心理

历史以来，贵州因山高谷深、无地不坡的地理特征而被轻视，因"不边不内"的地域区位而被忽视。其被轻视和被忽视，不仅表现在"他者"的"畏黔"心理上，亦体现在"我者"的"去黔"心态上。或者说，"我者"是在"他者"之轻视和忽视的情境下，在"他者"描写的话语暴力之压力下，而产生了"去黔"心理。如丘禾实《黔记序》说：

> 今天下开府，置官属之地十有三，而黔最后。黔非特后也，籍黔之入，不足以当中土一大郡，又汉夷错居而夷倍蓰焉。以此宇内往往少黔，其官于黔者，或不欲至，至则意旦夕代去，固无怪其然。乃士生其间，或亦谬自陋，通籍后往往籍其先世故里，视黔若将浼焉。[1]

---

[1] （万历）《黔记》卷首，《中国地方志集成·贵州府县志辑》第 2 册，巴蜀书社等 2006 年版。

陈法《黔论》说：

> 黔处天末，崇山复岭，鸟道羊肠，舟车不通，地狭民贫。无论仕途者视为畏途，即生于黔而仕宦于外者，习见中土之广大繁富，亦多不愿归乡里。

"我者"因贵州身份的被轻视，而产生"去黔"心理。所以，那些生于贵州而仕宦于外省者，"亦谬自陋"，或"不愿归乡里"，或"籍其先世故里，视黔若将浼焉"，有明显的"去黔"心态。如明代杨师孔就是一个典型例子，据钱塘梁同书《跋董子敏书杨师孔墓志铭》说：

> 杨泠然先生善擘窠书，每榜书，辄署"吉州某"，不知为杨龙友文骢父也。父子异籍，阅此卷始了然，此古人所以重碑版文字也。[1]

杨泠然即黔人杨师孔，杨文骢之父，虽然其祖籍是吉州，但已著籍为黔人，而其书法题名却总是题为"吉州某"，即认同祖籍而不认同贵州。这是部分仕宦域外之贵州人的普遍心态。

贵州有"移民省"之称，其地域族群之构成，移民占有相当大的比重，真正的贵州土著只占其中极小的一部分。因此，贵州人大多具有相当明显的移民心态。尤其是在"他者"描写强势话语暴力的影响下，贵州身份给他们带来了强大压力，这种移民心态就更加突出，"去黔"心理就更加明显。法律上的贵州身份与心理上的贵州认同发生矛盾，与"去黔"心理相伴而生的祖籍认同就显得相当地普遍。如定居于安顺一带的屯堡人，他们虽然在贵州生活了数百年，但始终保持自己的

---

[1] 《黔诗纪略》（点校本）卷十一，第462页，贵州人民出版社1993年版。

语言、服饰和文化，始终以屯堡人自居，数百年间念念不忘自己的江苏或安徽祖籍。

贵州人有意掩盖黔籍身份而认同祖籍，非仅是祖先崇拜或者乡土观念的影响，更主要的原因是，长期以来作为地域空间的"贵州"和作为地域族群的"贵州人"，被"他者"轻视，贵州身份被人瞧不起，便逐渐养成贵州人的不自信，因而产生"去黔"心理。晚清四川诗人赵熙在《南望》一诗中说：

> 绝代经巢第一流，乡人往往讳蛮陬。
> 君看缥缈綦江路，万马如龙出贵州。

即使在贵州人才辈出的晚清时期，虽然"万马如龙出贵州"，产生了郑珍这样的"绝代一流"的"西南大儒"，贵州身份的被轻视亦仍然未能改变，所以"乡人往往讳蛮陬"。

亦许，清人江闿是一个例外。江闿，字辰六，本安徽歙县人，流寓贵州，与贵州大姓越氏为近戚，且有学术渊源，故寄姓入闿，于康熙二年（1663）以新贵越氏籍中乡试，召试博学宏词，授益阳知县，故自署"新贵人"。江氏之经历相当于今天的高考移民，但他以"新贵"通籍后，就常以"黔人"自称。柴晓濂《江辰六文集跋》说：

> 先生于黔情最挚，《借图书记》则称"牂柯生"，《滇补叙言》则曰"余黔人也"，他篇著述，亦尝低徊永叹于飞云、凭虚间，其中怀缱卷为如何耶？而叙斯集者，多推本于南中山水以立言，诚深契夫先生之衷曲也。[1]

---

[1] （民国）《贵州通志·艺文志》（点校本）卷十五，第602页，贵州人民出版社1989年版。

陈田《黔诗纪略后编》说：

> 辰六于黔为寓公，余录黔诗，不欲假才异地，然阅黔人集，如杨龙友称吉州，谢含之称虔州，本黔人也而多著其祖籍。《辰六集》自称贵阳，别号牂柯生。且于邓汉仪辑《诗观》，闵麟嗣辑《黄山志》，往往录黔人诗助其表彰。是辰六于黔不薄，余安得执吾初见哉？[1]

"本黔人也而多著其祖籍"，说明贵州人之"去黔"，具有相当的普遍性。而江闿之所以得到柴晓濂、陈田的特别表彰，是因为他虽然"于黔为寓公"，但是很珍视自己的贵州身份，"于黔情最挚"，时时以"黔人"自称，是"于黔不薄"。

概括地说，贵州之被忽略和被轻视，主要有以下几个方面的原因：一是"地处荒徼"。中土人士自以为处天下之中，生活在政治、经济、文化中心，养成自大自尊的心理，故对"地处荒徼"之贵州不屑一顾。二是"疲于险阻"。贵州地理"层峦叠嶂，路不堪车，溪滩陡狭，复阻舟运"，[2] 故无论是游览还是游宦，皆视入黔为畏途，甚至像柳宗元所说的，"播州非人所居"。[3] 这种状况类似于汉朝人对江南的态度，因为"江南卑湿，丈夫早夭"，所以贾谊被贬为长沙王太傅，即有"寿不得长"的感慨。三是"怵于猛暴"。贵州乃少数民族聚居区，少数族人性格刚烈，作风骠悍，因此，在"他者"看来，就是"苗顽难驯"，就是"民贫以鄙"，就是"骠悍成习"，故因"怵于猛暴"而视入黔

---

[1] 陈田：《黔诗纪略后编》卷首，宣统三年陈夔龙京师刻本。

[2] 潘文芮：《黔省开垦足食议》，（道光）《贵阳府志》（点校本）余编卷三，第1647页，贵州人民出版社2005年版。

[3] 韩愈：《柳子厚墓志铭》，《韩昌黎全集》卷三十二《碑志》九，中国书店1991年影印世界书局本。

为畏途。亦正因为作为地域空间的"贵州"、作为地域族群的"贵州"、作为地域文化的"贵州"和作为地域经济的"贵州",皆被"他者"忽略和轻贱,均被"他者"描写为异域或异类。所以在"他者"强势话语暴力之压力下,就养成了贵州人比较普遍的"去黔"心态。

2. "我者"的"向化"追求

在"他者"强势话语暴力之压力下,作为地域空间的"贵州"和作为地域族群之"贵州人",遭遇普遍的忽略和轻贱。于此,贵州人自身亦在进行反省,力图通过自省而提升,通过反思而进步,通过努力而提高,从而摆脱被忽略和被轻贱的地位,是大多数贵州有识之士的普遍追求。对贵州人自身的问题进行深刻反思,最具代表性的,当推陈法的《黔论》。他说:

> 吾以为黔人有五病,而居黔有八便。何谓五病?曰陋,曰隘,曰傲,曰暗,曰呆。闻见不广,陋也;局量褊狭,隘也;任性使气,傲也;不通世务,暗也;不合时宜,呆也。陋者宜文之,隘者宜扩之,傲者宜抑之,暗者宜通之。而惟呆则宜保之,不可易以巧滑也。……若夫呆者,朴实而不知变诈,谨饬而不敢诡随。此黔人之本色天真,之可保守而不失。由其生长溪山穷谷之中,无繁华靡丽之习可以乱其性,故其愿易足;无交游声气之广心滑其智,故其介不移。去四病而呆不可胜用矣。此黔人之宜守其所长而勉其所不足者也。

其实,陈法所谓"黔人"的"五病",皆与贵州山高谷深的地理特征密切相关。"闻见不广",是因为山高谷深而导致交通不便,对外界知之甚少,故曰"陋"。"局量褊狭",是因为"开门见山""无地不坡”而导致视野狭窄，心胸褊狭，故曰“隘”。“不通世务”，亦是因为山高谷深，交通不便，见闻不广，故曰“暗”；“不合时宜”，还是因为久处大山之中养成孤傲性格，不与世事变通，故曰“呆”。如何克服这种地域性性格，摆脱被忽略、被轻贱的地位，重建贵州地域形象，并将贵州地域文化纳入国家文化的统一体和同一性中，是明清以来贵州地域知识精英着力思考的问题。

在大一统中央集权政治背景下，在“普天之下，莫非王土；率土之滨，莫非王臣”的“天下”理念中，地域社会要获得“他者”的认同，首先要获得国家的认同。或者说，必须首先进入国家大一统政治格局中，必须首先纳入国家政教体系中，才能获得“他者”的认同。在传统中国社会，国家认同的基础是文化认同，政治大一统的前提是文化大一统。因此，古代中国尤其注重以文化的统一来促成国家的统一，以文化的推广作为权力推移的背景，以夏变夷，以先进的华族文明改进后进的夷族文明，以共同的文化信仰吸引异族的归附。“远人不服，修文德以来之”，[1] 这是传统中国王道政治的统一策略。所以，通过文化的认同和依附，体现地域社会的“向化”追求，体现地域人文与国家政教的同一性，是地域社会纳入国家政治统一体的主要途径，亦是获得国家认同和“他者”认同的重要路径。因此，在贵州地域形象的建构中，“他者”中的轻贱贵州者，则极力否定贵州地域社会的“向化”特点，特别突出其“异化”特质；“他者”中的同情贵州者，则努力彰显贵州地域社会的“向化”追求。而“我者”则是通过对地域文献之整理和传播，地域学统和文统之建构，建立起地域文化与国家文化之间的关联，将贵州地域文化纳入国家文化的统一体和同一性系统中，使地域和地域文化成为国家和国家文化的一个重要组成部分，

---

[1]　《论语·季氏》。

从而彰显地域文化与国家文化的统一性，呈显地域社会的"向化"追求。

最能体现贵州地方社会和地域文化之"向化"追求的，是贵州古近代文人对主流诗学大传统的追慕与想象，通过建立地域诗学"小传统"与主流诗学"大传统"之间的关联，从而在主流文学大舞台上呈现贵州地域文学的力量和影响。

明清以来，贵州地域知识精英对主流诗学"大传统"的追慕与想象，不仅表现在对"同祖风骚"的文学史观的认同和攀附上，[1]更主要体现在对陶渊明的钦慕和效仿上，对李白、王昌龄和柳宗元等与贵州地域发生过关联的域外著名诗人的追慕和想象上。

作为在中国古典诗学"大传统"中有重要影响的诗人，陶渊明受到唐宋以来历代文人学士的推崇和景仰，并在文人心灵深处积淀成影响深远的"渊明情结"，贵州明清文人亦不例外。考察明清以来贵州诗学发展之历史，追慕和效仿陶渊明，是一个普遍的文学现象。贵州明清文人不仅从诗史或理论上高度推崇陶渊明，更重要的是有为数众多的诗人身体力行，追慕和效仿其人其诗。这种现象的形成，与贵州地理环境有关，与贵州地域人文风尚有关，与贵州士人在贵州地理环境和人文风尚之影响和陶染下，形成的直傲与安闲的性格特征有关。[2]当然，亦与边省贵州诗人对中国古典诗学"大传统"的景仰和攀附有关。

[1] "同祖风骚"的文学史观，发源于汉代，成熟于六朝，盛行于唐代以后，是古代中国人关于文学发生、发展之渊源流变的"经典"理念。因此，汉晋以来的文学创作，无论是中土主流文人，还是边省边缘文人，其对诗学"大传统"的追慕，皆首先表现在对"同祖风骚"文学史观的认同和攀附上。尤其是对边省地域文人来说，为了体现地域文学的"向化"特点，攀附"风骚"诗学"大传统"，是必须的选择。贵州明清文人亦不例外，他们在讨论诗学渊源和创作宗旨时，大体都以《诗》《骚》为准的。（参见拙著《贵州古近代文学理论辑释》，第22~23页，民族出版社2009年版）

[2] 参见拙著《边省地域与文学生产——文学地理学视野下黔中古近代文学生产和传播研究》，上海古籍出版社2016年版。

在中国古典诗学"大传统"中，与贵州地域发生过直接关联，并被贵州士子追慕和想象的重要诗人，首推李白、王昌龄和柳宗元。

李白因永王李璘谋逆案牵连入狱，流放夜郎，于此，史有明证，并无异言。有争议的，是李白流放夜郎的起始时间、行经路线和遇赦时地，特别是关于李白是否抵达流放地——夜郎——的问题，自宋代以来就引起学者的怀疑。如宋人曾巩就认为李白事实上未到夜郎，是在路途中遇赦，便返回江南。郑珍亦认为李白不曾抵达夜郎，[1]他在(道光)《遵义府志》之《古迹志》和《山川志》中，对这个问题，有详细的考证。在《播雅》一书中，他批评那些主张李白抵达夜郎并留居两年的学者说："虽亦怀贤志胜之厚，然诬名流踪迹，求润山川，不稽古者，或得藉为口实也。"客观地讲，从史实依据看，李白未至夜郎说，似乎更有理据。因此，在没有充分依据确证李白的确抵达夜郎的情况下，笔者认为，李白抵达夜郎并留居两年的说法，是地方官员、在地文人和民间社会共同建构起来的。

考诸史籍，自明代以来，在地文人歌咏李白夜郎，代不乏人。如吴中蕃《题怀白亭一首》、黎安理《太白听莺处》、程德楷《嘉庆丙子初夏试播郡毕登谪仙楼作》、钱学彬《戊辰又五月偕卢州太守登谪仙楼作》、顾皋《试遵义罢卢州赵太守招游李太白听莺处晚饮桃源洞》、曾燠《次韵太白白田马上闻莺诗三首》、张鉴《怀白亭》、沈汉《宿夜郎吊李白》、张皇辅《太白碑亭怀古》、程生云《怀白堂》《桃源洞太白亭》、余云焕《夜郎驿吊太白三首》、牟金《谪仙楼新成作歌

---

[1] (道光)《遵义府志》卷三十八《列传六》(点校本)，第1163页，遵义市志编纂委员会办公室整理出版，1986年。按，遵义桐梓、绥阳有附会白居易之古迹白亭、白氏庙者。《绥阳志》有白居易"以王叔文党贬播州司户"的记载。郑珍说："《唐书·白居易传》绝无贬播州事，且香山亦非叔文党，《绥阳志》因子厚贬播，影响牵合，荒谬为甚。"

一首》、张澍《九日怀白亭登高一首》《李白听莺处碑一首》、莫友芝《九日偕相庭登谪仙楼一首》《饮谪仙楼有怀昔游一首》、黎兆勋《谪仙楼束郑子尹莫吕亭两孝廉》《谪仙楼秋晚填百字令词》《谪仙楼感赋填一尊红词》、黎庶焘《暮春十月偕同人游桃源洞登谪仙楼遍历诸胜而归》、傅衡《谪仙楼一首》《谪仙楼三首》《登桃园洞怀白楼一首》、张澍《播州桃源洞太白楼饯别周慎堂用太白马上闻莺韵二首》、李铭诗《桐梓驿读太白碑一首》，等等。正是通过明清两代在地文人的反复歌咏，李白夜郎的文化意义逐渐彰显，并广为人知。而学者亦力求以精审的考证坐实李白确实抵达夜郎，如嘉庆七年（1802）武威人张澍任遵义知县，著《续黔书》八卷，有《李白至夜郎辨》一文，考证李白的确抵达夜郎。黎庶昌有《李白至夜郎考》一文，考证李白到达夜郎。现代学者李独清著《李白流夜郎考》、王燕玉撰《辨李白长流夜郎的时地》、张克撰《李白夜郎》、胡大宇撰《李白与夜郎》，等等，皆多方搜寻材料，举证李白确实到达夜郎，并留居两年之久。

　　贵州地域关于李白夜郎的历史记忆，通过若干诗词作品和名胜古迹具体呈现出来，并由此增加了历史记忆的可信度，尽管我们倾向于认为贵州士子关于李白抵达夜郎的历史记忆，可能是虚假的，纯粹是附会而成的，是地方官员、在地文人和民间社会建构起来的。但是，由于有了具体的名胜遗迹和诗词作品，当地人士对这种历史记忆便逐渐信任，乃至深信不疑。

　　贵州明清士子追慕和想象的诗学"大传统"名家，还有王昌龄。王昌龄贬谪龙标尉，其龙标所属有两说：一说是今贵州锦屏县隆里，一说是今湖南黔阳县。大体上说，湖南人多主黔阳县，贵州人多主锦屏县，可谓各有理据，相持不下。唐莫尧《王昌龄谪贬的龙标应是锦屏考》一文，[1]通过对李白《闻王昌龄左迁龙标遥有此寄》诗中"闻道龙标过五溪"之"过五溪"和"随风直到夜郎西"之"夜郎西"两个地名的考证，证明王昌龄抵达的龙标，确在锦屏而不在黔阳。又对唐宋以来之史志所记录的龙标进行考察，以为王昌龄所至之龙标，是黎平隆里所，即今锦屏县隆里。唐氏之考证，似可凭信，但持不同意见者亦不少。其实，这个问题，就像我们上文讨论的李白是否抵达夜郎的问题一样，很难定论。笔者所关注的，是锦屏人因追慕王昌龄而展开的想象。犹如遵义人因追慕、钦仰李白，而创建若干物化纪念物、编撰若干传说故事和创作大量诗词作品。锦屏人亦建构了许多关于王昌龄的物化纪念物，如龙标祠、状元阁、状元桥、状元墓等等。其中，状元墓之纯属附会，学者已有考证。至少从明代天启年间开始，锦屏人就已修建龙标祠和状元阁以追念王昌龄。应该说，黎平士子对王昌龄的追慕，是对诗学"大传统"的攀附，是对其诗学天才的钦仰。所以，龙起雷《王少伯墓》说："千载诗魂应不怨，诗荒开遍夜郎西。"[2]期待黎平士子效法王昌龄，为地方文教事业做贡献。

与对李白和王昌龄的追慕相近似的，还有遵义人对柳宗元的想象。唐元和年间，柳宗元和刘禹锡分别被贬为柳州刺史和播州刺史，柳宗元以为刘禹锡有老母需供养，不堪远谪至"非人所居"的播州，上书朝廷请求以柳州易播州，正遇唐宪宗改任刘禹锡为连州刺史，故柳宗元仍谪柳州不变。可是，在播州地区却因此而产生了一系列关于柳宗元留居播州的文物遗迹和传说故事。

总之，上述唐代诗人李白、王昌龄、柳宗元是否到过贵州，是很有疑问的，而未到贵州的可能性更大。但是，贵州民间社会关于上

[1]　唐莫尧：《贵州文史论考》，第29～39页，贵州教育出版社2000年版。

[2]　《黔诗纪略》卷十一，点校本，第432页，贵州人民出版社1993年版。

述诗人的传说故事和文物遗迹却照样流传，甚至相当多的文人学者亦想方设法证实他们的确抵达贵州。问题是，如此众多的地方官员、在地文人和民间社会面对这些缺乏充分证据的问题，为什么一定还要坚持坐实李白的确到达夜郎并留居两年呢？为什么还要创建物化纪念物和编撰传说故事，坐实李白、王昌龄和柳宗元确曾留居过贵州呢？其撰写专题考证文章之动机是什么？难道仅仅是为了学术上的求真务实吗？即便是本着求真务实的学术精神开展专题研究，我们亦应当追问他们讨论这个问题的动机是什么？据（民国）《续遵义府志·古迹一》说：

> 按，郑征君之论，谓李白未至夜郎，而张介侯以为曾至，黎莼斋更繁征博引以证明之，究之征君所论，固为考据家所应有，而莼斋用意，则欲动后人之兴趣，相反者适足以相成，故征君虽不信太白曾至夜郎，而怀白诸作何尝不载入《艺文》，亦可见与黎氏有同一之心理也。昔夷、齐首阳，论者各指一处，遂有五家之多；而舜之历山，则三省皆有，亦无妨并行不悖也。[1]

从考据家的角度看，李白可能确实未曾抵达夜郎。可是，值得注意的是，即使是作为考据家的郑珍，虽然从史实之角度，一再否认李白抵达夜郎的说法。但是，在他编撰的《播雅》和（道光）《遵义府志》中，依量大量载录在地文人的"怀白诸作"。

所以，笔者赞同（民国）《续遵义府志·古迹一》的说法，黎庶昌"繁征博引"以证实李白抵达夜郎与郑珍撰（道光）《遵义府志》载录"怀白诸作"，有"同一之心理"，即"欲动后人之兴趣"。所谓"动后

---

[1]　（民国）《续遵义府志》，遵义市红花岗区地方志办公室影印，2000年版。

人之兴趣"，除了有借"名流踪迹"以"润色山川"之目的，还有就是借中国古典诗学"大传统"中前辈名流之名以激发贵州士子尚文重艺之动机。当然，更重要的目的，就是对中国古典诗学"大传统"的攀附，并以此彰显贵州地域文学的"向化"追求。非仅黎庶昌有此意图，其他如宦游黔中的赵遵律、张澍，以及贵州文人李独清、王燕玉等，反复论证李白确实抵达贵州，亦有这样的意图。而一般诗人似乎不大理会史家和学者的这些争论，当他们涉足谪仙楼，注目怀白亭、太白听莺处、太白碑亭，便自然联想到李白，并创作大量感怀李白的诗篇。而民间社会更是附会了若干关于李白的物化纪念物，如在夜郎故县即今桐梓县就有太白坟、太白观月台、太白书院、太白桥；毗邻的绥阳县有太白山、太白镇，还有木瓜镇、木瓜山、木瓜庙（相传李白《望木瓜山》写于此处），正安县有怀白堂，红花岗区有谪仙楼、怀白亭、太白马上听莺处，等等。民间社会附会编撰的关于李白夜郎的传说故事，就更是不在少数。

因此，笔者认为，李白可能的确未曾抵达夜郎，其在夜郎留居两年之说，可能是子虚乌有附会而成，李白到夜郎是地方官员、在地文人和民间社会建构起来的。地方官员、在地文人和民间社会在缺乏充分证据的情况下，不遗余力地建构李白到夜郎，除了有借"名流踪迹"以"润色山川"之目的，还有借诗坛前辈名流以激发黔中士子尚文重艺之动机，以及对中国古典诗学"大传统"的攀附，彰显贵州地域文学的"向化"追求。贵州士子追慕、想象王昌龄和柳宗元之动机，亦是如此。所以，程生云说得对："柳子何尝至播州，只因播土仰高流。"

另外，值得注意的，还有明清时期贵州诗人对诗坛主流风尚的追慕和效仿。明清主流诗坛起伏跌宕的创作风尚，因两千余名客籍文人宦游贵州，而带入贵州大地，影响了贵州明清诗歌的发展方向和整体特征。大体而言，明代中后期以来，诗坛风尚之主要流派的代表人物，大多数涉足过贵州，如"后七子"之吴国伦，"竟陵派"之钟惺，清初宋诗运动的代表人物田雯，"性灵说"的代表人物如赵翼、洪亮吉、吴嵩梁等人，"同光体"的代表人物程恩泽等等，皆入黔为官。或者如主"情真说"之汤显祖，虽然未尝入黔，但他与贵州明代最杰出的诗人谢三秀交谊甚厚，对后者的影响甚深。或者如"神韵说"的代表王士禛，虽然未尝宦游贵州，但他与贵州诗人周起渭有交游，对贵州诗人田榕的影响很深。贵州地域文学与明清诗坛主流风尚的密切关系，具体而言，一是以钟惺为代表的"竟陵派"诗风在晚明贵州的传播和影响，以越其杰为代表；二是清初以田雯为代表的宋诗派在贵州的传播和影响，以周起渭为代表；三是以王士禛为代表的"神韵说"在贵州的传播和影响，以田榕为代表；四是以袁枚为代表的"性灵说"在贵州的传播和影响，以史胜书、戴粟珍为代表；五是以程恩泽为代表的"同光体"在贵州的传播和影响，以郑珍为代表。[1]

引起我们关注的是，在明清时期，随着地域自觉意识的发生和发展，在全国各地产生了很多有影响的地域性诗派。但是，在贵州，虽然亦出现了一批卓有成就的诗人，却没有产生过一个有明显地方特色和重要影响的地域性诗派。造成这种状况的原因是多方面的，其中一个重要原因，就是贵州明清诗人执着于对中国古典诗学"大传统"的追慕，尤其是对当代诗坛主流风尚的效仿，致使其涌现出一批与诗坛主流风尚相呼应的诗人，而不能形成独具特色的地域性诗派。这种现象，充分体现了贵州明清诗人特别突出的"向化"追求和攀附取向。

---

[1] 参见拙著《边省地域与文学生产——文学地理学视野下的黔中古近代文学生产和传播研究》第二章第三节之"明清诗坛主流风尚在黔中地区的传播和影响"，上海古籍出版社 2016 年版。

同时亦说明，在"他者"对贵州地域文化和文学普遍忽略和轻贱的压力下，贵州明清诗人大多缺乏文化自信和地域自信，只能以"向化"诗学"大传统"的姿态求生存，只能以攀附主流诗风的取向求得在诗坛上的影响。

二、"我者"关于贵州地域文献之搜集和整理

1. 文献传承与地域文化形象之建构

在一定程度上可以说，地域形象就是地域文化形象。因此，建构地域形象，其重要工作之一，就是发掘地域文化资源和地域人文传统，建构地域文化形象。地域人文传统的传承，有赖于地域自觉观念和地域认同意识的培育。而培育地域认同意识和地域自觉观念，又有赖于地方人士对地域文化知识的认同、传播和接受。地方文献是地域文化的载体，是地域人文传统的物化形式。因此，建构地域形象，体认地域人文传统，培育地方人士的地域认同、地域自觉和文化自信，搜集、整理和传播地方文献，是其首要工作。

贵州地域人文传统的欠缺和单薄，乃至出现"千年断层"现象；贵州文化一直处于被忽略、被轻视和被描写的地位，主要就是因为贵州地方文献资料长期以来没有能够得到有效的搜集、整理和传承。由于地方文献资料的严重短缺，必然出现人文传统的"千年断层"；地方文献的大量散佚，体认和建构地域人文传统就缺乏必要的支撑，其文化形象就一直处在被忽略、被轻视和被描写的地位。因为缺乏足够的文献资料，所以不能建构起自我的人文传统和塑造出自我的文化形象，缺乏"我者"的自我描写，亦就必然陷入"他者"的描写之中，

其被描写的地位就不可避免。在被描写的过程中，因为对象不能提供足够的文献资料，被描写的真实性、全面性和正确性就大打折扣，被忽略、被歪曲和被轻视就在所难免。

贵州地域文化形象的塑造和地域人文传统的建构，就常常遭遇着上述尴尬局面。所以，明清以来的域内外学者在面对贵州人文历史时，文献不足和典籍难稽，几乎是他们面临的共同难题。如陈尚象《黔记序》说：

> 且黔自我明建藩来不二百余年乎，二祖之所创造，累朝之所覆育，皇祖与皇上之所观文成化，亦既等之雄藩矣，民鼓舞于恬熙，士涵咏于诗书，亦既彬彬，质有其文矣。第游谭之士，尚往往以其意轻之，士大夫闻除目一下，辄厌薄不欲往，此宁独以边徼故？抑或以文献尠少，兴起为难，故虽千载下犹未离于或人之见耳。

古代贵州由于"文献尠少"，其人、其事、其功和其文，皆湮没不传，故"兴起为难"。即便"亦既彬彬，质有其文"，但因文献不足征，中土人士亦"往往以其意轻之"。陈尚象高度评价郭子章《黔记》，以为因有《黔记》，贵州"理学文章，忠孝节义，种种具备，何其盛也！豪杰之士丁时奋树如所称，二三君子褒然名世，何其伟也。又如名公巨卿之所经略，迁客硕儒之所讲明，勋华增天地之光，道德作誉髦之式，抑何造物之有意于黔也"。[1] 文献的搜集和整理于地域文化传承之重要性，于兹可见。事实上，地以人重，人以文传，文献于地域人文传统建构的重要性，丘禾实在《黔记序》中亦有明确的认识，他认为："宇

---

[1] （万历）《黔记》卷首，《中国地方志集成·贵州府县志辑》第 2 册，巴蜀书社等 2006 年版。

内往往少黔，其官于黔者，或不欲至，至则意旦夕代去"，黔籍文人"通籍后，往往籍其先世故里，视黔若将浼焉"，其根本原因就在于其地不重，其人亦受轻视，他说：

> 余居尝每叹之，嗟谓黔不足治乎？是越不章甫而蜀不雅化也；谓黔不足兴乎？是陈良不产于楚而由余不生于戎也。有是哉？第地之重人也以山川，而人之重地也以文献。黔自国朝始为冠带，文献阙焉，地奈何得重？余间考乡先辈，非无崛起于时者，旋就湮没载稽，故府牒及列郡乘，俱散漫磨灭不可读。夫无以表章之，听其湮没，皆黔士大夫之过也。[1]

"人之所重地也以文献"，古代贵州"文献缺焉"，所以"地奈何得重"。贵州"先辈非无崛起于时者"，但无人记录、搜集和整理相关文献，听其湮没，这的确如丘氏所说，是"黔士大夫之过"。这种意见亦见于卫既齐《重修贵州通志序》，其云：

> 贵州风犹近古，务质朴，耻夸诈，虽有硕德懿行，恒隐而不扬，加以数罹兵燹，文献散落，耳目睹记，势难广远。[2]

汪士铎《黔诗纪略序》亦说：

> 黔之为省，夜郎、句町之前其世不可考；后此为牂牁、兴古；又后此为牂牁、夷、盘、费、思、裴诸州，又后此为罗施鬼、大万谷落；又

---

[1] （万历）《黔记》卷首，《中国地方志集成·贵州府县志辑》第 2 册，巴蜀书社等 2006 年版。

[2] （康熙）《贵州通志》卷首，《中国地方志集成·省志辑·贵州》，凤凰出版社2010 年版。

后此为府、州、县如内地，此世之相积也。然必有网罗放失者，为记纂山川物产之瑰丽、人士风谣之讴思喟于，而后前人之心思始赖以不朽。使数十百年间，曾无一为之经纪者，则前哲呕心刿肝之所寄，亦湮灭于箐林蛮荒之墟，不重可为太息哉！……尹道真北学于许君，其邑里必有能以文学自见者，顾绵二千年无以艺鸣者，虽承学之士愍，毋亦搜辑而表章之者无其人与。[1]

莫友芝在为郑珍《播雅》作序时，亦感慨文献荟萃于地方文化传承之重要性，他说：

吾独惜尹、盛之后，杨氏兴文之时，独无一人荟萃当时人物文字以为兹集先河，则使太白能来，子厚果易，而复有造就，亦将与《桃溪内外》同泯泯于顽酋积燹中也。后之览者，能勿郑重于斯编。[2]

汪士铎和莫友芝的推测是有理据的，贵州"尹、盛之后"，"必有能以文学自见者"，但因"搜辑而表章之者无其人"，故其人其事其文皆湮没不传，贵州地域人文传统亦因此而呈现出"千年断层"现象。

2. "我者"关于贵州地方文献的搜集和整理

由于文献短缺而造成的地域文化断层，以及地域文化形象被歪曲和被轻视的现状，明清以来的贵州士子为重建地域人文传统，重塑贵州文化形象，便积极开展地方文献的搜集、整理和刊刻工作，其中重点开展贵州诗文的搜集整理和地方史志的编撰工作，有重要贡献者，

[1] （民国）《贵州通志·艺文志》（点校本）卷十八，第 859 页，贵州人民出版社 1989 年版。《黔诗纪略》卷首无此序。

[2] 黄万机等点校：《郑珍全集》七《播雅》卷首，上海古籍出版社 2012 年版。

当推傅玉书、郑珍、莫友芝、黎庶昌、陈夔龙、朱启钤、任可澄等人。

据现存文献考察，贵州士子最早穷心尽力地搜集、整理和刊刻贵州先贤诗文作品，首推傅玉书和傅汝怀父子。傅氏父子辑有《黔风录》一书，是书分《黔风旧闻录》和《黔风鸣盛录》两部分，前者是贵州明代诗歌选集，后者是贵州清代乾嘉前诗歌选集。此书之编撰，穷尽傅氏父子一生之心力。据傅玉书《黔风录序》说，他因承继家学而留意贵州先贤诗文，有感于先贤诗文的大量散佚，"因与唐汉芝订搜罗之约，垂十余年，事未就而汉芝卒于晋"，后傅氏于"乙丑寓砚贵阳"，与诸生协力采访，"所得才三十余人"，深感自己"闻见未周，足迹不到"，于是请求贵州学政钱学彬于"巡视各郡时，晓彼都群彦为留意焉，于是又得百余家"。傅氏于所采之诗"昕夕编摩，如相晤语"，在詹事府庶子法式善、贵州巡抚福庆、贵州布政使陈预、贵州按察使翁元圻、提学道狄梦松等人的鼓励和帮助下，采纳翁元圻提出的"以人存诗，以诗存人"的编撰建议，于嘉庆庚午年（1810）秋天编纂完成。之后，其子傅汝怀还作了后期的修订，并积极筹备该书的刊刻工作。[1]据傅汝怀《黔风录后序》说："窃念先子积平生心力，始成前两集，怀从事于《黔风演》者又三十年，中间颇遇名公卿，往往陈之，而事迄弗就。"编录工作耗费傅氏父子两代人的心力，而刊刻之事又长久没有着落。道光辛丑年（1841）秋天，贵阳好友于君斌（甘肃张掖县知县）之子于成功数次写信邀请傅汝怀整理《黔风》，表示愿意出资刊布。于是，傅汝怀应约赴其家，"次第编校成先君所辑前明人诗曰《黔风旧闻录》，为卷六；国朝人诗曰《鸣盛录》，为卷十八；怀手辑者为卷十二，总三十六卷"。在于成功的资助下，于癸卯年（1843）夏

---

[1] （民国）《贵州通志·艺文志》（点校本）卷十八，第 846 ～ 847 页，贵州人民出版社 1989 年版。

天刊成二十一卷，后因故中止刊刻。据傅汝怀说，可能是"有慕者闲于其间"。无奈之下，傅汝怀于甲辰年（1844）仲春就任大定府万松书院讲席，得太守黄惺斋资助，补刊前两集（即《旧闻录》《鸣盛录》）所遗之三卷。[1] 至此，傅玉书编录、傅汝怀校补的《黔风录》二十四卷，[2] 全部刊刻完成；而傅汝怀为续《黔风录》而积三十年之功编就的《黔风演》四卷，则未能刊刻。

傅氏父子穷心尽力首次辑录贵州先贤诗歌，对保存贵州明清诗歌文献做出了重要贡献，在贵州古代诗歌史上有重要影响。胡枚《黔风录序》说：

> 盖自前明迄今，数百年之人才赖君以传者不少。……君以敬恭桑梓之心，为表章人物之举，爰辑《黔风旧闻录》若干卷、《鸣盛录》若干卷，诗系以人，人系以事，灿然大备，斐然可观，然后知天之钟秀于是，固不限于退斋也。……俾山林侠老，断简残篇，不至湮没于荒墟遗壤、蛮烟瘴雨之间，其用意良厚，用心良苦，而其为功于前人也大而远，为惠于后学也深且至矣。[3]

具体而言，傅氏父子搜集整理贵州文献的主要贡献有三：其一，首次辑录贵州地域诗歌，为晚近的《黔诗纪略》和《黔诗纪略后编》的编纂保存资料。其二，其"诗系以人、人系以事"的编撰体例，是为了"以人存诗""以诗存人"，这为贵州地域文学文献的搜集和整

---

[1] （民国）《贵州通志·艺文志》（点校本）卷十八，第849页，贵州人民出版社1989年版。

[2] 《黔诗纪略后编》著录为十二卷，可能傅玉书原为十二卷，汝怀补定为二十四卷。

[3] （民国）《贵州通志·艺文志》（点校本）卷十八，第847～848页，贵州人民出版社1989年版。

理树立了一个典范，之后的《播雅》《黔诗纪略》《黔诗纪略后编》皆仿此体例。其三，启迪贵州后学通过搜集、整理、刊刻等方式传承地方文献，以重建贵州地域人文传统和重塑贵州地域文化形象，对培育贵州士子的地域认同意识和地域自觉观念，有重要贡献。

承傅氏父子之后，搜集整理贵州地域文学文献的又一功臣是郑珍。郑珍编纂《播雅》二十四卷，其书原名《遵义诗钞》，是贵州人文渊薮遵义地区的诗歌选集。遵义古称播州，故此书后改名为《播雅》。据郑珍《播雅引》说："余束发来，喜从人问郡中文献，得遗作辄录之。久乃粗分卷帙，名曰《遵义诗钞》，弆箧衍有年矣。屡欲整比锓行之，无资且不暇。"后得乡贤唐子方资助，始整理刊行，"计自明万历辛丑改流，至今二百五十二年间，凡得二百二十人，诗二千三十八首，次为二十四卷"。[1] 另有赵旭、赵彝凭父子辑录的《桐梓耆旧诗钞》（前后集），是遵义桐梓一县之诗歌选集。据赵彝凭《自序》称：是书前集乃其父所辑，凡四十二人，诗二百六首；后集由其辑录"先子之后与前未见者"，凡四十二人，十六首（有误）。[2] 还有黎兆勋辑录的《上里诗系》三卷，为黎平一地的诗歌选集。据黎兆勋《自序》称，此书由黎平人胡长新辑录，黎氏"征实辨伪"。[3] 有周鹤选辑的《黔南六家诗选》四卷，据周鹤《自序》说，这是一部同乡同仁诗歌选集，六家包括杨文照、袁思韠、颜嗣徽、钱衡、洪杰、陶塝六人，此六位诗人"同生长筑邑，旧日皆系姻娅友朋，早有唱和赠答之雅，复次第

---

[1]　黄万机等点校：《郑珍全集》七《播雅》卷首，上海古籍出版社 2012 年版。

[2]　（民国）《贵州通志·艺文志》（点校本）卷十八，第 862 页，贵州人民出版社 1989 年版。

[3]　（民国）《贵州通志·艺文志》（点校本）卷十八，第 861 页，贵州人民出版社 1989 年版。

联镳而接轸，大半盍簪于桂管”。[1] 此外，还有徐婓编辑的《黔诗萃》三十一卷、《黔南十三家诗》，毛登峰辑录的《黔诗备采》十卷，等等。

贵州地域文学文献之搜集整理，成就最大者，当数莫友芝的《黔诗纪略》和陈田的《黔诗纪略后编》。《黔诗纪略》是贵州明代诗歌选集，共收录贵州诗人二百四十一人的诗歌作品二千四百零六篇，另有方外诗人作品六十八篇，无名氏作品二十四篇，总计二千四百九十八篇。其实，以现存贵州明代诗人作品看，除孙应鳌、吴中蕃、杨龙友等数人的作品尚未全部录入外，其他二百三十余位诗人的现存作品，基本上全部收录其中。因此，它对于传承贵州明代诗歌文献，具有特别重要的意义。它采取的“以人存诗”“以诗存人”的编纂方法，保存了明代贵州地域的大量史料，对于研究贵州明代社会生活的各个层面，均有很重要的文献价值。其书之编纂，历尽坎坷曲折，据莫绳孙《黔诗纪略卷首题记》说：

> 咸丰癸丑，遵义唐威恪公欲采黔人诗歌荟萃成编，以国朝人属之黎先生伯容，因乱，稿尽亡失。先君（莫友芝）任辑明代，旧所征录既多，而黔西潘君文苪及先君门人胡君长新益相助采拾。[2]

是知此书由唐树义倡议编纂，经唐树义、黎兆勋、莫友芝三人拟定采录体例，黎兆勋负责采诗工作，莫友芝的好友潘文苪、学生胡长新协助采录，莫友芝负责部分采诗工作和全部传证工作。全书之编纂和传证，莫友芝的功劳最大。据莫绳孙说：“先君子尝病黔中文献散佚，欲私成一书以纪之，逮于逸篇断碣，土酋世谱，有足征文考献者，罔

[1]　（民国）《贵州通志·艺文志》（点校本）卷十八，第863页，贵州人民出版社1989年版。

[2]　《黔诗纪略》（点校本）卷首，贵州人民出版社1993年版。

不穷力蒐访，几于大备。"其编撰之体例和动机，与傅玉书辑录《黔风录》一样，采用"以人存诗，以诗存人"之体例，以便保存贵州文献，并以《黔风录》和《播雅》为基础展开搜录工作，其成书之过程亦可谓历尽艰辛，费尽心思。据莫绳孙《题记》说：莫友芝采录贵州明代诗歌，于咸丰甲寅（1854）夏得二百一十六位诗人的诗歌二千余篇，因同年秋天发生的杨龙喜起义，原稿亡失三册。乙卯年（1855）又"旁蒐补缀略具"。戊午年（1858）冬天携稿入京，"随所见增录"，在京城两年，又增补了十余位诗人的作品。辛酉年（1861）春天携稿至湖北，因当地战乱而担心亡失，便将书稿寄回贵州保存。同治庚午年（1870）春天莫友芝到达南京，其弟莫庭芝又将书稿由家乡寄至南京，莫友芝再加审定，"始合京都及近年所益共廿有六人补入"。次年，唐树义之子唐炯"助资促刊"，莫友芝审定第三至第二十一卷，未完成全书审定工作而遽归道山。莫绳孙除邀请汪梅岑补撰何腾蛟部分外，其余均按莫友芝生前审定稿和未及审定之原稿，于同治十二年（1873）仲夏刊印于南京。莫氏父子和唐氏父子为搜集、整理和刊印贵州明代诗歌文献所付出的艰辛努力，于此可见。这亦体现了他们为传承贵州文献，建构贵州地域人文传统的良苦用心。

《黔诗纪略后编》是贵州清代诗歌选集，大部分贵州清代诗人的诗作赖此书以传世，故其对于传承清代贵州地方文献和建构贵州地域人文传统，与《黔诗纪略》有同等意义。其书仿《黔诗纪略》体例，由莫芷升和黎受生采诗，由陈田传证。据陈田《黔诗纪略后编自序》说：

搜辑国朝黔诗，自傅竹庄父子始，厥后一辑于黎伯容，再辑于莫芷升、黎受生，中间又有铜仁徐蔗塘。余丙戌请急归，芷升以此事相属，始克竣事。他如郑子尹之《播雅》，胡子何之《上里诗系》，赵知山之《桐故》，赵石知《桐梓耆旧诗》，其采辑一郡一邑者，又不在此数。合十数人之力，阅时百年，荜路蓝缕，傅氏为劳，而黎氏、莫氏搜采之勤，闻见之博，子尹、子偲二先生亦与有力焉。余才荒陋，获与兹役，又得小石制府慨捐千金，始克播之海内，二百数十年黔人之诗，乃蔚然斐然、铿锵鼓舞而出诸荒山古箐中，亦快事也。[1]

一部集大成性质的贵州清代诗歌选集，"阅时百年"，集数十位贵州著名学人的心力与智慧，并得黔人陈夔龙"慨捐千金"，始得刊刻面世。贵州士人传承乡邦文献之积极努力和良苦用心，于此书之编纂过程中昭昭可见。

关注、支持并亲自主持贵州地方文献之搜集和整理，成绩显赫和功劳卓著者，还有晚清的朱启钤。朱启钤于同治十一年（1872）生于河南信阳，父亲朱庆塘，母亲傅梦琼，外祖父傅寿彤是贵筑人，夫人于宝珊是其表叔贵阳人于德懋之女。朱启钤三岁丧父，在外家长大，由母亲抚育成人。后辗转于南阳、开封、长沙等地，一生未到过贵州。但是，他始终关心桑梓，有浓厚的乡土情结，对贵州地方文献之搜集、整理和刊刻，做出了重要贡献。他搜集整理傅寿彤《澹勤室诗》、杨文照《芋香馆诗》，并出资刊印。还编撰《开州志补辑》《紫江朱氏家乘》等等。他关注贵州地方文献，从早期整理亲旧文集，到后期竭尽全力全面搜集整理贵州地方文献。经过多方搜集，获得贵州古近代地方文献约四百余种，其中不乏像《黔风鸣盛录》《语嵩语录》这样的珍稀稿本，还编著《存素堂入藏图书黔籍之部目录》，分黔人著述和黔省地方史料两类，共四百余种，还将目录通过叶景葵转交顾廷龙保存，1949 年 10 月顾廷龙刊印百本面世。中华人民共和国成立后，

---

[1]　《黔诗纪略后编》卷首，宣统三年陈夔龙京师刻本。

朱启钤经王世襄协助，于1953年秋将自己所藏"贵州文献及普通图籍"捐献给北京图书馆，后又写信给文化部图博文物局局长王治秋，建议将此批捐献图书中的贵州部分拨给贵州，得到同意并实施。朱启钤还编辑《黔南丛书别集》十三种，还有陆续刊印贵州系列文献的计划。汇集明清两代游宦贵州士子的诗文，共一百五十二家，著成《黔南游宦诗文征》一书。特别值得一提的，是他编著的《贵州碑传集》一书，大约有二十余册，或云四十余册，晚年决定将此书交给贵州，由田君亮取回交省府秘书处，后下落不明。[1]

搜集整理贵州地方文献成绩显著，且有相当理论自觉意识者，当推民国贵州学者任可澄。任可澄（1878—1946），字志清，号匏叟，安顺人，受学于严修创办的经世学堂，曾任大汉贵州军政府枢密院副院长、云南省长、曹锟政府教育总长。晚年主持贵州方志局，从事方志编撰和地方文献的整理工作。在文献的搜集和整理上，他有相当明显的理论自觉意识。他在《贵州文献季刊》之《创刊词》中指出："文献者，一国家民族精神之所共寄，有之则虽亡而若存，无之则虽存而如毁。"认为历史文献是传承民族精神和凝聚国民认同的重要支撑，世界几大文明古国"虽亡而若存"，就是有赖于"文献之仅存"。贵州社会自有丰富的历史文献资源，但是，"何以天荒而人亦废，下则为溪蛮之丛笑，上亦不过益部之谈资"，就是因为贵州地方文献长期以来无人作系统之搜集和整理，而或淹没，或失传。"黔故者，有同凿空，或等锄荒"，认为这是"吾辈黔人所当以为盛耻"者，鼓励黔人当"发愤以求雪"。[2] 这种文献自觉意识，虽然发表于

---

[1] 刘宗汉：《朱启钤先生的贵州情结》；杨祖恺：《朱启钤对我国古建文化及贵州历史文献的贡献》，见启功主编《冉冉流芳惊绝代——朱启钤学术讨论会文集》，贵州人民出版社2005年版。

[2] 《贵州文献季刊》创刊号，贵阳文通书局1938年版。

1938 年的《贵州文献季刊》的"创刊号"上，但早在 1919 年他就倡议设立贵州方志局，主持《贵州通志》编撰工作，亲自撰写《前事志》。《前事志》篇幅宏大，上起殷商，下迄辛亥，实为一部简明贵州古代通史。在主持编撰《通志》的过程中，他深感贵州"文献綦难"，认为"《通志》仅关于历史一部分，而非文化之全体"，于是又倡议"创刻《黔南丛书》，附属志局"，"凡黔人之著作，及他省名人有关吾黔之纪载，皆收辑付刊"。[1]《黔南丛书》的编纂和刊刻，为传承贵州地域文献做出了重要贡献，后来朱启钤在此基础上又编印《黔南丛书别集》十三种，这套书是当代研究贵州古近代地域文化最重要的文献之一。1936 年任可澄又倡议成立贵州文献征辑馆，"专任本省文献之征采编审及刊印《丛书》事项"，[2] 刊行《贵州文献季刊》，"专以纪述贵州文献为宗旨"，"使本馆征采所获之乡贤著述，得以传布。且关于黔故之纪载，黔乘之考订，黔贤之表彰，藉以省内外人士，共同商讨"。[3] 总之，在任可澄的主持下，创立贵州通志馆和贵州文献征辑馆，编撰《贵州通志》，刊印《黔南丛书》，发行《贵州文献季刊》，在文献理论自觉意识之指导下，系统地、大规模地开展贵州地方文献之搜集与整理，这在贵州历史上是第一次，亦是对贵州地域文化研究影响最深远的一次。

为重塑贵州地域文化形象，建构贵州地域人文传统，明清以来的贵州文人不遗余力地开展贵州地方文献的搜集整理和传承保护工作，可谓是有力出力、有才出才、有钱出钱。无论身在何处，贵州士子总是时时关注着贵州地方文献的搜集和整理。如莫友芝赴京应礼部试，

---

[1]　《贵州文献季刊》创刊号《馆务撮要五》，贵阳文通书局 1938 年版。

[2]　《贵州文献季刊》创刊号《馆务撮要一》，贵阳文通书局 1938 年版。

[3]　《贵州文献季刊》创刊号《馆务撮要十》，贵阳文通书局 1938 年版。

于琉璃厂发现在贵州很难找到的陈法《易笺》一书,将其购回贵州。[1]
莫友芝和郑珍多年来联合搜求谢三秀诗,并编定《雪鸿堂诗蒐逸》三
卷。[2]莫友芝穷心尽力搜集整理周起渭诗集,编成《桐埜诗集》。[3]黎
庶昌和陈矩出使日本,于日本友人中村正直博士处搜求到"莫郘亭征
君求之数十年而未获"的孙应鳌《督学文集》。[4]此外,唐树义、唐
炯父子策划并出资刊印《黔诗纪略》和《播雅》,陈夔龙出资刊印《含
光石室诗钞》《桐埜诗集》和《黔诗纪略后编》等乡邦文献,对贵州
地方文献的传承做出了重要贡献。

传承地方文化,建构地域人文传统,培育地域认同观念,还有一
个重要举措,就是编撰地方志。前述对贵州地方文献之搜集整理有重
要贡献者,亦特别重视地方志的编撰。如首次搜集整理贵州诗歌文献
的傅玉书,就著有《桑梓述闻》一书,这是贵州历史上第一部私家方志。
郑珍和莫友芝主撰的(道光)《遵义府志》,被梁启超《近三百年中
国学术史》称为"天下第一府志"。(道光)《贵阳府志》、(道光)
《遵义府志》、(道光)《大定府志》、(咸丰)《兴义府志》、(咸丰)
《安顺府志》被方志学者列为清代名志,以为"斐然可列著作之林"。
而民国时期任可澄主修的《贵州通志》,耗时三十年,共一百一十卷,
十九分志,凡七百五十余万字,规模浩大,内容繁富,是民国时期修
撰的全国省志中的佼佼者。

---

[1] 莫友芝:《宋元旧本书经眼录》,(民国)《贵州通志·艺文志》(点校本)卷一,
第7页,贵州人民出版社1989年版。

[2] 莫友芝:《雪鸿堂诗集序》,(民国)《贵州通志·艺文志》(点校本)卷
十四,第567页,贵州人民出版社1989年版。

[3] 莫友芝:《桐埜诗集序》,(民国)《贵州通志·艺文志》(点校本)卷十五,
第618页,贵州人民出版社1989年版。

[4] 陈矩:《淮海易谈序》,(民国)《贵州通志·艺文志》(点校本)卷一,第4页,
贵州人民出版社1989年版。

从总体上看，在西南三省中，贵州的开发较晚，其经济和文化皆远远落后于四川，历代中央政府对贵州的开发热情和重视程度，亦远不如云南。可是，据统计，明清两代贵州地方志编撰的数量却超过了四川和云南。据张新民《贵州地方志举要》统计，明代贵州编著的方志有七十四部，远远多于同时期的云南和四川。[1] 据李硕《云南地方志考》统计，明代云南编撰的地方志共六十四部，其中省志九部，府州县志五十五部。同一时期四川的地方志仅有三十四部，其中通志四部，府州县志三十部。[2] 清代四川除康熙、雍正和嘉庆三次修省志外，以后百多年一直不见新的省志刊行。[3] 贵州古近代文人热衷于方志的编撰，方志在贵州古近代文化史上占有特别重要的地位。黎铎以为："贵州历代的诗歌、方志和禅学论著，是贵州文化的三大物质形态，在贵州文化中具有独特的地位和深远的影响，因而成为贵州文化的三大主流。"[4] 将方志列为贵州古近代文化的三大主要内容，这个论断是符合客观实际的。

经济和文化相对落后的贵州地区，无论是文人学士还是地方政府，皆积极开展地方文献的搜集和整理，尤其热心于地方志的编撰工作。开展地方文献的搜集和整理，是为传承地域历史文化，建构地域人文传统，培育地域认同观念。那末，热心编撰地方志的动机又是什么呢？方志学者将地方志的功能概括为存史、资治和教育三个方面，地方志是资料性著述，以传承地方性知识为主要职能，通过传承地方性知识

---

[1] 蓝勇：《西南历史文化地理》，第 171 页，西南师范大学出版社 1997 年版。另，据刘仲勉、张新民、卢光勋《贵州地方志存佚目录》统计，贵州自宋至民国共有方志 386 种，其中宋元 9 种，明代 79 种，清代 197 种，民国 101 种。

[2] 蓝勇：《西南历史文化地理》，第 167 页，西南师范大学出版社 1997 年版。

[3] 蓝勇：《西南历史文化地理》，第 162 页，西南师范大学出版社 1997 年版。

[4] 黎铎：《贵州文化三大主流：诗志禅》，《贵州文史丛刊》1998 年第 4 期。

以实现资政和教育的社会职能。所以，编撰地方志的直接动机就是传承地方性知识。贵州明清学者热衷于编撰地方志，其目的就是通过编撰地方志以传承地方性知识，建构地域人文传统，重塑地域文化形象和培育地域认同观念。与同处西南地区的四川和云南相比，贵州的地域人文传统是单薄的，贵州的地域文化形象长期以来一直处于被忽略、被轻视和被描写的地位，贵州人的地域认同意识亦远不如四川、云南那样强烈。因此，贵州明清文人感受到来自域外的文化压力就要大得多，要求构建传统、重塑形象、培育认同的愿望亦就要强烈得多。所以，他们不仅积极开展地方文献的搜集整理，而且还不遗余力地进行地方志的编撰工作，其目的就是为了建构地域人文传统。

三、"我者"关于贵州地域人文传统之建构

1. 地域人文传统与地域文化形象之建构

希尔斯说："传统依靠自身是不能自我再生和自我完善的，只有活着的、求知的和有欲求的人类才能创立、重新制定和更改传统。"[1] 传统作为一种精神、理念或文化，缺乏"自我再生"和"自我完善"的能力，离开了"有欲求的人类"，它可能会自生自灭。比如，三星堆遗址和金沙遗址的发掘，证明四川盆地早在殷商时期就有了足以与中原媲美甚至超过中原的文化存在，但是，这个文化因为种种原因缺乏"有欲求的人类"去传承、体认和建构，所以便消失了。因此，笔者认为，传统是"有欲求的人类"的传统，传统需要"活着的、求知的"

---

[1]　（美）爱德华·希尔斯：《论传统》，第19页，傅铿、吕乐译，上海人民出版社1991年版。

人类去传承和体认，才可能有绵延不断的生命力。同时，传统又是人类在传承和体认中建构起来的，是"有欲求的人类"按照自己的需要，根据自己的精神和理想"重新制定和更改传统"。所以，传统是客观的，同时亦是主观的，人类体认和建构传统的过程，就是一个将传统由客观改造为主观的过程。另外，传统一旦在人类的体认中建构起来，无论它是主观的，还是客观的，都会在该传统所笼罩的人群中代代相传，并且不断地得到体认，持续地得到建构，乃至形成一种集体无意识，作为一种惯性力量，影响和制约人们的生活、思想和行为。

宋元以来，随着地域自觉意识的逐渐觉醒，特别是在明清时期，文化的地域性差异特别显著以后，建构地域人文传统便成为地域知识精英特别热衷的一项工作。地域人文传统的建构，往往是通过梳理地域社会历史之演变、学术文化之源流和精神理念之传承，营建地域人文精神氛围，强化地域文化传统的传承，增强地域人士的文化自信心和地方自豪感。

明末清初以来，贵州文人积极体认和建构贵州地域人文传统，其行动之背后体现出来的就是传承地域文化精神的强烈愿望，以及由此而产生的自豪感和荣誉感。所以，贵州明清文人关于地域人文传统的体认和建构，实际上是受着一种强烈的文化传世意识和重建贵州文化形象的观念所支配。

综观贵州明清以来的地方史乘和其他文献材料，可以发现：贵州明清文人在讨论地域学术思想和文学创作时，总是秉持着一种追本溯源的方法，力求再现贵州古代学术思想和文学创作的来龙去脉，为当下的学术研究寻源头，以求建立起一脉相承的学统；为当下的文学创作寻根源，以求建立起渊源有自的文统。无论是学统的建立，还是文统的追寻，其最终目的，就是为了体认和建构贵州地域人文传统，为当下的学术研究和文学创作提供一个精神上的源头和文化生态上的背景，从而增强文化自信心，激发地域凝聚力，重建贵州文化形象。

人文传统以及以之为基础构成的文化生态，对当下文化建设的影响至关重要。是在一片文化荒漠上开展文化建设，还是在有悠久人文传统之背景上开展文化建设，其建设者的心态和建设效果，是完全不一样的。乡邦文化的渊源有自和深厚底蕴，能为当下的文化建设者提供一种自信心和原动力，进而影响当下文化建设的方向。所以，贵州明清文人热衷于体认和建构地域人文传统，从内在需求上看，就是为了给当下的贵州地域文化建设提供自信心、原动力和方向感。其次，如前所述，古代贵州文化长期以来一直处于被忽略、被轻视和被描写的地位。长期处于被忽略和被轻视的地位，给贵州文人造成了一种巨大的心理压力，进而形成一种自卑感，乃至发展成一种具有普遍性的"去黔"心态。长期处于被描写的地位，使贵州文化经常处于被误解和被歪曲的处境。所以，明清以来的贵州文人积极主动地体认和建构贵州地域人文传统，实际上就是力求改被动描写为主动描写，变他者描写为自我描写，力图还贵州文化以本来面目，张扬贵州文化遗产和文化精神，重建贵州文化形象，进而改变长期以来倍感压抑的被轻视和被忽略的地位。贵州明清文人就是在这种内在需求和外在压力之双重因素的影响下，展开贵州地域人文传统的建构工作。

2. "我者"关于贵州地域学统之建构

相对于其他地域文化而言，贵州地域文化之"向化"发展和特色彰显，是比较晚的。促使其文化"向化"发展和特色呈现的一个重要契机，是明永乐十一年（1413）贵州建省这一重大历史事件。虽然政治事件与文化建设并无直接决定关系，但是，不可否认的是，随着贵州作为全国第十三个行省的身份，以一个独立的行政建制，成为国家政治体系一分子，成为全国大家庭中的一员，对当地文化的发展和特色的呈现，的确产生过重要的推动作用。

首先，建省以后实行的流官治黔制度，导致贵州人才的引进、文化的交流和开放，直接促进了贵州文化、学术、思想和文学的发展。其次，建省以后，学校的推广，书院的建立，科举乡闱的设置，教育的发展，人才的培养，为贵州地域文化的发展，起着特别重要的推动作用。其三，贵州建省，是"割楚、粤、川、滇之剩地"组合而成，即把原属湖南、广西、四川、云南的部分地区划出归并到贵州省行政区域中。虽然这种地理区域特征导致贵州文化长期以来以一种"拼合"的文化姿态呈现，体现出"五方杂处"的特点。但是，这依然是一个重要契机，政治上的强制措施将不同地域文化拼合在一起，正为日后地域文化特色的逐渐呈现打下了基础，虽然这种特色的呈现要经历相当长一段时期经过若干代人的努力才能逐渐呈现。基于上述三项原因，贵州地域文化的发展和文化特色的逐渐呈现，确是从明永乐年间开始的。

所以，学者体认和建构贵州地域人文传统，大体皆以明永乐建省为一个重要的分界点。如杨慎《嘉靖贵州通志序》说：

> 贵州为邦，在古为荒服，入圣代始建官立学，驱鳞介而衣裳之，伐叛乱而郡县之，划寨落而卫守之，百七十年来，骎骎乎齐美华风。而嘉靖中又特开科增额，人士争自磨砺，以笃佑文化，翼赞皇猷，与为多焉。[1]

---

[1] （嘉靖）《贵州通志》卷首，《中国地方志集成·贵州府县志辑》第1册，巴蜀书社等2006年版。

莫与俦《贵州置省以来建学记》说：

> 学校之兴，人才所系。贵州自明永乐十一年二月始割隶四川之贵州宣慰司，置贵州布政司治之。……当永乐置省才有三学，洪熙元年令贵州生儒就试湖广，宣德四年又令附云南乡试，定贵州贡士额一人。至嘉靖十六年贵州已增建二十余学，遂与云南分闱，贵州解额二十五人。其后，学额至三十余，贡士增至四十人，会试成进士者，科亦四、五人。而自宣政以来，名臣如张孟弼、黄用章，名儒如孙淮海、李同野，敢谏如詹秀实、陈见義，忠贞如申天锡、何云从，循吏如易天爵、陆兑峰，文学如谢君采、吴滋大诸老先生，联袂而起。至于卫官、镇将如杨天爵、石希尹，不离戎马，亦有儒风，较之初省，亦可谓极盛也已。[1]

莫友芝在《黔诗纪略》之开篇亦说：

> 黔自上元而五季，皆土官世有，至汉唐，郡县几不可寻。英流鲜闻，安问风雅。逮有明开省增学，贡士设科，文献留诒，乃稍可述。故是编甄录，断自胜朝。[2]

永乐建省是贵州文化发展的一个重要转折点，贵州地域人文传统的形成和文化特色的初步彰显，亦大致以此为起点。

可是，地域人文传统的建构，犹如民间社会的家谱族谱之修撰一样，或追本溯源，或附丽张皇，总之，必有一个精神源头，始可开启一姓一族之繁衍，始可统领一时一地之文化。所以，贵州明清文人关于地域人文传统的体认和建构，自然不能满足于永乐之建省和嘉靖之

---

[1]　《黔诗纪略》（点校本）卷一，第 1 ~ 4 页，贵州人民出版社 1993 年版。

[2]　《黔诗纪略》（点校本）卷一，第 1 页。贵州人民出版社 1993 年版。

分闱，而是要追本溯源，往往溯至汉代，以汉代的"三贤"（盛览、舍人、尹珍）为贵州地域人文传统之始祖。如贵州明代诗人张谏《望古》诗云：

> 赋心既传盛，经术复开尹。并兴巴彭城，名德乃与准。
> 牂牁处荒维，困此山隐嶙。如何初郡县，贤俊已连轸。
> 人文张华夏，覆载讵畦畛。乃知豪杰士，不受山川窘。
> 遥遥今几世，嗣响何泯泯。望古一长叹，负重愁绝髌。[1]

"盛"，即盛览，据《西京杂记》卷三载：

> 其（司马相如）友人盛览，字长通，牂牁名士，尝问以作赋。相如曰：合纂组以成文，列锦绣而为质，一经一纬，一宫一商，此赋之迹也。赋家之心，苞括宇宙，总览人物，斯乃得之于内，不可得而传。览乃作《合组歌》《列锦歌》而退，终身不复敢言作赋之心矣。[2]

考察这段文字，相如传授的作赋方法，包括"赋迹"和"赋心"两个方面，盛览所得者乃"赋迹"，故其能"作《合组歌》《列锦歌》"，而于"苞括宇宙，总览人物"之"赋心"，却不能理会，故其"终身不复敢言作赋之心"。观《西京杂记》之文意，实际上是借盛览学赋说明"赋迹"可传而"赋心"不可传，"赋心"近似于文学创作中的天分与才气。故其文意虽不至于有过分贬抑盛览之意，但亦确非褒扬之意。所以，张谏所谓的"赋心既传盛"的说法，不符合历史事实，是贵州文人为了梳理地域人文传统而建构起来的。"尹"即尹珍，据《华阳国志》

[1] 《黔诗纪略》（点校本）卷一，第11页，贵州人民出版社1993年版。
[2] 葛洪：《西京杂记》，《笔记小说大观》第一册，江苏广陵古籍刻印社1983年版。

卷四《南中志》说:

> 明、章之世,毋敛人尹珍,字道真,以生逊裔,未渐庠序,乃远从
> 汝南许叔重受五经,又师事应世叔学图纬,通三材;还以教授,于是南
> 域始有学焉。[1]

所以,贵州文人在建构地域人文传统时,于文统以盛览为始祖,于学
统以尹珍为鼻祖。

贵州"汉代三贤"中,除盛、尹二人外,还有舍人。关于舍人,
据史载,其为汉犍为人,著《尔雅注》三卷,其书久佚,今存辑本。
据马国翰《玉函山房辑佚书序》称:舍人当是汉武帝时与东方朔同时
待诏者,"当是初为郡文学,后补太守卒吏,以能诙谐,善投壶,入
为待诏舍人也",故"引者或称'文学',或称'舍人',要是一人
之言"。其《尔雅注》,"在汉时释经之最古者。本多异字,尤可与
后改者参校,而得《尔雅》之初义焉"。[2] 因此,贵州士子构建地域
人文传统时,常常将舍人与尹珍并列为贵州学统之始祖。如郑知同《犍
为舍人尔雅注稽存序》说:

> 世以文学陋南中日久,谓罕淹通之士。以余论之,当汉代经义萌芽
> 之始,而吾郡初入版图,已有《尔雅》大师如犍为舍人者,世固未尝深究也。
> ……(舍人)为吾郡传经之鼻祖。吾郡先后汉各一经师,先汉犍为舍人,
> 后汉毋敛尹道真也。道真受五经于许叔重,归教南中,其有著述与否不
> 可知。而舍人独首明《雅》学,以翼群经,致足尊矣!惜其仅以名见,

---

[1] 刘琳:《华阳国志校注》,第380页,巴蜀书社1984年版。

[2] (民国)《贵州通志·艺文志》(点校本)卷三,第60页。贵州人民出版社
1989年版。

阅久而姓不可稽。……异哉！舍人岂不伟哉？夫犍为郡初置于武帝建元六年，舍人生犍为而适武帝世，岂非舍人甫起于学校草创即具出类拔萃之才，远引乎百家众技之末，一意止耽经术，粹然底于名儒，以开我邦百年之学乎。[1]

地域人文传统之建构，除了从文献上追本溯源外，还有就是构建物化纪念物以彰显之。如贵州人在明代便建有所谓的"尹公讲堂"。明代遵义人程生云《尹公讲堂》诗说："北学破南荒，风在讲堂树。后来应有人，徘徊不能去。"[2] 据莫友芝说：

> 讲堂在绥阳县东北十里，今废。明绥阳知县詹淑《尹公讲堂铭序》云：万历甲辰秋，余修旺草公署，掘地得碑，题曰：汉尹珍讲堂，唐广明元年七月六日播州司户崔衩立。西南人向学自道真始。唐人标其遗迹，必有所据。广明距今六百年，讲堂不知圮于何代。[3]

总之，自盛览始，贵州"文教始开"；舍人"开我邦百年之学"，为贵州"传经之鼻祖"；道真以"北学破南荒"，"西南人向学自道真始"。据现存史料，虽然盛览在文学上并无卓越建树，尹珍亦无著作传世，舍人仅存《尔雅注》残本，他们对贵州地域文化建设的贡献和特色之彰显，到底有多大影响，尚难定论。但是，通过贵州明清士人的体认和建构，凝练成贵州"汉代三贤"之称号，并建"三贤祠"以祀之，视为贵州地域人文传统之始祖，对他们开创贵州文教之丰功

---

[1]　（民国）《贵州通志·艺文志》（点校本），第60～61页。贵州人民出版社1989年版。

[2]　黄万机等点校：《郑珍全集》七《播雅》，第25页，上海古籍出版社2012年版。

[3]　《黔诗纪略》（点校本）卷二十四，第993页，贵州人民出版社1993年版。

伟绩进行反复追认、陈述和建构，而逐渐为贵州士子和客籍文人所接受。以至今日我们讨论贵州地域文化，皆会自然联想到此"三贤"，并理所当然地认为他们是贵州地域人文传统之鼻祖。

需要指出的是，贵州士子在建构地域人文传统时，常常面临着一个"千年断层"的问题。所谓"千年断层"，是指贵州地域文化之发展，自"汉代三贤"之后，从魏、晋至宋、元的一千多年时间里，贵州人文出现了非常明显的断层现象，除了学者常常提到的宋代赵高峰（著有《青莲院诗集》，已佚，仅存集名），元代杨汉英（著有《明哲要览》九十卷，《桃溪内外集》一卷，已佚，仅存诗一首）外，几乎没有任何可圈可点的文化人物，登科进士亦寥寥无几。据莫友芝说：

> 《四川通志》载，宋嘉熙二年周坦榜举进士者，有冉从周，遵义军人，官珍州守。《明一统志》谓时呼"破荒冉家"者也。播州以宋安抚杨价请贡岁士，乃有进士。嘉熙后举者，复有遵义杨震、李敏子、白震、杨邦彦、杨邦杰，播州犹道明、赵炎卯，凡七人，而从周为之先，宋后则无闻矣。[1]

数百年间进士及第者仅寥寥七人，而此七位进士又基本上无文教政绩传世。故前引张谏《望古》诗，在历数盛览、尹珍等人文始祖之后，即感慨说："遥遥今几世，嗣响何泯泯。望古一长叹，负重愁绝髌。"所以，说贵州地域人文传统之传承有"千年断层"，可谓名副其实。罗绕典《黔南职方纪略序》亦提到这个问题：

> 春秋之末，牂柯常不通中国矣，而庄蹻以楚民楚俗化之，百余年即

---

[1]　《黔诗纪略》（点校本）卷三，第119页，贵州人民出版社1993年版。

有盛览，能词赋，追随乎园令。唐蒙之开南夷也，徙蜀中龙、傅、尹、贾诸大姓于牂柯，于是牂柯遂同蜀俗，久之而尹道真诸人出焉，彬彬乎汝颖士大夫之学术矣。厥后谢氏、赵氏世笃忠贞，保有牂柯，为国家藩扞，亦云盛矣。天宝以后弃而不问，南中遂寂无人物。元、明再辟以来，又复日新月盛，岂真际会为之？乌江、赤水之乡，周衰而汉盛，唐、宋薄，而元、明敦邪？实守土之吏与夫五方之士夫所以感化遵率者异，而俗因以有淳漓耳。[1]

基于贵州地域人文传统发展"千年断层"的现状，贵州士子在体认和建构地域人文传统时，常常不得不做"跨代"之论，即以明代贵州建省以后之人文传统上承"汉代三贤"，以弥合"千年断层"，构成一脉相承的地域人文统系。如莫友芝说："黔人著述见于史者，别集始于王教授（训），经说始于先生（易贵），并明一代贵州文教鼻祖，其开创之功，不在道真、长通下。"易贵精于经学，著有《易经直指》《诗经直指》等，《明史·艺文志》著录《诗经直指》十五卷。王训擅长诗文，诗境苍凉雄郁。学者认为，明代贵州文学"开草昧之功，不能不首推教授（王训官新添卫教授）也"。[2]《明史·艺文志》著录王训《文集》三十卷，此乃贵州文人著作首次见于正史"艺文志"著录，其开有明一代贵州文教，远绍尹珍、盛览，成为"千年断层"后贵州地域人文传统之命脉承续，虽然他们的作品已经散佚。

贵州明代学者以其学术思想在全国发生较大影响而引起重视的，当数晚明理学家孙应鳌。故学者论贵州地域人文学统，常以孙应鳌远绍尹珍、舍人之统系。如陈矩《淮海易谈跋》说：

[1] 杜文铎等点校：《黔南识略·黔南职方纪略》，第273～274页，贵州人民出版社1992年版。
[2] 《黔诗纪略》（点校本）卷一，第6页，贵州人民出版社1993年版。

　　黔南江山灵秀，贤豪挺生，若汉犍为文学舍公、长通盛公、后汉道真尹公，德行、经学、词章，方之蜀都四子，殆无愧色，黔中不可谓无人矣。厥后兵燹屡兴，黔服没于邻邦者半，湮于蛮荒者亦半，山灵不轻钟毓，寂寞流风，千有余载。有明中叶，始得淮海先生焉。[1]

田雯《黔书》说：

　　黔之人物，尹珍以上无论已。明之以理学、文章、气节著者，如孙应鳌、李渭、陈尚象以及王训、詹英、黄绂、秦禺、蒋宗鲁、徐节、田秋、徐卿伯、易楚诚、张孟弼、许奇、申祐、吴淮、邱禾实、潘润民、王祚远、蒋劝善，皆大雅复作，声闻特达者也，而文恭为之最。[2]

贺长龄《道光安平县志序》说：

　　呜呼，地岂不以人重哉？黔，一荒服耳，自有尹珍北学于中国，肇豁蒙翳而耀光明，至明而清平孙文恭公出，直接洙、泗、濂、洛之传，一时名德巨公争相引重，黔遂居于邹鲁矣。[3]

黎庶昌《刻督学文集序》说：

　　吾黔偏在西南隅。自后汉时，道真尹公从许慎、应奉受经书图纬，

[1]　（民国）《贵州通志·艺文志》（点校本）卷一，第2～3页，贵州人民出版社1989年版。

[2]　田雯：《黔书》卷三《人物名宦》，罗书勤等点校《黔书·续黔书·黔记·黔语》，第69页，贵州人民出版社1992年版。

[3]　（道光）《安平县志》卷首，《中国地方志集成·贵州府县志辑》第44册，巴蜀书社等1989年版。

还教乡里，以北学开南中之陋，任至荆州刺史，历有名德，惜无传书。厥后土宇乖分，黔服陷于蛮夷，郁千余年不能振拔，遂无人焉。能继起以昌明圣学兴起斯文为己任者，至明乃有文恭孙淮海先生。[1]

孙应鳌不仅是明代贵州最著名的学者，而且亦是贵州历史上在全国思想界产生较大影响、著作得以完整保存的学者。所以，莫友芝说他"以儒术经世，为贵州开省以来人物冠"，[2] 李独清以为他的"功业文章为吾黔开省人物最"。[3]

就学术渊源来说，孙应鳌是贵州王学传人之中流砥柱，他先后从阳明弟子徐樾、蒋道林问学，是王阳明的再传弟子。王阳明心学形成于贵州龙场，并在贵州地区广泛传播，故贵州学者在建构地域人文传统时，尤其重视阳明心学在贵州地区的传播和影响，视王阳明为黔学之奠基和功臣。如莫友芝说：

> 王阳明先生守仁之谪龙场驿丞也，提学席副使书请居文明书院，为诸生讲知行合一之学。席公公余常就见论难，或至中夜，诸生环而观听，常数百人，于是黔人争就求心性。得其传者首推陈宗鲁及先生（汤冔）。宗鲁得阳明之和，先生得阳明之正，文章吏治皆有可称。……两先生承良知之派以开黔学，岂区区诗文足以重两先生。[4]

萧重望《李先生祠记》说：

[1] （民国）《贵州通志·艺文志》卷十三，点校本，第547页，贵州人民出版社1989年版。

[2] 《黔诗纪略》卷五，点校本，第184页，贵州人民出版社1993年版。

[3] 《督学文集跋》，（民国）《贵州通志·艺文志》卷十四，点校本，第550页，贵州人民出版社1989年版。

[4] 《黔诗纪略》卷三，点校本，第117页，贵州人民出版社1993年版。

> 尼山开万世道学之统者也，周茂叔开宋儒之统者也，薛文清开昭代诸儒之统者也。贵筑之学倡自龙场，思南之学倡自先生（李渭），自先生出而黔人始矍然悚然知俗学之为非矣。[1]

宦游黔中的翁同书在《道光贵阳府志序》中亦说：

> 黔学之兴实自王文成始，文成尝主讲文明书院矣，即今贵山书院是也。其时文成方以忤大阉谪穷荒，读其《瘗旅》之文，有足悲者，卒乃悟反身之学，揭良知之理，用是风厉学者，而黔俗丕变。[2]

阳明心学的贵州传人主要有孙应鳌、李渭、马内江等人，一时讲学风盛，黔俗丕变，人文浓郁，可谓贵州学术思想史上的一座高峰。

自晚明起，贵州学统代有传人。然而，作为贵州古代学术思想之集大成者，作为古代贵州学统之殿军者，当推郑珍和莫友芝，此省内外学者之公论。郑珍精于经学、小学，著述弘富，先后著有《考工轮舆私笺》二卷、《凫氏为钟图说》一卷、《仪礼私笺》八卷、《深衣考》一卷、《巢经巢经说》一卷、《亲属记》一卷、《说文逸字》二卷、《说文新附考》六卷、《汗简笺证》八卷、《郑学录》四卷、《樗茧谱》一卷、《母教录》一卷，辑《播雅》二十四卷，主编（道光）《遵义府志》四十八卷，另有《巢经巢文集》六卷、《巢经巢诗集》九卷，等等。还兼通书法和绘画。刘书年《说文逸字序》说："郑君于贵州，实始为许、郑之学。"[3] 陈田亦说："余尝论当代诗人，才学兼全，

---

[1]　《黔诗纪略》（点校本）卷十二，第430页，贵州人民出版社1993年版。

[2]　（道光）《贵阳府志》（点校本）卷首，贵州人民出版社2005年版。

[3]　（民国）《贵州通志·艺文志》（点校本）卷三，第69页，贵州人民出版社1989年版。

一人而已。篆法远绍冰、斯,从容合矩,国朝钱、邓以下未见其俦。兴趣所至,间亦点染山水,苍朴萧散,超绝时世。经学大师,兼长三绝,古有子瞻,今则先生。"[1] 黎庶昌称其为"西南儒宗"。[2] 陈夔龙说:"遵义郑子尹征君以朴学崛起西南,蔚为儒宗。"[3]

莫友芝精于小学、史地和目录版本之学,著有《唐写本说文木部笺异》一卷、《宋元旧本书经眼录》三卷、《韵学源流》一卷、《郘亭知见传本书目》十六卷、《郘亭诗钞》六卷、《郘亭遗诗》八卷、《郘亭遗文》八卷、《影山词》二卷,辑录《黔诗纪略》三十三卷。陈衍《石遗室诗话》说:"黔诗人郑、莫并称……子尹精经学、小学,子偲长于史地之学,二人功力略相伯仲。"[4]

郑珍和莫友芝究心经学和小学,在一定程度上得自于贵州地域人文传统精神的激发和鼓励。如郑珍,其字"子尹",即为其恩师程恩泽所赐。尹者,即贵州人文鼻祖尹珍。程恩泽以贵州先贤姓氏赐字郑珍,实际上是以贵州先贤尹珍北上问学许慎之精神激励郑珍。学者亦常将莫友芝视作尹珍之学的传人,如黄统《郘亭诗钞序》说:

　　(子偲)自以所籍独山为汉毋敛,有道真尹公远出汝南许君授五经,开南域学,本朝通儒说经尊守许君文字书几圣作等,矧刚水渊源所在者,故既殚心求通会以治经,而服友子弟讲习问难,亦必以许君义强聒焉。其弟芷升,寻以小学文字先后见赏丁虚园、翁祖庚两前辈,贡成均,于

[1] (民国)《贵州通志·艺文志》(点校本)卷十六,第 695 页,贵州人民出版社 1989 年版。

[2] 黎庶昌:《巢经巢文集序》,(民国)《贵州通志·艺文志》(点校本)卷十六,第 696 页,贵州人民出版社 1989 年版。

[3] 《郑征君遗著序》,(民国)《贵州通志·艺文志》(点校本)卷十六,第 702 页,贵州人民出版社 1989 年版。

[4] 陈衍:《石遗室诗话》,《民国诗话丛编》第 1 册,上海书店出版社 2002 年版。

是许君书贵州乡僻悉有，皆子偲倡导以然也。……信乎其将继道真张刚水者。[1]

莫友芝治经学和小学，与郑珍相似，皆以贵州先贤尹珍自期，黄统亦以尹珍之文教事功激励友芝。乡贤先辈和地域人文传统对地方文化事业之发展所产生的潜移默化之作用，于郑珍、莫友芝这两位古代黔学重镇和殿军之身上，表现得非常充分。

3. "我者"关于贵州地域文统之建构

文统的建构亦是建构地域人文传统的重要内容。贵州文人有诗文传世，是从明代开始的；有诗文传世并且在全国发生过一定影响，是从晚明开始的。可以说，是晚明以来的贵州学人才开始有意识地进行贵州文学创作渊源统系的建构工作。

在贵州文士之心目中，地域文统之始祖是盛览，甚至当代学者研究贵州地域文学，编撰贵州地域文学史，如黄万机先生的《贵州汉文学发展史》，亦是以盛览开篇。实际上，且不说《西京杂记》载录盛览之名时微含贬义，单就盛览传世之作品仅有《合组歌》《列锦歌》二篇之篇名看，盛览只能作为贵州地域文统的一个精神源头或统系象征。或者说，只能显示贵州地域文学之源远流长而已，并无创作上的实际指导意义。贵州后学不遗余力地追认这个统系源头和精神象征，其意义亦仅在于此。

在贵州地域人文传统的"千年断层"中，唐代或有可能成为贵州地域文学的一个重要发展期，因为李白、王昌黎等唐代重要诗人或许

---

[1] （民国）《贵州通志·艺文志》（点校本）卷十六，第706页，贵州人民出版社1989年版。

到过贵州，带来诗坛主流新风尚。但是，李白、王昌黎与贵州的关系在疑似之间。虽然贵州文人和民间社会一直致力于证实李、王二人确实抵达贵州，其用心之良苦虽可获得"同情之理解"。但是，不容回避的是，唐代贵州文坛实际上并无只言片语传承下来，文统的断裂和学统的"千年断层"，正相吻合。

从宋代开始，史书中开始提到贵州文人的创作，如宋代赵高峰有《青莲院诗集》、元代杨汉英有《桃溪内外集》六十四卷、明初宋昂和宋昱兄弟有《联芳类稿》。然而，上述三部作品皆散佚，仅存数篇诗文而已，无法论定其价值和地位，故其在贵州地域文学统系中，亦只能如盛览一样，作为一个象征性的文脉传承符号，被贵州后学追忆和钦仰。

贵州文士有作品传世，并形成一个创作高潮，在全国发生一定影响，则是在明末清初。贵州文脉的由隐而显和贵州文统的一脉相承，亦是从这个时期才开始的。莫友芝《雪鸿堂诗集序》说：

> 黔自明始有诗，萌芽于宣、正，条衍于景、成以来，而桐豫于隆、万。自武略，而止庵，而用章、廷润、竹泉、放锡，而时中、西园，而唐山、子昇、宗鲁、伯元，而道父、吉甫、徐川、元淑，百有余年，榛莽递开，略具涂轨。山甫、湜之、内江诸老又一意儒学，特余事及之。泊乎用霖《味淡》、卓凡《屡非》、炳麟《铿訇》，道乃大启。一时方麓、邓州；泠然、瑞明；心易、循陔；美若、无近；少崔、小范，旗鼓相应，延、温、沅、潕间，几于人握灵珠，家抱荆璧。而其咀嚼六代，步骤三唐，清雄宕逸，风格儁远，尤以君采谢先生称首。[1]

[1]　（民国）《贵州通志·艺文志》（点校本）卷十四，第567页，贵州人民出版社1989年版。

第五章　向化：「我者」对贵州的认识和建构

259

"黔自明始有诗"，此言不虚。莫友芝此篇文字，实乃贵州明代诗学发展统系之脉络大纲，其以谢三秀为贵州明代诗学之集大成者，亦是贵州文士之共识。贵州晚明诗学呈现辉煌局面，成就较大者，当推谢三秀、孙应鳌、越其杰、吴中番、杨文骢等人，而又以谢三秀称首。如郑珍《书周渔璜先生桐野书屋后》说："贵州数诗家，有明推雪鸿。"[1]莫友芝亦说："贵州自成祖开省迄于神宗，阅二百年，人才之兴媲于上国，而能专精风雅，隽永冲融，驰骋中原，卓然一队，虽前之文恭，后之龙友、滋大，未有先于君采者也。"[2]故清初以来，谢三秀就常常成为品评贵州诗人之参照和典范，如吴振棫《燕黔诗钞序》评狄觐光诗说：

　　黔之山雄峻而深，黔之水湍厉而清：诗境也，宜黔之人多工诗。然而明三百年，以诗传者，谢君采三秀《雪鸿》一集而已。……余谓司马（狄氏官司马）之诗，不滞，不亢，不晦，不薄，不浮，于君采作诗之旨深有合者，固足以传矣。[3]

李维桢评价谢三秀诗，有"格整而不滞，气雄而不亢，旨深而不晦，致清而不薄，辞丽而不浮"之目。[4]故吴氏移之以评狄诗，以明其渊源有自。

　　晚明贵州诗学兴盛一时，入清以后，更是名家辈出，在贵州文脉

---

[1] 杨元桢：《郑珍巢经巢诗集校注》后集·卷一，第 400 页，贵州人民出版社1992 年版。

[2] 《黔诗纪略》（点校本）卷十四，第 543 页，贵州人民出版社 1993 年版。

[3] （民国）《贵州通志·艺文志》（点校本）卷十六，第 663～664 页，贵州人民出版社 1989 年版。

[4] 李维桢：《雪鸿堂诗集原序》，《黔诗纪略》（点校本）卷十四，第 544 页，贵州人民出版社 1993 年版。

统系上先后占有重要位置者，有周起渭、潘淳、田榕、傅玉书、郑珍、莫友芝、黎庶昌、姚华等，这种一脉相承的文脉统系，是在贵州文人不断地追忆和体认中建构起来的。如傅玉书《黔风旧闻录》称："予少时闻先君子及诸父论乡先辈以诗名者：谢雪鸿蜚声于前代，周桐埜驰誉于今时。"[1]陈田说："黔中诗人，渔璜而后，端云、南垞差堪步式。"[2]的确，谢三秀以后，能代表贵州诗学成就者，首推周起渭。继周起渭而起，作为贵州古代文学之殿军者，是郑珍和莫友芝。如赵懿《莘斋诗钞序》说：

> 谢雪鸿、周桐野之诗，黔之启钥风雅者与，而犹未焕著于人世；郑
> 经巢、莫郘亭两征君出，然后腾耀海内，骧驾古今，或庶几与韩、孟、苏、
> 黄相后先乎？[3]

柳诒徵《遂雅堂全集题语》说：

> 黔中诗家，焜耀海内。俶落雪鸿，袭奕桐野。郘亭、经巢，堂庑弥
> 廓。雄夺万夫，秀掩千哲。鳎部振采，煜于龙鸾。黠水缋文，蔚乎瀰涣。
> 灵淑所闷，晚近益恢。[4]

[1] （民国）《贵州通志·艺文志》（点校本）卷十六，第846页，贵州人民出版社1989年版。
[2] （民国）《贵州通志·艺文志》（点校本）卷十五，第622页，贵州人民出版社1989年版。
[3] （民国）《贵州通志·艺文志》（点校本）卷十七，第784页，贵州人民出版社1989年版。
[4] （民国）《贵州通志·艺文志》（点校本）卷十七，第821页，贵州人民出版社1989年版。

　　总之，通过历代学者的反复体认和追寻，逐渐建构起以学统和文统为基本框架的贵州地域人文传统，这个以"汉代三贤"为起点，中经"千年断层"，至晚明由孙应鳌、谢三秀、越其杰、吴中蕃、杨文骢诸人振兴，再经周起渭、田榕、潘淳、傅玉书的创为，最后以郑珍、莫友芝、黎庶昌为殿军的地域人文统系，成为贵州地域文化发展的人文背景和精神动力。

第六章 重建新时代贵州地域形象的方法和路径

　　贵州地理环境上"塞天皆石，无地不坡"的特点，地域区位上"不边不内"的特点，地域构成上"割楚、粤、川、滇之剩地"而形成的"拼合"特点，贵州人身份上的聚合特征和普遍的移民心态，地域文化上多元共生、五方杂处的特点，地域经济上"欠开发、欠发达"的贫穷落后面貌，"三言两语"的描绘所产生的负面影响，以及由此导致的贵州人的"去黔"心理和外省人的"畏黔"心态，以及认同感弱、凝聚力差、向心力淡、自信心和自豪感不足的贵州精神现状，是制约当代贵州经济社会发展的重要因素。实现贵州经济社会的跨越式发展，"走出经济洼地"是目标，"建设精神高地"是基础。"建设精神高地"的主要任务有三：一是建构新时代的贵州形象，二是凝练新时代的贵州精神，三是开展贵州地域文化的系统研究。并在此基础上建构起集贵州形象、贵州精神和贵州文化三位一体的当代贵州精神文化体系。

一、重建新时代贵州地域形象之机遇和条件

1. 建构新时代贵州地域形象的必要性

在当代经济社会发展中，文化自觉、文化自信和文化自强，成为地方经济社会跨越式发展的精神动力，以文化为核心的地域形象品牌成为地域凝聚力和创造力的重要源泉，成为地域综合实力竞争的重要因素。因此，地域形象的重要性受到高度关注，以地域文化为基本内容的地域形象品牌的建构，成为地方政府和民间社会普遍关心的问题。

在当代贵州经济社会发展中，建构新时代贵州地域形象，成为地方政府、地域知识精英和普通民众特别关注的重要现实问题。因为具有美誉度和知名度的地域形象，是增进地域认同意识、建构地域共同体、凝聚地域社会向心力的重要支撑，是贵州经济社会"走出经济洼地"的重要动力，亦是贵州经济社会"建设精神高地"的核心内容。因此，在当代社会，建构以地域文化为核心元素的新时代贵州地域形象，具有必要性和重要性。

首先，建构具有美誉度的新时代贵州地域形象，是贵州摆脱被忽略、被轻视和被描写的卑微处境的必然选择。历史以来，作为地域空间的贵州，由于特殊的地理环境、地域区位、区域构成、经济条件和文化基础等原因，长期处于被轻贱的地位。无论是在国家视野下的贵州通道地位，还是在"他者"眼中的"殊方异域"处境，皆体现出被轻贱的特点，因而亦处于被描写的境地。因此，发掘贵州地域空间中的积极要素和优长特点，改变被动描写状态为主动描写，建构具有美誉度的新时代贵州地域形象，是改变被忽略和被轻贱处境的重要选择。

其次，建构具有美誉度的新时代贵州地域形象，是改变长期以来形成的"他者"的"畏黔"心理和"我者"的"去黔"心态的必然选择。

历史以来，由于作为地域空间的贵州长期处于被忽略、被轻视和被描写的卑微处境，被"他者"矮化和丑化描写，不仅过分突出其地、其人、其物之不可倚、不可赖的一面，而且还极端地夸张其"非人所居"的一面，致使在"他者"群体中产生了普遍的"畏黔"心理，在"我者"群体中产生了比较普遍的"去黔"心态。"他者"的"畏黔"心理和"我者"的"去黔"心态，对贵州经济社会发展产生的负面影响是显而易见的。因为"畏黔"，"他者"中的精英不愿入黔，更不愿居黔，即便是途经，亦"惟恐过此不速"；或者是为宦，亦"恨不旦夕去之"。因为"去黔"，"我者"中的精英仕宦于外省者，皆"不愿归乡里"。由此造成的人才短缺，严重制约了贵州经济社会的发展。因此，建构具有美誉度和影响力的贵州地域形象，改变"他者"的"畏黔"心理和"我者"的"去黔"心态，凝聚"我者"对贵州地域社会的认同，吸引更多的"他者"精英入黔居黔，是推动贵州经济社会发展的必然选择。

第三，建构具有美誉度的新时代贵州地域形象，是贵州经济社会"建设精神高地，走出经济洼地"，实现"后发赶超"目标的必然要求。贵州经济社会的发展实现"后发赶超"，就是要"走出经济洼地"。而要"走出经济洼地"，必须"建设精神高地"。所谓"建设精神高地"，就是要培育贵州人的地域认同和文化自信，锻炼贵州精神。用什么来凝聚人心、培育认同、彰显形象，使贵州人变得"有志气，有信心"？或者说，"实现贵州经济社会发展的历史性跨越"的精神动力在哪里？通过什么方式来培育这种精神？我们认为：培育贵州人的志气和信心，根本在于培育贵州人的文化自信。正如习近平总书记所说："没有高度的文化自信，就没有中华民族的伟大复兴。"同样，没有高度的文化自信，就没有贵州经济社会的跨越式发展。因为"文化自信，是更基础、更广泛、更深厚的自信，是更基本、更深沉、更持久的力量。

坚定文化自信，是事关国运兴衰、事关文化安全、事关民族精神独立性的大问题"。所以，如何培育贵州人的地域认同和文化认同，如何培育贵州人的文化自觉、文化自信和文化自强意识，是摆在贵州人面前的重大现实问题。我们认为，通过建构具有美誉度和影响力的新时代贵州地域形象，促进贵州人的地域认同和文化认同，凝聚新时代贵州精神，是贵州"建设精神高地"，实现"文化自信"的必然选择。

2. 建构新时代贵州地域形象的可能性

在新时代，作为地域空间的贵州，面临着前所未有的大好发展机遇，其经济和文化皆获得长足的发展，重新定义贵州和描写贵州，建构新时代贵州地域形象，具备了可能性。

首先，历史以来，以穷山恶水、贫穷落后闻名的贵州，在生态文明新时代，获得了前所未有的大好发展机遇。因此，建构具有美誉度和影响力的贵州地域形象，具备了可能性。

概括地说，人类文明发展的进程，大体经历着原始文明、农业文明、工业文明、生态文明四个时代。在农业文明时代，人类生存和发展的主要资源是土地和水利灌溉设施。在工业文明时代，发展工业的基础的是丰富的矿产资源和便利的交通条件。农业文明优先发展的地域，是在平原地区。作为地域空间的贵州，其山地面积占国土总面积百分之九十二以上的地理环境，可耕种的土地面积很少；山高谷深的喀斯特地貌特点，亦难拥有便利的水利灌溉设施。因此，在农业文明时代，其贫穷落后的经济状况，是不可避免的。工业文明优先发展的地域，是在沿江沿海的交通便利地区。作为地域空间的贵州，矿产资源虽然很丰富，但长期以来未能得到有效地开发和利用；其山高谷深、多大山多深谷的地形特点，使其交通发展尤其滞后。因此，在工业文明时代，其贫穷落后的经济状况，亦是不可避免的。换句话说，无论是在农业文明时代，还是在工业文明时代，贵州都没有优先发展条件，这是由其特殊的地理环境和地域区位所决定的。

但是，在生态文明新时代，贵州迎来了新的发展机遇。良好的自然环境与和谐的人文生态，是生态文明新时代发展的重要基础。贵州"天无三日晴，地无三尺平"，历史以来被视为穷山恶水。但是，在新时代，这种优越的气候条件和多山多石的喀斯特地貌环境，成为地方经济社会发展的重要支撑。贵州少数民族以"天人合一"为核心的原生态文化，以及浓厚的诗性精神和娱乐精神，在新时代，成为拯救工业文明带来的人性坠落和"异化"困境的精神资源。所以，贵州文化就是生态文化，贵州文明就是生态文明。在生态文明新时代，重新定义贵州，重建贵州地域形象，具备了可能性。

其次，在中国经济社会快速发展的新时代，中央政府对贵州的积极支持和地方社会的励精图治，极大地促进了贵州经济社会的全面发展。因此，重新定义贵州，建构新时代贵州地域形象，具备了物质基础和经济基础。

自秦汉以来，中央政府或"他者"势力开始关注贵州，经营贵州。但是，其关注之焦点和经营的动机，不完全是为了促进贵州经济社会的发展，而是看重其在控御西南地区政局的军事通道地位和战略屏障作用，如秦楚之间的黔中之争，秦始皇之开通"五尺道"，汉武帝经营夜郎和开通"南夷道"，诸葛亮之征服南中，唐宋之经营贵州，元朝之大兴"站赤"，明朝之设置贵州行省，清朝之开辟苗疆和"改土归流"，抗战时期之建设西南公路，乃至"三线建设"时期的贵州开发，等等，皆是如此。这些举措，虽然在客观上亦推动了贵州经济社会的发展，但其动机或目的却不是为此。在当代，中央政府发起的西部大开发战略行动，才是真正地以推动贵州经济社会发展为主要目的。通过中央政府的大力支持，全国各地发达城市于贵州的对口帮扶，地方政府的励精图治和地域民众的苦干实干。经过十余年的努力，贵州经济社会的面貌发生了翻天覆地的变化。地方政府以大扶贫为抓手，实施大交通、大生态、大数据和大旅游发展战略，充分利用生态资源优势，后发赶超，实现了地方经济社会的跨越式发展。作为地域空间的贵州，获得了新的定义和诠释，具体表现在以下几个方面：

一是作为地域称谓的"贵州"被重新诠释。在新时代，贵州的两个宝贝，即民族文化和自然生态，焕发出生机和活力，成为地方经济社会发展的两个重要支撑。昔日作为贫穷落后的代名词的"贵州"，如今被诠释为"中国的一个宝贝之州"，以"多彩贵州"的新姿态，受到世人的高度关注。作为地域称谓的"贵州"，在新时代获得了新的定义。

二是作为地理环境的"贵州"获得了新的价值。具有"山国"之称的贵州，因为多山多石，山高谷深，昔日被称为"穷山恶水"。但是，在生态文明新时代，在大生态和大旅游发展战略的驱动下，贵州地理环境变劣势为优势，获得了新的价值，成为贵州引领生态文明、发展旅游经济的重要资源。昔日的"穷山恶水"，如今变成了"金山银山"。

三是作为地域区位的"贵州"获得了新的定位。历史以来，作为地域空间的贵州，因为多山多石、山高谷深的地理环境，制约了交通的发展。因为"不边不内"的地域区位而制约了经济的发展。在当代，因中央政府的大力支持和地方社会的苦干实干，交通条件得到根本性改善，实现县县通高速公路，村村通和组组通全面实施，米字型高速铁路格局基本形成。交通条件的改善，使作为地域区位的"贵州"被重新定位。当代贵州的地域区位被定位为：中国西部的交通枢纽、陆上丝绸之路和海上丝绸之路连接地带、长江经济带和粤港澳大湾区的连接板块。

四是作为地域文化的"贵州"被重新定义。历史以来,在"他者"的描写中,贵州被视为荒服之地、蛮貊之邦,其人、其地受轻视,其文化亦被忽略。荒服无文,边省无诗,成为"他者"对贵州地域文化的整体评价。在新时代,在生态文明视角下,以民族文化为主体的贵州地域文化,被重新"发现",被重新定义。少数民族原生态文化中体现出来的以"天人合一"为核心内容的诗性精神和娱乐精神,成为后工业化时代人类精神上的宝贵财富。民族文化作为推动贵州经济社会发展的"两个宝贝"之一,其价值被重新发现,其形象被重新定义。

五是作为地域族群的"贵州"被重新解读。在历史上,在"他者"的描写中,贵州少数民族被描写为"异类",过分突出其"犷悍难驯"的性情,过分张扬其"非我族类"的一面,夸张其"鸟言卉服""鹄面鸠形"的一面,其人、其语言、其服饰、其生活、其性格皆被严重"异化"。但是,在生态文明新时代,这种真纯质朴的性格、诗意化的生活方式、浓厚的娱乐精神,成为人们心目中真正的精神"贵族"。其族群形象特征得到重新定义。

六是作为地域经济的"贵州"被重新评价。历史以来,作为地域空间的贵州,因为"塞天皆石,无地不坡",不适合发展农业生产,被称为"天下第一贫瘠处"或"极贫之地"。但是,在新时代,在中央政府的大力支持下,经过地方政府和地域人士的苦干实干,贵州社会经济取得了长足发展,后发赶超初见成效,连续数年经济增长速度居全国前列,旅游经济、绿色经济和数字经济优先发展,扶贫攻坚成效显著,正在逐渐撕下贫穷落后的标签。在新时代,"贵州取得的成绩,是党的十八大以来党和国家事业大踏步前进的一个缩影",其经济发展速度和质量，受到普遍关注，其经济形象亦被重新评价。

总之，在新时代，贵州经济社会获得全面、快速的发展，建构地域形象的六要素——地域称谓、地理环境、地域区位、地域文化、地域族群和地域经济皆分别获得新的诠释、新的价值、新的定位、新的定义、新的解读和新的评价。因此，建构新时代贵州地域形象，亦就具备了物质基础、文化基础、精神基础和经济基础。

二、贵州形象："多彩贵州"形象品牌的建构及其内涵诠释

1."多彩贵州"形象品牌建构之缘起

对于贵州来说，能否提炼出一个朗朗上口、概括精准、内涵丰富并且能够被普遍认同和广泛接受的地域形象品牌，能否建构出如"彩云之南"之于云南、"天府之国"之于四川、"锦绣潇湘"之于湖南那样的标志性地域形象符号，是地方政府和地域社会各界关注的一个现实问题。经过长期的努力探索和反复斟酌，先后提出的"文化千岛""神秘夜郎""瀑布之乡""喀斯特王国"等形象诠释或者符号定位，皆终究未能得到贵州地域社会的普遍认同而被放弃。2005年春天，一场以"多彩贵州"命名的歌唱大赛横空出世，为解决这个时代性难题，提供了一种可能。

起于2005年春天的"多彩贵州"歌唱大赛，是建构贵州标志性地域形象符号的一个开端，随之而来的系列活动的持续开展，以及强大的宣传力度，使"多彩贵州"形象符号家喻户晓，蜚声海内外。如诞生于歌唱大赛中的"多彩贵州"艺术团，在省内外巡回演出，扩大

了知名度。"多彩贵州"旅游形象大使的选拔,使"多彩贵州"系列活动的开展向纵深发展。"多彩贵州"文化产业中心的成立,开启了"多彩贵州"文化品牌的市场化动作。此外,"多彩贵州风"旅游演艺项目的成功打造,"多彩贵州"商标的成功注册,"多彩贵州"城的开工建设等等,通过十余年的努力,"多彩贵州"地域文化形象符号的影响力已经渐趋深入,其知名度亦得到逐渐提升,基本上已经成为省内外人士普遍认同的贵州地域的标志性符号。

在所有艺术门类中,音乐传播的力量是巨大的,亦是最深入人心的,甚至有亡国兴邦之重大作用。所以,在古代中国,自周汉以来即有"治世之音""乱世之音"和"亡国之音"的表述。音乐的传播速度是最迅捷的,那些流行歌曲一夜之间能够传唱大江南北,长城内外,就是一个显明的例子。而地域性、民族性音乐,对于建构地域认同、凝聚民族向心力,提升地域形象和民族形象,标示地域符号和民族身份,具有其他艺术门类或精神产品不可比拟的直接影响和重要价值。比如,四川人歌唱的"康定情歌"、陕西人舞动的"大唐歌飞"、云南人历数的"五朵金花"、广西人唱响的"刘三姐"、甘肃人奏响的"大梦敦煌",等等,皆成为当地社会的文化标识和形象品牌。贵州亦有"好花红"这样的经典名曲,亦有特色鲜明的"侗族大歌""苗族飞歌"和"布依族八音坐唱"等民族音乐。但是,皆是"养在深闺人未识",一直缺乏一种有效的手段和途径将之张扬出去,使之成为贵州的文化标识和形象符号。2005年春天的一场"多彩贵州"歌唱大赛,使这种愿景变成了现实。

2005年春天在全省范围内开展的这场"多彩贵州"歌唱大赛,是贵州历史上规模最宏大、影响最深远、效果最突出的大型群众性文化活动,它具有以下几个特点。

第一，规模宏大，社会参与面广。在近5个月的时间里，来自全省各地和海内外的5万多名歌手报名参赛，16个赛区共进行了各种形式的基层选拔赛1812场，参赛节目52274个，现场观众340万人次。在8场决赛及颁奖晚会时，8820.24万人次的省内电视观众聚焦荧屏，实现了"数百万人参与，数千万人关注"的重大影响。其盛况可谓空前绝后，史无前例。

第二，主题鲜明，社会效果明显。大赛的主题是"热爱贵州，唱响贵州，建设贵州"。即以"热爱贵州"为基础，以"唱响贵州"为手段，以"建设贵州"为目的。通过"唱响贵州"以激发贵州人的地域认同感和文化凝聚力，彰显贵州文化形象，激励"热爱贵州"之心境，实现"建设贵州"之目标。论者认为：这场歌唱大赛，"唱出了贵州人民的志气和信心，振奋了全省各族人民建设贵州的精神；丰富了城乡群众的文化生活；选拔了一批优秀歌唱人才；唱响了一批歌唱贵州的歌曲；挖掘保护了我省珍贵的民族民间文化资源；扩大了贵州对外的影响；是展示贵州新形象的重要载体，是对外宣传贵州的一个系统工程，是引导群众文化娱乐向健康文明方向发展、振奋干部群众精神、构建和谐社会的重要平台"。[1]

第三，运作模式独特，经济效益显著。此次活动，在贵州省委宣传部的牵头协调下，全省宣传文化系统实现了最大限度的资源整合和互动协调，短时期内动员社会各种力量参与到活动中来，并形成了贵州有史以来文化活动的最大宣传攻势，在包括《人民日报》、新华社、中央电视台在内的媒体1113000条相关信息高密度的催化下，"多彩贵州"概念已经在省内外上千万群众千万次的街谈巷议中迅速入脑入心，形成共识。这种以"党政推动，社会参与，市场运作，媒体搭

[1] 《当代贵州》2005年第18期。

台，文化唱戏"的模式运作"多彩贵州"歌唱大赛，在省内外文化界，是一次成功的创举。大赛运作按照市场规则，通过指定礼品赞助商等多种方式，通过歌唱大赛各项广告权益的拍出，实现了以市场手段促进文化事业发展的新模式。

第四，发掘文化宝藏，文化效益显著。在近 5 个月时间，征集到歌唱贵州的原创歌曲 1000 多首，推出以《贵州恋歌》《赤水情》《醉苗乡》《月亮河》《情姐下河洗衣裳》等兼具民族特色和地域特征的精品歌曲 130 多首。尤其是侗族大歌、苗族飞歌、布依族八音坐唱、海龙孀秧歌等民族音乐，借此平台而蜚声省内外，甚至产生了世界性影响。

第五，后劲强大，延展空间广阔。随着"多彩贵州"歌唱大赛的开展，及其发生的深入人心的影响，其延展项目亦渐次开展起来。如成立"多彩贵州"艺术团，在海内外巡回演出。相继举行"多彩贵州"舞蹈大赛、"多彩贵州"小品大赛、"多彩贵州"旅游形象大使选拔赛、"多彩贵州"原生态国际摄影大赛等等。开展以"山地公园省，多彩贵州风"为品牌的全球文化旅游推广活动，建构以"多彩贵州"为核心的全省文化旅游品牌宣传体系。建设"多彩贵州"城，打造"多彩贵州风"旅游演艺项目，成立"多彩贵州"文化产业发展中心和文化艺术有限公司，注册"多彩贵州"品牌商标，等等。其中最重要的延展成果，就是一张传递给中国和世界的、体现贵州地域文化形象名片——"多彩贵州"，逐渐呈现并得到广泛认同，从根本上改变了长期以来贵州缺乏地域文化形象符号的现状。[1]

在当代贵州文化建设中，"多彩贵州"歌唱大赛意义重大，影响

[1] 黔风：《多彩贵州：迈向历史性跨越的和谐和交响》，《当代贵州》2005 年第 18 期。

深远。著名作曲家徐沛东认为：这场歌唱大赛，"让贵州在全国人的眼里变了样，大大提升了它的形象，我看到了贵州是一个热爱歌唱的热土，3900万贵州各族人民群众唱出对多彩故土的热爱，唱出了他们作为贵州人的自豪感，道出了建设贵州的豪情壮志"。著名词作家阎肃说："这次活动是大手笔写大文章，大气派、大场面、大动静、大影响，将有大后劲。这是一场轰动全省、牵动周边、涉及全国的活动，在老百姓中影响很大。……会让人们的文化生活、让整个贵州都散发出光彩来，真的就会产生'多彩'的效果。"[1]新闻媒体亦对这场活动给予高度评价，或者认为："'多彩贵州'歌唱大赛是贵州文化开放的自觉，是一次昂扬精神的活动，它的意义不仅仅是一次歌唱比赛，而是一次贵州人对自身文化的自省和发掘。'多彩贵州'是一个自强的宣言。"或者认为："'多彩贵州'引爆了贵州人的激情，贵州人变得自信起来。"亦有人指出："多彩贵州"歌唱大赛是"一场贵州人骄傲的自我发现之旅"。[2]学者以为，"多彩贵州"是"贵州自觉自立的一次创举"，是"贵州形象的一次重新塑造"，"已经烘托出今日贵州、未来贵州的形象"。[3]或者以为，"多彩贵州"系列活动是"对贵州形象进行了科学的概括和定位，以歌为媒，成功塑造出'多彩贵州'这个富有时代气息和形象质感的省域文化符号和形象品牌"。[4]

　　由一场歌唱大赛之名号发展演绎而成地域形象之符号，不知是主事者的有意谋划，还是无心插柳，总之，它的确解决了一个长期困扰贵州政界、学界以及民间社会的大问题，即贵州地域文化形象符号问题。其重要意义，如论者所说："实现了贵州文化建设的一次大突围，

---

[1] 《省外专家学者点评"多彩贵州"》，《当代贵州》2005年第18期。

[2] 《中央新闻媒体驻黔负责人眼中的"多彩贵州"》，《当代贵州》2005年第18期。

[3] 熊宗仁：《"多彩"热中的冷思考》，《当代贵州》2005年第18期。

[4] 黔风：《多彩贵州：迈向历史性跨越的和谐和交响》，《当代贵州》2005年第18期。

形成了声势浩大的贵州对外形象宣传的热潮，塑造了'多彩贵州'这个简练传神而又内涵无穷的省域文化符号和形象口号，招展了文化也是生产力的大旗，成为贵州文化事业、文化产业改革和发展的一次转折。"[1]

地域形象符号的建构，既不可由地方政府钦定，亦不能由部分专家学者主导。当然，它可以由政府牵头，专家引导，但更主要的是要得到民间社会的认同，包括域内人士的认可和域外人士的认同。据《当代贵州》杂志社于2005年开展的民意调查，94%的人知道当年举办了"多彩贵州"歌唱大赛，83%的人认为"多彩贵州"歌唱大赛举办得很成功，86%的人认同"多彩贵州"作为贵州的文化名片和形象符号。[2] 同时，"多彩贵州"的域外影响力和认可度亦达到较高水平，一般中等以上文化水平且比较关心国内时事的域外人士，皆知道"多彩贵州"。犹如提到四川，人们便想到"天府之国"；提及云南，人们便想到"彩云之南"；提及贵州，自然便联想起"多彩贵州"。亦就是说，"多彩贵州"的影响力和知名度，已经差不多达到了"天府之国""彩云之南"的水平。这正是一个有价值的地域形象符号必须具备的条件。

2. "多彩贵州"形象品牌的内涵诠释

经过长期努力，作为地域形象品牌的"多彩贵州"，拥有了相当的影响力、知名度和美誉度，在地域内基本达到家喻户晓的程度，产生了深入人心的影响；在地域外乃至在国际上，亦有相当的知名度，亦获得域外人士的高度认同和普遍认可。"多彩贵州"形象符号本身，

[1]　　《"多彩贵州"的和谐交响》，《当代贵州》2005年第18期。
[2]　　《关于"多彩贵州"歌唱大赛的民意调查》，《当代贵州》2005年第18期。

亦具有内涵丰富、音节朗畅的特点，达到了形、音、义三者的有机统一，其表述本身亦具有相当高的美感度。

但是，我们认为，"多彩贵州"的"多彩"内容尚需进一步开掘，"多彩贵州"的内涵建设尚需进一步努力。就目前开展的以"多彩贵州"命名的系列活动，如歌唱大赛、舞蹈大赛、小品大赛、旅游形象大使选拔赛、原生态国际摄影大赛、全球文化旅游推广活动，以及以"多彩贵州"命名的场所、物品和商品等等，皆是面上的展示，其文化内涵尚未充分展现出来，或者说，其文化底蕴和精神价值还未充分彰显，还需深度挖掘。因此，开展"多彩贵州"形象品牌的内涵建设，应当将"多彩贵州"与"贵州精神""贵州文化"统一起来，在相辅相成的互动影响关系中构成一个系统工程。"贵州精神"是灵魂，"多彩贵州"是形象，"贵州文化"是基石。"多彩贵州"因为"贵州精神"而获得灵魂，因为"贵州文化"而获得文化底蕴；通过"贵州文化"研究凝练"贵州精神"，通过"多彩贵州"展现"贵州精神"。"贵州精神"因为"贵州文化"而获得传统特质和文化内涵，因为"多彩贵州"而获得形象展示和有效弘扬；"贵州文化"因为"贵州精神"而获得提升，因为"多彩贵州"而获得理解。"多彩贵州""贵州精神"和"贵州文化"是构成当代贵州精神文化体系的三个层面。

具体而言，"多彩贵州"形象品牌的内涵，包括"风景贵州""风骨贵州""风俗贵州""风情贵州""风骚贵州"和"风物贵州"六个方面，以下分述之。

所谓"风景贵州"，是指以多山多石、山高谷深为特点的喀斯特地貌所呈现出来的具有景观价值的贵州地理特征。历史以来，"山国"贵州制约了贵州经济社会的发展，因穷山恶水而导致贫穷落后，致使作为地域空间的贵州长期处于被忽略、被轻视和被描写的境地。但是，在生态文明新时代，历史以来的穷山恶水焕发了生机，激发出活力，其遍布全省各地的瀑布、峰林、溶洞、峡谷、天坑等独特的喀斯特地貌景观，成为新时代建构生态文明和发展旅游经济的重要资源，成为建构新时代贵州地域形象的新名片。所以，"风景贵州"是构成"多彩贵州"的物质基础。

所谓"风骨贵州"，是指贵州人的精神状态，包括"天人合一，知行合一"的贵州人文精神和"团结奋进，拼搏创新，苦干实干，后发赶超"的新时代贵州精神。历史以来，在"山国"贵州这个独特的地理空间和通道贵州这个独特的地域区位以及丰富多彩的民族文化背景上成长起来的贵州人，养成质朴敦厚、刚直坚韧、激情浪漫、求真创新的"大山性格"和"天人合一"的人文精神。这种性格或精神，在当代贵州经济社会发展中，成为重要的精神动力，是建构新时代贵州精神和贵州形象的重要资源。所以，"风骨贵州"是构成"多彩贵州"的精神基础。

所谓"风俗贵州"，是指贵州少数民族地区丰富多彩的节庆民俗。贵州是一个少数民族聚居区，是一个多民族移动的大走廊，多民族"大杂居、小聚居"的生存状态，创造了多姿多彩的节庆民俗，并且代代相传，至今依然保持着鲜活的原生态特点。这些节庆民俗，一方面体现了文化的多样性，另一方面体现了少数民族的游戏精神和娱乐精神，以及"天人合一"的人文精神。历史以来，在"他者"眼中，虽然不时亦有诗性的发现和诗性的描写，但更多的则是充满着异域感的"述异"描写。在新时代，这种原生态的民族节庆习俗文化，具有了新的价值，特别是在工业化进程中造成的人的"异化"的时代，原生态的、以"天人合一"为特色的民族习俗文化，成为人类所需求的重要精神食粮。所以，"风俗贵州"是构成"多彩贵州"的文化基础。

所谓"风情贵州",是指历史以来生活在贵州大地的贵州人,在其日常生活中展现出来的风情,包括以游戏精神、娱乐精神和浪漫精神为内涵的诗性情怀。无论是在斗牛、斗鸡、斗鸟等活动中展现的游戏精神,还是在唱歌、跳舞、饮酒等活动中展现的娱乐精神,抑或是在游方、摇马郎、跳月等恋爱活动中展现的浪漫精神,概括地说,皆是一种诗性精神,就是"诗意地栖居"。我们称贵州人这种以诗性情怀为特征的浪漫风情为"风情贵州"。"风情贵州"是"多彩贵州"的重要组成部分,是建构"多彩贵州"的精神基础,是"多彩贵州"的浪漫之彩。

所谓"风骚贵州",是指以贵州地域文学为代表的贵州文化。历史以来,荒服无文,边省无诗,是"他者"关于贵州地域文化的整体描述。事实上,以地域文学为代表的贵州文化源远流长,尤其是明清以来的诗歌创作,成就斐然,有"清诗三百年,王气在夜郎"之美誉,产生了郑珍这位继李、杜、苏、黄之后最杰出的诗人。黔境即诗境,贵州文化就是一种诗性文化。贵州的佳山秀水孕育了贵州士子的诗性精神,"他者"文人置身其中,亦常常能够获得"江山之助",诗意盎然,诗兴勃发。所以,作为地域空间的贵州,是"诗性贵州"。"风骚贵州"作为"多彩贵州"的重要组成部分,是建构"多彩贵州"的文化基础,显现的是"多彩贵州"的诗性品格和艺术之彩。

所谓"风物贵州",是指作为地域空间的贵州在物产上的丰富性和多样性。贵州物产的丰富性和多样性,包括生物的多样性和矿物的多样性。多样性生物物种的传承,得自于贵州原生态的自然环境。而矿物的丰富性和多样性,又为贵州经济社会的发展奠定了坚实的能源基础和资源条件。以酒、茶、水、药为代表的重要物产,是"风物贵州"的四大名片。所以,"风物贵州"作为"多彩贵州"的重要组成部分,呈显的是"多彩贵州"在物产上的丰富性。"风物贵州"是构成"多彩贵州"的物质基础。

总之，"多彩贵州"有六彩，即"风景贵州""风骨贵州""风俗贵州""风情贵州""风骚贵州"和"风物贵州"。此六彩，亦即"多彩贵州风"之六风。其中，"风景贵州"和"风物贵州"是构成"多彩贵州"的物质基础，呈显的是"多彩贵州"在景观上的美丽性和物产上的丰富性。"风俗贵州"和"风骚贵州"是构成"多彩贵州"的文化基础，呈显的是"多彩贵州"在文化上的多元性和艺术性。"风骨贵州"和"风情贵州"是构成"多彩贵州"的精神基础，呈显的是"多彩贵州"的高尚气质和浪漫品格。

三、贵州精神：贵州精神的历史渊源和现代价值

1. 建构贵州精神的必要性和重要性

贵州精神是作为地域族群的"贵州人"在精神状态上的集中体现，贵州形象是作为地域空间的"贵州"的在文化形象上的聚合展示。"贵州人"的身份特征，决定了贵州形象的面目和贵州精神的特点。

大体而言，历史以来，贵州精神的整体特点是：认同感弱，凝聚力差，向心力淡，文化身份不明确，文化特性不明显。由"割楚、粤、川、滇之剩地"拼合而成的贵州地理，决定其文化具有"五方杂处""边缘聚合"的特点，致使其文化身份不明确，文化特性不显明。不明确的贵州文化身份和不显明的贵州文化特征，导致其向外的影响力减弱，故而长期遭到忽视和轻视；对内是缺乏本土文化认同感，向心力和凝聚力薄弱，致使其本土内在发展动力的弱化。一般而言，地域认同首

先表现在文化认同上，犹如国家认同和民族认同亦主要体现在文化认同方面。文化认同是地域认同、民族认同和国家认同的基础和前提，共同的文化信仰是维系人类族群和地域共同体的黏结剂，是维持族群共同体成员之间向心力和凝聚力的重要纽带，亦是促进形成其生存发展之内在动力的重要源泉。贵州地区的族群之间缺乏共同的文化信仰，文化认同感不强烈，地域认同感亦薄弱，族群之间的向心力和凝聚力亦就淡薄，追求共生共荣的内在驱动力亦就不强大。

"贵州人"在身份特征上的聚合特点，导致贵州精神特征的散乱状态，致使贵州形象长期处于被边缘、被轻视和被描写的状态。

当代贵州经济社会的发展，背负着沉重的历史包袱。贵州区域社会的历史，就是一部被忽略、被轻视和被描写的悲情史，贵州形象长期以来被"三言两语"搞得面目全非。追根究底，就在于自古及今贵州在经济文化上的贫穷和落后。

在现当代，贵州的贫穷落后面貌非但没有得到较大的改变，反而因为东部地区凭着改革开放的大好时机和政策优势取得突飞猛进的发展，而拉出更大的差距。贫穷落后成为贵州的代名词，成为备受关注的"贵州现象"。1995 年中国科学院国情分析小组成员、著名经济学家胡鞍钢赴贵州地区考察调研，发表了《"贵州现象"呼唤重大政策调整》等系列文章，提出"贵州现象"话语，在全国引起强烈反响。所谓"贵州现象"，据胡鞍钢说："贵州现象是一种特殊的自然地理环境、发展环境和体制背景下产生的中国最突出的不发达现象。贵州现象的重要特征是人均国内生产总值水平过低，且长期居于全国后列。"产生"贵州现象"的原因是多方面的，包括地理环境、发展环境和体制背景等方面，其中最重要的因素，就是人的观念的落后，是人的原因。因此，在相当长一段时期，"精神面貌差，缺乏进取精神"

成为外界对贵州人精神状态的总体描述，成为诠释"贵州现象"的基本原因。

"三言两语"的描述带给贵州人极大的精神压力，带给贵州形象极大的负面影响。"贵州现象"引起世人的普遍关注，亦激发了贵州人改变贫穷落后面貌、建设美丽家园、提振精神状态的发展动力。当时，中共贵州省委通过对历史与现状的认真研究，将当代贵州省情概括为"两欠"，即"欠开发、欠发达"。这是新时期地方党委政府对贵州省情的一个实事求是的概括。"欠发达"是对贵州经济社会现状的描述。"欠发达"的原因是"欠开发"。"欠开发"则是对贵州潜在优势的发掘和充满希望的前瞻。说他"欠开发"，是说他尚有较大的发展空间，只要合理开发、科学开发、努力开发、全面开发，定能摆脱"欠发达"的落后面貌。所以，"欠发达"是现状描述，"欠开发"是前瞻希望。

丘禾实在为郭子章《黔记》所作序中说："地之重，人也。"人是经济社会发展的决定性因素，贵州摆脱"欠开发、欠发达"现状，首先在于贵州人的问题。"扶贫先扶志，治穷先治愚"，社会的现代化首先在于人的现代化，人的现代化首先在于观念和精神的现代化。贵州社会走出"贵州现象"，摆脱"欠开发、欠发达"的"两欠"状态，首先必须解决贵州人的精神状态问题。进一步说，新时期贵州经济社会的发展急需解决两大问题：一是内聚民心，二是外树形象。内聚民心就是强化地域认同，培育地域自信，提振贵州精神。贵州社会"走出经济洼地"，摆脱"两欠"状态，改写"贵州现象"，其前提条件就是要"建设精神高地"。要在移民心态比较普遍，"去黔""畏黔"心理比较严重，自信心、凝聚力和认同感比较欠缺的情况下，实现贵州经济社会的跨越式发展，用胡锦涛同志的话说，贵州人真得要"有志气，有信心"，特别需要一种精神来激发热情、激励斗志和凝聚人心。

因此，通过对贵州地域文化的深入研究，对贵州传统人文精神的深刻反省，对贵州各民族精神价值的统摄整合，结合当下区域经济社会发展之现状，凝练、培育和弘扬地域社会各阶层普遍认同的贵州精神。通过贵州精神强化地域认同和培育地域自信，加强地域人群的向心力、凝聚力和认同感，从而打消新、老贵州人的移民心态，以及贵州人的"去黔"心理和外省人的"畏黔"心态，是实现贵州经济社会跨越式发展的基础和前提。

2. 当代贵州精神的历史渊源和现代价值

贵州精神的凝练和形成，是以贵州地域及其文化为背景的。具体地说，贵州精神是在贵州地理环境、地域区位、人文传统和民俗文化等因素的综合影响下，通过扬弃、凝练、培育和弘扬等过程逐渐培植起来，能够为贵州地域社会各阶层普遍认同，可以推动贵州经济社会发展进步的精神力量。"贵州精神"的凝练，与"多彩贵州"形象品牌的打造和"黔学研究"学术品牌的构建，是相辅相成、相得益彰的关系。"贵州精神"是灵魂，"多彩贵州"是形象，"黔学研究"是基石，三者共同构成新时代贵州精神文化体系。

从表面上看，贵州精神是一个口号，但是，这个口号不是喊出来的，而是从贵州大地上长出来的，是从贵州人的内心世界流淌出来的。因此，新时代贵州精神的凝练，必须以历史以来形成的贵州地域文化精神为基础。我们认为：贵州大地的地理环境和地域区位是培育贵州地域文化精神的客观条件，贵州地域社会的人文生态、民俗传统和士人风尚是涵养贵州地域文化精神的文化背景。正是在这两方面因素的综合影响下，培植出独具特色的贵州地域文化精神。具体而言，"塞天皆石，无地不坡"的地理环境，培育出贵州人质直傲岸的精神品格；

"不边不内"的通道地域区位，涵育了贵州人开放创新的精神特征；具有明显地域特色的人文生态和以阳明心学为主要内容的地域人文传统，培育了贵州人求真贵新的精神特质；丰富多彩的节日文化及其歌舞传统，培养了贵州人的浪漫精神和诗性气质；普遍流行的黑神崇拜，培植了贵州人刚烈忠勇的性格特点。简言之，贵州地域文化精神可名之曰"大山精神"。"大山精神"之基本特征，就是质直傲岸、开放创新、诗性浪漫、刚烈忠勇。[1]

以"大山精神"为基本特征的贵州地域文化精神，在近现代，被学者发现，而得到高度的肯定和表彰。比如，贵州地域文化精神中的质直傲岸、刚烈忠勇特质，就曾得到近现代学者的高度赞扬。如闻一多在《西南采风录序》中，就高度赞赏这种"大山精神"，他在文中引录了几首贵州民歌，如女子所唱："斯文滔滔讨人厌，庄稼粗汉爱死人。郎是庄稼老粗汉，不是白脸假斯文。""吃菜要吃白菜头，跟哥要跟大贼头。睡到半夜钢刀响，妹穿绫罗哥穿绸。"男子所唱："马摆高山高又高，打把火钳插在腰。哪家姑娘不嫁我，关起门来放火烧。"然后评论说：

> 你说这是原始，是野蛮。对了，如今我们需要的正是它。我们文明得太久了，如今人家逼得我们没有路走，我们该拿出人性中最后最神圣的一张牌来，让我们那在人性的幽暗角落里蛰伏了几千年的兽性跳出来反噬他一口。

处在国破家亡之关键时刻，闻一多从这些带有"野蛮"和"兽性"的民歌中看到了民族的希望，他说：

---

[1]　参见拙著《贵州地域文化精神研究》，贵州人民出版社 2020 年版。

感谢上苍。在前方，姚子青，八百壮士、每个在大地上或天空中粉身碎骨了的男儿；在后方，几万万以"睡到半夜钢刀响"为乐的"庄稼老粗汉"，已经保证了我们不是"天阉"！……还好，还好，四千年的文化，没有把我们都变成"白脸斯文人"！[1]

这种"野蛮"和"兽性"，正是所谓的"大山精神"。而这种"大山精神"正是处于国破家亡之处境中的中华民族所急需精神。

贵州地域文化精神是一种蕴含山之气和石之骨的以坚忍不拔为内涵的刚烈精神。比如，曾任贵州省委书记、中宣部部长的贵州织金人朱厚泽，他在1987年参观乐山大佛时，得知大佛是贵州海通法师不避艰险、矢志不移、挖目集资修建而成时，即感慨说："贵州多山，大山有大山的风骨；山多钙多，贵州人应该不缺钙。"贵州人不缺钙，贵州人具有坚忍不拔、质直傲岸的坚强之气，而这正是在"大山的风骨"中涵孕而成的精神。所以，1991年1月他写信给寓居上海的黔籍诗人黎焕颐，题名为"山之骨"，并在信笺的页眉上自注说："接南国友人书云：遥望京华，冰雪凌寒，念也何似！世俗缺钙，而贵州多山，山，钙之骨也，应为吾辈所珍。……故有此复，戏题为'山之骨'。"[2]

另外，林同济1941年5月途经贵州，写下《千山万岭我归来》一文，对"山地文明"或"大山精神"有一段值得注意的评价，其云：

"留得青山在，不怕没柴烧！"我们中国文明，一向是在平原上发展，偏重于利用平原，对"山地"的价值，始终不了解。我们这次经过了一千公里的山地，尽是牛山濯濯，不见一座森林。我心中起过怪感：

---

[1] 刘兆吉：《西南采风录》卷首，见贵州文史馆编《民国贵州文献大系》第二辑下册，贵州人民出版社 2011 年版。

[2] 刘学洙：《我眼中的朱厚泽（下）》，《贵阳文史》2009 年第 1 期。

一个民族，数千年来，对一切崇高的天然遗产——山——不断地摧残、剥削、蔑视，终不会有好报的。山地弄得全部濯濯之日，就是我们民族富力扫地，精神扫地之日！现在局面，已经迫着我们这个"平原为基"的民族，来到"山地"上寻求复兴的柱石。我们必须要认识山地，爱护山地，发挥山地的威力——养林，开矿，牧畜，果艺……换言之，创造"山地文明"以补我们数千年"平原文明"的不足。即进而就民族精神方面说，"平原型"的精神，博大有余，崇高不逮。我们这个平易中庸的民族，所急急需要的，也许正是一股崇高奇险的"山地型"的气魄。[1]

林同济的言论是有感而发，在他看来，数千年中华文明是"平原文明"，其特征是"博大有余，崇高不逮"。而"山地文明"是一种崇高的文明，拥有"崇高奇险的山地型的气魄"。这种崇高的气魄，就是朱厚泽所说的"山之骨""山之钙"，亦就是以坚忍不拔、傲然质直为内涵的"大山精神"。延续数千年的"平原文明"养成的平易中庸性格的中国人，需要的正是这是"山地文明"的崇高气魄。因此，忽视"山地文明"，摧残山地遗产，就是忽视和摧残崇高文明的精神价值。

贵州地域文化精神中的诗性精神和浪漫特质，亦有相当重要的现代价值。我们以为：处于边省地区的少数民族，往往比处于政治、经济、文化中心地区的汉族人，具有更强烈、更充沛、更浓郁的诗性精神。人不仅是物质性的存在，而且亦是精神性的存在。物质性的存在，是功利的，是世俗的，是形而下的；精神性的存在，是审美的，是超越的，是形而上的。功利与审美的结合，世俗与超越的结合，在追求形而下的物质享受时，时时不忘记对形而上的精神娱乐的向往，才是人生的理想境界。因此，将诗性娱乐的精神追求与勤劳俭朴的物质安顿有机

---

[1]　施康强编：《浪迹滇黔桂》，中央编译出版社2001年版。

地结合起来，是今后国民教育的主要工作方向，亦是贵州地域文化精神中的诗性精神和浪漫气质的现代价值所在。

在当代，与建构"多彩贵州"地域形象品牌相呼应或者相匹配的，是关于"贵州精神"的凝练、提升和弘扬。地方党委政府充分认识到地域精神在区域经济社会发展中的重要作用，高度重视贵州精神的建构。如，原中共贵州省委书记石宗源指出："在贵州目前总体上仍比较落后、各方面条件比较差、工作环境比较艰苦的条件下，大力弘扬伟大的长征精神，保持和发扬红军在长征中那么一股干劲、那么一股革命热情、那么一种拼命精神，继续发扬特别能吃苦、特别能战斗、特别能忍耐的精神，显得尤为重要。"各级地方政府亦积极倡导以"艰苦创业、勇于创新、团结协作、无私奉献"为核心的"三线精神"，以"敢闯敢试为人先"为特点的"顶云精神"，以"自力更生、艰苦奋斗、坚忍不拔、苦干巧干"为内容的"大关精神"。

贵州省委十届二次全会正式提出要"大力塑造'自强自信、开放创新、能快则快、团结和谐'的新时期贵州精神"，要求"通过各种形式的宣传，进一步培育和增强贵州地域文化认同感和民族文化自信心"，"使人民群众的精神面貌更加昂扬向上"。这是贵州历史上第一次以官方的名义对本土地域精神进行概括和发布。其中，"自强自信"是贵州精神的基础和核心，"开放创新"是贵州精神的本质特征，"能快则快"是贵州经济社会建设的实践需求，"团结和谐"是贵州经济社会建设的愿景目标。即在"自强自信"的心理基础上，以"开放创新"的精神促进经济社会"能快则快"的发展，最终实现经济社会"团结和谐"的愿景目标。地方党政领导亦高度重视"贵州精神"的宣传和弘扬，如时任中共贵州省委副书记王富玉说："新时期的贵州精神是全省3900万各族人民的总体特征，共同理念，是实现历史性跨越的思想基础和精神动力。我们要不断丰富和发展新时期的贵州精神，各级党政干部和共产党员要成为贵州精神的推动者和践行者。"

在新的历史条件下，时任中共贵州省委书记陈敏尔基于贵州的人文历史背景，提出"天人合一、知行合一"的贵州人文精神。习近平总书记在参加中共十九大贵州代表团讨论时，要求贵州要大力培育和弘扬"团结奋进、拼搏创新、苦干实干、后发赶超"的新时代贵州精神。

我们认为，无论是"自强自信、开放创新、能快则快、团结和谐"的"新时期贵州精神"，还是"天人合一、知行合一"的贵州人文精神，抑或是"团结奋进、拼搏创新、苦干实干、后发赶超"的新时代贵州精神，都是对贵州"大山精神"的具体阐释，是对历史以来形成的以质直傲岸、开放创新、诗性浪漫、刚烈忠勇为特点的"贵州地域文化精神"的现代表述和价值彰显。

四、贵州文化：以黔学为中心的地域文化主体性的建构

在当代贵州精神文化体系的建构中，"贵州精神"的凝练、"多彩贵州"的打造、"黔学研究"的开展，是彼此关联、相互依成的关系。"贵州精神"是灵魂，"多彩贵州"是形象，"黔学研究"是基础。无论是作为灵魂的"贵州精神"，还是作为形象的"多彩贵州"，皆需要作为基石的"黔学研究"做支撑，皆需要借助"黔学研究"来丰富其内涵，增加其底蕴。没有"黔学研究"支撑的"贵州精神"，将是无根无据的"贵州精神"；没有"黔学研究"支撑的"多彩贵州"，将是没文化没思想没底蕴的"多彩贵州"。"黔学研究"的目标有二：一是诠释"贵州精神"，探讨"贵州精神"的历史渊源和现实价值；二是支撑"多彩贵州"，回答"多彩贵州"有多彩，赋予"多彩贵州"

以文化内涵。

当前，习近平总书记提出的"新时代贵州精神"，已经散布民间，广为传播，成为贵州经济社会发展的精神动力。地方政府和社会各界共营的"多彩贵州"地域形象品牌，已经家喻户晓，深入人心，渐成风行天下之势。唯一欠缺者，就是知识界的"黔学研究"。当下，"黔学研究"已经引起地域学者的高度关注和普遍重视，但因其处于草创阶段，诸多基本问题尚未理清，当然亦未达成共识。比如，关于黔学的定义及其学术构成问题，关于黔学的合法性和学理依据问题，关于黔学研究的必要性和重要性问题，等等，皆缺乏比较深入的研究。

1.黔学的定义及其学术构成

考察黔学之命名，并非今日地域人士出于乡土情结和现实需要的命名，而是渊源有自，古已有之。据现存文献考察，最早提出黔学这个概念的学者，是道光年间贵州提学使翁同书，他在（道光）《贵阳府志序》里说：

> 黔学之兴，实自王文成始，文成尝主讲文明书院矣，即今贵山书院是也。其时，文成方以忤大阉谪穷荒，读其《瘗旅》之文，有足悲者，卒乃悟反身之学，揭良知之理，用是风厉学者，而黔俗丕变。[1]

稍后，有黔籍学者莫友芝论及黔学的渊源，他说：

> 王阳明先生守仁谪龙场驿丞也，提学席副使书请居文明书院，为诸讲知行合一之学。席公公余尝就论难，或至中夜，诸生环而观听，常数百人。

---

[1]　（道光）《贵阳府志》卷首，贵州人民出版社 2005 年版。

> 于是黔人争知求心性，得其传者，首推陈宗鲁及先生（汤㫉）。宗鲁得
> 阳明之和，先生得阳明之正，文章吏治皆有可称。……两先生承良知之
> 派以开黔学，岂区区诗文足以重两先生。[1]

二人皆以王阳明为黔学的渊源。另外，严修主持贵州学政，聘雷廷珍为贵山书院山长，雷廷珍大约于此时与同仁创建"黔学会"，并撰有《黔学会缘起》一文。稍后，黔籍学者蔡武撰有《黔学之础》一书，是以"黔学"命名的第一部著述。据此可知，黔学之命名，实乃外籍学者率先提出，本土学者发扬光大之。

定义黔学，有两个参照系可供参考：一是国学的定义，二是其他地域学的定义。通过对国学和地域学界定的对比研究和综合考察，我们以为，关于地域学的界定，有以下几个问题，需要做进一步的讨论。

第一，地域学的界定有广义和狭义之分，构建当代地域学，应当取其广义还是狭义？狭义的地域学往往是历史形成的，主要是侧重以儒学为主的地域性学术，如张之洞创建尊经书院，立志"绍先哲，起蜀学"；廖平拟纂《十八经注疏》"以成蜀学"，皆是从经学角度立论蜀学。又如狭义的湘学，起于宋朝，指称两宋时期以周敦颐、胡氏父子为代表的湖湘学。朱汉民论湘学之源流与学统，即以湖湘学为源头，故其对湘学的界定，亦是取其传统意义上的狭义界定。[2]再如狭义的徽学，亦起于宋朝，特指新安理学。

我们认为，构建当代地域学，应当贯穿古今，沟通历史与现实，还需关注未来。今日之地域学建构，既要总结地域历史文化遗产，亦当引领当下地域的精神生产，更应展望地域文化之未来发展。虽然其

---

[1]　《黔诗纪略》卷三，第 117 页，贵州人民出版社 1993 年版。
[2]　朱汉民：《湘学的源流与学统》，《湖南大学学报》2013 年第 1 期。

界定不宜太泛，但亦不宜太窄。取其广义，比较切合实际。所以，夏君虞说："既谓之蜀学，当然以四川一省的学问为对象。……凡是四川人创造的，或者是别人创造而为四川人奉行的学问，都可谓之为蜀学。……虽不是四川人，而是奉行蜀学，或者说是学于蜀的，也不能说不是蜀学。"[1] 施宣圆说："所谓闽南学是一门研究闽南地区和闽南人的学科，包括闽南地区和闽南人的过去、现在和未来。"[2] 吾师胡大雷说："所谓桂学，应该是对发生、发展于广西且形成了广西特色并影响波及国内外的一种学术文化传统的理论概括，它代表着一种富有地方特色的人文传统与理性精神。""桂学应该是以广西为核心区域的人、民族、学术、文化为主要研究对象。""所谓'桂学'，即以广西地域为核心的历史与现实的一种系统知识学问、学说的总和。"[3] 这是比较通达的地域学观点。如此开展的地域学研究，则既有学术价值，又有现实意义。

第二，地域学到底是一个研究对象，还是一种学术形态？我们认为：作为地域学，既有作为研究对象的地域学，亦有作为学术形态的地域学。建构当代地域学，是建构作为研究对象的地域学，还是作为学术形态的地域学？这个问题含糊不清，出发点不明确，是造成地域学界定混乱乃至分歧矛盾的主要原因。比如湘学，是指湘地的学术、学说呢？还是指研究湘地的学术、学说的学问？前者是指研究对象，即作为研究对象的湘学；后者是指学术形态，即作为学术形态的湘学。又如国学，是指中国传统学术文化呢？还是指研究中国传统学术文化的学问？学术界似乎对此未曾作过认真分辨，故而导致界定的含混不

---

[1] 夏君虞：《宋学概要》，第 93 页，上海商务印书馆 1937 年版。

[2] 施宣圆：《闽南·闽南人·闽南学》，《闽都文化研究》2004 年第 12 期。

[3] 胡大雷：《桂学研究的意义与学术构成》，《桂学研究》第一辑，广西师范大学出版社 2014 年版。

清。陈来在《近代"国学"的发生与演变——以老清华国学研究院的典范意义为视角》一文中涉及这个问题，认为在一般理解和使用的国学概念外，还有以国学代称"国学之研究"者，国学研究是指对中国传统学术文化的研究，国学概念是一个学术类型的概念，指对中国文化的一种研究体系。国学的概念不是指它的对象即传统学术文化，而是指对它的研究。[1] 陈来的这个观点很重要，可惜他未能将其重要性充分揭示出来。今日一般学者往往将国学等同于中国传统文化，将地域学等同于地域传统文化，遂造成极大的误解。如舒芜在《"国学"质疑》一文中，认为"'国学'完全是顽固保守、抗拒进步、抗拒科学民主、抗拒文化变革这么一个东西"，[2] 实质上，舒芜质疑的是国学的研究对象，是中国传统文化，而不是国学本身。何炳松于1929年发表《论所谓的"国学"》，号召"中国人一致起来推翻乌烟瘴气的国学"，以"对世界学术的贡献"质疑国学，其实，他所质疑的是中国传统文化，而不是国学本身。[3] 所以，以国学或地域学的研究对象指称国学或地域学，界定国学或地域学，势必会缩小国学或地域学的研究范围，回到狭义的定义上去了。

我们认为，建构学术形态的地域学，可以拓展地域学研究的空间和范围。地域内古今精神文化事项皆当纳入地域学的研究范围。建构学术形态的地域学，可以克服厚此薄彼、重此轻彼的地域研究现状。地域文化无论是积淀丰厚，还是积淀浅薄者，只要具备特殊的学术价值，或是典型的文化类型，皆可建构成地域学，研究其文化何以如此积淀丰厚，或者探讨其文化何以如此积淀浅薄，分析其文化类型之成

[1]　陈来：《近代"国学"的发生与演变——以老清华国学研究院的典范意义为视角》，《清华大学学报》（哲社版）2011年第3期。

[2]　舒芜：《"国学"质疑》，《文汇报》2006年（6）。

[3]　何炳松：《何炳松文集》第二卷，第381~382页，商务印书馆1997年版。

因。如此，各地域学之间便没有高下尊卑、轻重贵贱之分。有时，开发较晚、经济较落后、文化积淀较为薄弱的地域，因其文化类型具有相当的特殊性和典型性而更有学术价值，更有可能成为有影响、有特色、有价值的地域学。所以，建构当代地域学，不是建构作为研究对象的地域学，应当是建构作为学术形态的地域学。学术形态的地域学，不仅可以沟通古今，面向未来，而且还应当对地域内古今所有精神文化事项加以研究，以构成系统的知识学问和学说。

第三，学术形态的地域学，其研究对象应当是地域内的古今精神文化的各种事项。依照这个标准，学术界关于地域学的界定，亦有需要辨析之处。如朱汉民以为湘学之"学"是指学理化的知识体系和学术思想，而屈、宋文学作品是"非学理化的知识体系，即非标准的'学'"，故而"不能将屈原、贾谊的著作看作是成型的湘学形态"。[1] 简言之，文学不是学理化的知识体系，文学不是"学"，因此不宜列入湘学的研究对象。认为文学不是"学"，无论如何是讲不通的。包括屈、宋文学作品在内的文学自有其属于文学类别的学理化知识体系和学术思想，将文学排除在地域学研究之外，正像刘梦溪认为诗学不属于国学一样，[2] 相信大部分学者是不赞同的。文学作为人类社会最重要的精神文化事项之一，无论是国学还是地域学，皆当视为主要研究对象。其次，夏君虞"以四川一省的学问"为蜀学研究的对象，[3] 胡昭羲认为蜀学的研究对象是"四川地区的学术，其重点在文、史、哲"，[4] 朱汉民界定湘学的研究对象是湖湘地区传统的有学理化的知

[1]　朱汉民：《湘学的源流与学统》，《湖南大学学报》2013 年第 1 期。

[2]　刘梦溪：《国学与诗学》，见《国学与红学》，上海辞书出版社 2011 年版。

[3]　夏君虞：《宋学概要》，第 93 页，上海商务印书馆 1937 年版。

[4]　胡昭羲：《蜀学与蜀学研究榷议》，《天府新论》2004 年第 3 期。

识体系和学术思想。[1]这些地域学界定，与传统关于国学的界定一样，皆着重于学术文化和精英文化。

我们认为，学术文化和精英文化固然代表一国或一地文化之精华，但民俗文化和大众文化亦不容忽视，它具有学术文化或精英文化不可取代的精神价值。精英有精英的学术和思想，大众有大众的学术和思想，大众学术并不一定比精英学术的水平低，民众的思想有时比精英的思想更深刻更真实，更能代表时代文化发展的方向。所以，葛兆光撰写《中国思想史》，特别强调民间或大众的知识、信仰和思想的重要性。精英的思想和学术，因为有一批"有闲"的思想家和学者的清理、总结和归纳，所以显得有条理有系统，因而看起来是很有学理的、系统的思想和学术。大众的学术和民间的思想因缺乏总结和归纳，所以系统性和条理性不足。

因此，地域学研究一地之学术与思想，既要重视精英的学术和思想，亦当重视大众的学术与思想，他们无高低贵贱之分，地域学研究不应该厚此薄彼，贵此轻彼。否则，只能称作"地域精英之学"，而不是名符其实的地域学。

第四，地域学当以地域命名而不宜以区域命名，或者说，应当称为"地域学"，不宜称为"区域学"。地域与区域的分别显而易见，区域即行政区划，有明显的政治特征，是国家权力意志的产物，是为方便政治权力的推行和社会秩序的管理而划定的行政版图。地域则是基于自然环境和人文传统而自然形成的地理版图。虽然与区域的明确界线相比，地域的疆界往往含混模糊，但它的凝聚力和向心力，确是相当明显的，因为它不仅有大体相似的地理环境、气候特征和植被条件等自然环境，而且在风俗、礼仪、语言、历史等人文传统方面亦存

---

[1] 朱汉民：《湘学的源流与学统》，《湖南大学学报》2013年第1期。

在着同一性，所以更容易产生认同感，形成强大的向心力和凝聚力。当然，行政区域的划分亦常常要考虑因自然环境和人文传统而形成的地域因素，所以，区域与地域在相当程度上常常是重叠的，但是，其区别亦显而易见。一般而言，地域是一个自然的概念、文化的概念；区域则是一个政治的概念、权力的概念。因此，如法律、制度等政治性因素比较明显的东西，在区域之间的差异性就比较大；如文学、艺术、语言、风俗、礼仪等人文性因素比较明显的东西，在地域之间的差异性就比较大。换句话说，文学艺术的地域性特征远远大于其区域性特征，同一地域中的文学艺术和语言风俗往往有较大的相似性，而在同一区域中的文学艺术和语言风俗则不一定具有相似性，有时甚至有较大的区别。因此，学术界在地域文学概念之外，又有区域文学的提法。所以，关于四川的地域学称"蜀学"而不称"四川学"，关于湖南的地域学称"湘学"而不称"湖南学"，关于广西的地域学称"桂学"而不称"广西学"。对贵州地域文化的研究，学者曾撰文提议构建"贵州学"，而响应者寥寥无几，其原因大概就是因此。

今日所见关于黔学的界定，大约有两种意见：一是易闻晓在《黔学论集序》里说："揆以黔学之实，则国学衍于黔中者也，是为其本，而指黔地经学、小学及其条贯于文、史、哲并艺术之精神，合以民俗风物，相与以彰一地学术之特质也。"[1] 二是王路平在《传统哲学与贵州文化》之"后记"说："所谓'黔学'，是指黔地历代产生和绵延不辍的学术文化，它是中国传统学术文化即'国学'的一部分，是中国地域文化当中很有特色的一枝奇葩。"认为"境内世居各少数民族传承的丰富多彩的学术和文学（包括口头文学）著作以及各类艺术作品，这些都是黔学的构成部分，也是黔学研究的对象。"

---

[1] 易闻晓：《黔学论集》书首，西南交通大学出版社 2012 年版。

以为"黔中三宝"即黔中王学、佛学和易学是"黔学中的形上智慧资源"。[1] 这两种界定，皆是界定作为研究对象的黔学，而不是作为学术形态的黔学；虽然都涉及贵州的少数民族文化、文学和民俗风物，但亦主要是以精英学术思想为主，故而尚不周全，还有需要进一步补充的地方。

黔学，有作为研究对象的黔学，有作为学术形态的黔学。今日建构之黔学，应当是作为学术形态的黔学。我们以为：作为学术形态的黔学，它是国学的一个分支，是中国地域学的一个类型，它以贵州地理空间中的地域、人群、民族、学术、文化为研究对象，以自古及今与黔地、黔人相关的精神文化（包括黔人在黔地以及在黔地以外创造的和外籍人士在黔地创造的精神文化，亦包括丰富多彩的民族文化和大众文化）为重点研究对象，是一种沟通历史、关注当下、展望未来，通过全面、系统、深入地总结、归纳与黔地、黔人相关的精神文化，展现其发生发展规律，呈现其地域特性，揭示其人文传统、价值观念和理性精神的地域学学术形态。

简言之，黔学是研究自古及今、与黔地黔人相关的、以精神文化为核心内容的地域学。作为学术形态的地域学，黔学研究不能仅仅停留在经验、事实或现象的描述上，虽然现象或事实的描述亦至关重要，但黔学研究不是描述性研究；不仅是解决个案问题，虽然个案问题乃是黔学研究的重点内容，而是要梳理黔地的知识、文化、习俗、信仰等地方性知识，建构成系统的黔地知识文化体系，解决黔学研究的理论基础、总体框架及学术特质问题，以及为当代贵州经济社会发展创新服务的问题。黔学研究的对象虽然是黔地具体的文化现象，但比起

---

[1]　王路平：《传统哲学与贵州文化——黔学中的形上智慧资源》，中央民族大学出版社 2013 年版。

贵州文化研究来，黔学研究更重在学理、理念的概括与升华，侧重从文化类型学的角度，通过对贵州地域文化的梳理、归纳、总结、研究，使之成为有学理的学术体系和有系统的知识架构，成为彰显贵州文化身份、可与世界对话的一方地域之学。

黔学研究作为一项系统工程，它的学术构成，包括黔学理论研究、黔学文献研究、黔学学源与学缘研究、黔学个案与应用研究等内容。

第一，黔学理论研究。黔学的理论研究，是对作为学术形态的黔学或者作为学科门类的黔学，做学术形态特质和学科属性的整体思考和系统考察。通过此项研究，奠定黔学研究的理论基础，构建黔学研究的理论体系，确立黔学研究的指导思想、思维观念、价值取向和研究方法等等。重点解决黔学能否成为"学"的问题，或者说，黔学作为"学"的学理依据问题。具体而言，就是三大问题，即黔学是什么？黔学有什么？黔学能什么？

第二，黔学文献研究。学术研究之基础和保障是文献。搜集整理地方文献，建构翔实可靠、丰富多元的地域文献资料库，是开展黔学研究、凝练黔学品牌、重建贵州文化身份的基础性工作。贵州文化之所以出现"千年断层"，之所以长期以来处于被忽略、被轻视、被描写的地位，一个最根本的原因，就是"文献不足征"。因此，欲改变贵州文化身份的此种被动地位，开展系统周详的黔学研究，全面系统地对贵州地域文献的搜集和整理，是一项重要的基础性工作。

第三，黔学学源与学缘研究。所谓"学源"，即学术渊源，学术思想文化之源与流。所谓"学缘"，即本土学术思想文化与"他者"的因缘关系。黔学学源与学缘研究，就是研究黔学自身的学术文化思想之源与流，及其与"他者"的因缘和互动影响关系，通过自身学术源流的梳理和与"他者"因缘关系的研究，以确立黔学自身的特质，彰显其作为地域之学的独立身份。

第四，黔学个案与应用研究。黔学研究不能仅仅停留在经验、事实或现象的描述上，虽然现象或事实的描述亦至关重要，但黔学研究不是描述性研究，而是选择若干有重要价值的个案问题进行深度的专题研究。通过个案问题的深度研究，以呈现黔学的一般性特征。一切历史都是当代史，学术研究既要追求独立的学术价值，亦应体现它的现实意义。黔学研究的目标在于沟通历史与现实，既要追求独立的学术品格，亦要为当下贵州经济社会的发展提供精神文化资源。

2. 黔学的学理依据

黔学的建构，还面临着一个与国学和其他地域学相同的突出问题，就是它的正当性和合法性问题，或者说，是学理依据的问题。简言之，就是黔学能否成为"学"的问题？

清季民初以来，国学研究虽然受到广泛关注，但质疑和批评的声音亦从未间断。当时主张国学和反对国学的学者，都对国学概念有所质疑。主张国学者，对国学的提法信心不足，如马一浮《楷定国学名义》以为"国学"一词"其实不甚适当"，"严格说来本不可用"。[1] 钱穆在《国学概论》之《弁言》里说："学术本无国界，'国学'一词，前既无承，将来亦恐不立。"[2] 认为"国学"一名词是有时代性的权宜之物。陈独秀明确反对国学的提法，认为："就是再审定一百年也未必能得到明确的观念，因为'国学'本是含混糊涂不成一个名词。"[3] 曹聚仁亦说："科学之研究，最忌含糊与武断，而'国学'二字，即

---

[1]　马一浮：《泰和宜山会语》，第 6 页，辽宁教育出版社 1998 年版。
[2]　钱穆：《国学概论》之《弁言》，商务印书馆 1997 年版。
[3]　陈独秀：《寸铁·国学》，见《陈独秀著作选》第 2 卷，第 516～517 页，上海人民出版社 1993 年版。

为含糊与武断之象征。"[1] 何炳松在《论所谓"国学"》一文中，认为国学不能成立，其理由有四：一是概念来历不明，二是界限不清，三违反现代科学的分析精神，四是以一团糟的态度对待本国历史和学术。[2] 在当代，质疑国学的声音仍然不绝于耳，如何兆武就不同意国学的提法，他说："我不赞成'中学''西学'的提法，所以我也不赞成所谓的'国学'。每个国家都有'国学'，都要去宣扬它的'国学'？马克思是哪国学？他本人是德国人，但著作却是在英国写的，它应该属于'英学'还是'德学'？我同意这样的看法：真理是放之四海而皆准的，不应该戴'中学''西学''国学'这种帽子。"[3] 舒芜亦撰文批评国学的提法，认为"'国学'完全是顽固保守、抗拒进步、抗拒科学民主、抗拒文化变革这么一个东西"。[4] 刘梦溪对国学能否成为学亦信心不足，尤其是对部分学者提议设置国学一级学科，授予国学博士和硕士学位的意见，持反对态度。[5]

综合学术界对国学的质疑和批判，主要集中在以下几个问题上。其一，研究对象边界不清。马一浮就认为国学"所含之义太觉宽泛笼统，使人闻之，不知所指为何种学术"。钱穆亦认为国学"范围所及，何者应列国学，何者则否，实亦难别"。何炳松亦认为边界不明是国学不能成立的主要原因。其二，学科属性不明确。按照现代学术分科标准，国学在其中没有合适的位置。如刘梦溪认为，在现代学术分科视野下，国学"实有不通之处"。现代大学体制文、史、哲三科已经承担了国

---

[1] 曹聚仁：《春雷初动中之国故学》，见许啸天编《国故学讨论集》，上海书店1991年版。

[2] 何炳松：《何炳松文集》第二卷，第381～382页，商务印书馆1997年版。

[3] 转引自刘梦溪：《国学与红学》，第32～33页，上海辞书出版社2011年版。

[4] 舒芜：《"国学"质疑》，《文汇报》2006（6）。

[5] 刘梦溪：《国学与红学》，第71、55、92页，上海辞书出版社2011年版。

学的任务。国学作为一个学科缺乏学理依据。何炳松亦持这样的观点。其三，学术渊源来历不明。钱穆认为"国学一词，前既无承，将来亦恐不立，特为一时代的名词"。马一浮认为"此名为依他而起，严格说来，本不可用"。即是在西学冲击所构成的压力下中国学者发明的新名词，亦是一时代性的权宜之物，并无学术渊源上的依据。甚至还有学者认为西方没有国学之称，中国亦不当有。其四，概念界定含糊不清。因概念界定上的争议，而导致研究对象不能确定。如陈独秀认为国学"本是含混糊涂不成一个名词"。曹聚仁亦说国学是"含糊与武断的象征"。

我们认为：基于现代学科分类体系中没有国学的位置，就质疑国学的合法性；基于文、史、哲三科已经独立存在，就否认国学存在的必要性，是没有依据的，是不了解中国固有学术文化之独特性而做出的错误判断。文、史、哲三科独立存在的合法性毋庸置疑，而综合文、史、哲三科的国学的交叉学科身份的合法性，应该得到认可。即便作为学科门类的国学因遭遇质疑而不能成立，但作为学术形态的国学，其合法性应当是没有问题的。即便作为学科门类的国学和作为学术形态的国学均不能成立，但为了提振国民精神、增进国民意识、培育爱国精神、传承文化命脉的现实需要而开展国学研究，则应当是可以得到"同情之理解"的。

地域学受到的质疑，虽然不像国学那样因为目标太大而引起广泛的讨论，但质疑之声亦从未中断。如朱维铮就曾质疑以地域命名学派的合理性，他认为：此举虽然有利于发掘乡土文化资源，却不利于区分学术内部的不同流派，甚至会使学术的内在渊源脉络愈发模糊。[1]

[1] 朱维铮：《关于清代汉学》，见《走出中世纪》，第282页，复旦大学出版社2008年版。

应该说，这个意见是值得重视的，以地域命名学派的确有利有弊。其弊之一面，就是确实可能会模糊学术内部的渊源脉络，同一学派跨越多个地域而被分置在不同地域学中研究，不利于区分学术内部的不同流派。但是，我们认为，划分学术派别或学术形态有多种标准，依据不同的划分标准，便有不同的学术流别或学术形态。不同标准划分学术流派，就是从不同视角研究学术思想，以地域命名学派，建构地域学，就是以地域的标准划分学派，从地域空间的视角研究学术、思想和文化，这亦是一个有学术价值的选择。其利的一面，除了提振地方文化精神和重塑地方文化形象外，还有就是朱维铮所说的有利于发掘乡土文化资源，深化地域文化研究。不可否认的是，建构地域学，从空间地域之视角切入文化研究，一定会极大地拓展文化研究的空间和视野。因此，地域学的建构，可以成为文化研究的一个重要学术增长点。比如，在中国文学研究中，从地域视角研究的必要性，不仅是因为宋元以来中国文学的地域性逐渐彰显，需要从地域视角方能揭示其基本特征和发展走势，而且还在于对文学特殊性和差异性的理解上，对边缘地域文学之价值的发掘和认识上，需要从地域视角出发，才能得出科学的结论和获得"同情"之理解。从地域角度研究文学的地域性特征，讨论作家的地域性写作，探讨地理空间对文学活动的影响，建构地域性的文学史，实际上就是在传统文学史研究的单一的时间维度中，引入空间维度，在时间与空间的双重维度中立体地研究以作家、作品和读者为核心内容的文学活动。传统的文学史研究基本上是从时间维度展开的，它虽然有利于从整体上掌握文学发展之承前启后的历史进程，但往往忽略了文学发展之地域特殊性和地区差异性，故而并不能全面整体地揭示文学发展规律。空间维度之引入，则有利于揭示文学的特殊性和差异性。因为人类文化虽然荷载于时间与空间之中，但是，"时间是普遍的同一的，正是空间造成特殊性和差异性"。[1] 地域文化的差异性和特殊性，特别是地域文化形成之早期的基因和特质，往往是由地理空间决定的。因此，地域空间和地域风土常常是我们理解地域文化之特殊性和差异性的源头。尤其是对于边缘文学的研究，只有引入空间维度和地域视角，其文学和文学家才能受到应有的重视和关注，其特殊性和差异性才能得到彰显，其文学价值才能得到确定，其文学成就亦才有可能得到客观公正的评价。

　　相对于蜀学、湘学、徽学等地域学而言，黔学的建构会遇到更多的障碍，其合法性或者学理依据会受到更多的质疑和批评，甚至本土学人亦有不认同者，外籍学者则更是嗤之以鼻，或讥之为"夜郎自大"。究其原因，就是普遍认为黔地缺乏深厚的学术思想传统以支撑黔学之成立。相较而言，四川开发较早，文化学术思想源远流长且相当发达，蜀学命名起于宋代，渊源有自，清季民国又有令人瞩目的建树，故今日之四川学人重建蜀学，域内外人士皆视为理所当然。湘学亦是如此，其导源于屈、贾，发展于刘、柳，成型于宋代以周敦颐、胡氏父子为代表的湖湘派，其命名亦起于宋代，在清季民初亦有重要表现，故今日之湖南学人提倡湘学，亦显得理直气壮。徽学亦是源远流长，其根底是号称"徽州学"的新安理学，当代近三十万件徽州文书的发现，而使之成为中国地域学中的显学，故今日之安徽学人研究徽学亦是意气风发。贵州人建构黔学，常常显得理不直，气不壮，缺乏必要的信心和勇气。一般认为，贵州开发晚，经济落后，文化欠发达，学术思想积淀不深厚。简言之，就是贵州无"学"，因而亦就无所谓黔学。这是黔学得不到本土人士普遍认同和外籍人士广泛认可的主要原因。造成这种状况的原因，我们认为，主要是由于学者在黔学之"学"的

[1]　朱伟华：《地域文化与地域文学之断想》，《山花》1998 年第 2 期。

认识上存在着两个偏差。

偏差之一是将黔学之"学"仅仅理解为学术和思想，或者说，是将"学"仅仅理解为学者的学术和思想家的思想。我们认为：专家有专家的学术，大众亦有大众的学术；思想家有思想家的思想，老百姓亦有老百姓的思想，二者之间并无尊卑贵贱高下轻重之分，应该平等列为学者研究的内容。因此，无论是国学之"学"还是地域学之"学"，皆应包括精英之"学"和大众之"学"。或者说，皆应将专家学术、思想家的思想与大众学术和老百姓的思想平等列为研究对象。如果仅仅将地域学之"学"理解为学者的学术和思想家的思想，黔学之"学"的确是乏善可陈，虽然学者将"黔中三宝"——王学、佛学、易学视为黔学的形上智慧，亦罗列自盛览、尹珍以来直至郑珍、莫友芝、黎庶昌等地域文化名人及其成就，但无论就其数量上还是质量上看，均无法与蜀学之"学"和湘学之"学"相提并论。如果拓展视野，放宽"学"的疆界，事实上亦必须放宽疆界，将黔地丰富多彩、独具特色的大众文化、民族学术和民间思想纳入黔学之"学"的研究范围，那末，黔学之"学"就不再是乏善可陈，而是源远流长、丰富多彩和博大精深。

偏差之二是将黔学之"学"理解为地域内固有的学术文化思想，或者说，是将黔学理解为黔地的学术文化思想，将作为研究对象的黔学理解为作为学术形态的黔学。我们认为：今日建构包括黔学在内的地域学，应当是作为学术形态的地域学，而非作为研究对象的地域学。具体而言，今日建构的黔学，非指黔地的学术文化思想，而是指研究黔地的学术文化思想的学问。黔地的学术文化思想是一个研究对象，研究这个对象的学问叫黔学。由于种种原因，黔地的学术文化思想未能形成有学理、有系统的知识架构和学术体系。今日的黔学研究，就是要通过梳理、归纳、总结、研究，使之成为有学理的学术体系和有系统的知识架构。地域学研究，作为研究对象本身并贵贱尊卑高低轻重之分，研究成果才有优劣好坏的等级之别。因此，当代建构的地域学，并无贵贱尊卑之分，犹如文学、史学、法学、民族学等学科一样，皆是同等地位的，区别仅在研究对象之不同。所以，在其他历史悠久、积淀深厚的地域学如蜀学、湘学、徽学面前，黔学不必自卑，它亦有存在的学理依据。

黔学的正当性和合理性毋庸置疑，黔学的必要性则尚需进一步论证。一方面，地方政府为了重建地方文化形象、增进地域认同感、凝聚地域向心力而提炼"贵州精神"，打造"多彩贵州"地域形象，需要"黔学研究"提供文化支持和学术支撑。因此，是地方经济社会发展之现实需要，决定了黔学地域学研究的必要性。另一方面，从学理上讲，建构黔学有必要性。前面说过，作为研究对象的地域文化本身并无贵贱尊卑高低轻重之分，但是，必须承认，作为文化类型，地域文化则有典型与非典型之别。换句话说，有的地域及其文化，在国内是独一无二，在世界上亦是少有雷同，从文化类型学上说，这是典型的文化类型；有的地域及其文化，与周边其他地域及其文化相似，没有或者少有独特的个性特征，这样的地域及其文化，从文化类型学上看，就是非典型的文化类型。从学术价值上看，典型的文化类型远远大于非典型的文化类型。通过对典型的文化类型的研究，可以丰富人类文化类型，呈显人类文化的多样性和差异性，揭示不同类型文化的发展规律，彰显人类文化之共同发展趋势。从地域学建构的意义上看，典型的文化类型之成为地域学的意义远远大于非典型的文化类型。因其是典型，所以具有不可替代性，故而具有独立存在之价值。因此，从学理上看，并不是所有的地域都适合建构地域学，只有其地域及其文化作为一个不可替代的文化类型，具有独立存在之学术价值，在此基础上建构的地域学才是不可替代的。因其是典型的地域学，所以才是有学术价值的地域学。基于这个观点，我们认为，贵州地域及其文化是一个不可替代的文化类型，是一个典型的文化类型，因而是适合建构以黔学为名目的地域学的文化类型。其典型性或特殊性的具体表现，主要有以下几个方面。

第一，贵州建省的动机和省域之构成具有特殊性。贵州于明永乐十一年（1413）建省，是当时全国省级行政单位中最后一个建省的地区。中央政府为何迟迟不在贵州建立省级行政机构，这本身就是一个耐人寻味的问题。其次，中央政府在贵州建省之动机，主要不是为了加速地区经济社会的发展，而是以改土归流为契机，以加强对西南地区的军事控制为目的。或者说，中央政府在贵州建立行省的主要目的，是利用贵州独特的军事位置来加强对西南地区的控制，其动机的特殊性，在全国是独一无二的。贵州行政区域的构成，主要不是基于自然和文化的因素，而是以行政手段"割楚、粤、川、滇之剩地"组合而成，此种行政区域之构成，在全国是少见的。所以，无论从建省的时间、建省的动机，还是从区域的构成看，贵州皆具有相当显著的特殊性。

第二，贵州不边不内的地域区位特征具有特殊性。从全国的角度看，贵州是腹地之边疆，同时又是边疆之腹地，具有"不沿海、不沿边、不沿江"的区位特点。贵州"处于不内又不外，不中又不边，所谓不边不内、内陆临边的地方，是内地与边疆的过渡地带。若论疆，无论就其区域位置还是文化特色，西藏、新疆可算是正宗，而四川、湖南相对而言更靠内地而近中原，但贵州却是两不搭界"。[1] 这种地域区位，在全国不多见，因而亦具有相当明显的特殊性。

---

[1]　张晓松：《山骨印记——贵州文化论》，第82页，贵州教育出版社2000年版。

第三，贵州多山多石的地理特征具有特殊性。贵州号称"山国"，所谓"地无三尺平"，所谓"塞天皆石，无地不坡"，良非虚言。山高谷深，多山多石，山川险阻，是贵州的地理特征。据统计，在贵州境内，山地面积占总积的87%，丘陵面积占10%，若将山地和丘陵加在一起，则占全省总面积的97%，剩下的被称为"坝子"的平地仅占3%，是全国唯一一个没有平原支撑的省份。据说，像这样几乎全部由山地和丘陵构成的地理环境，在国内是绝无仅有，在世界范围内亦只有瑞士堪与贵州相比。其地理特征的特殊性，显而易见。

第四，贵州自古及今因交通枢纽地位而形成的通道地域及其文化特点，亦具有相当显明的特殊性。贵州地域，自秦汉以来，便初显交通枢纽地位。明洪武年间朱元璋为征服元朝残余势力，命傅友德率三十万大军取道贵州征讨云南梁王，贵州地域的通道地位充分彰显。明清时期，贵州作为西南地区的交通枢纽地位逐渐巩固。抗战时期，"三线建设"时期，乃至当代的西部大开发，贵州地域基本上都是以通道的面目呈现。学者以为："作为政治、军事、经济往来的'大路'，通道的天然使命使贵州的开发始终围绕着'保通畅'的目的展开的。中国西南各省的发展，乃至于与东南亚诸国的交往，都是从这一片崇山峻岭中走出去的，都客观需要这个通道提供保证。贵州自明以来的开发，一直到20世纪80年代中国计划经济结束之前，都可以说是对通道的'拓宽'、'加固'式的开发。"[1] 由交通枢纽而形成的贵州地域的通道特征，以及在此基础上形成的通道文化，在全国地域和地域文化中，亦具有相当突出的特殊性。

第五，贵州"大杂居、小聚居"的民族分布格局，以及在此基础上形成的"五方杂处，和而不同"的文化特征，具有特殊性。贵州地

---

[1] 张幼琪：《贵州精神与本土文化凝聚力》，《贵州日报》2011年7月29日。

区是一个民族流动的大走廊，亦是一个汉族移民较多的地区。自古以来，在贵州大地上，苗瑶、百越、氐羌、濮四大族系相互碰撞，彼此交流，互相影响，形成一种"大杂居、小聚居"的民族分布格局，与西藏、新疆、内蒙古乃至广西、宁夏等省区以一二个主体民族构成的地域族群相比，它的民族成分过于复杂，且成杂居、散居状态。同时，自明清以来到抗日战争、解放战争、"三线建设"，数次大规模的移民，又使贵州成为一个移民省。因民族流动和规模移民导致的贵州文化"五方杂处，和而不同"的特征，在全国地域文化中，亦具有相当明显的特殊性。

综上所述，贵州建省的动机和区域构成，其"不边不内"的地域区位，多山多石的地理特征，因交通枢纽地位而形成的通道地域及其通道文化，因"大杂居、小聚居"的民族分布格局而导致的"五方杂处，和而不同"的文化特征，与国内其他地域及其文化相比，皆具有相当显著的特殊性。因其具有显著的特殊性，故而具有独立研究之价值，可以从文化类型学的角度研究它作为一个文化类型的典型性，分析其各种文化事项之间的内在联系，以及这种内在联系的逻辑依据和历史凭借，和它的精神价值与当代意义。从这个意义上看，黔学是有学术价值的、不可替代的、具有鲜明特色的地域学。黔学建构具有学理上的必要性。

最后需要说明的是，任何学术派别都是建构而成的，不是天然生成的。虽然学派的命名通常有自称、他指和后认三种类型，但一个学派的形成往往是综合这三种方式来完成的。一种情况是一批学者在一个地方围绕相对集中的问题展开研究，发表相对集中的见解和大体相近的观点，逐渐形成一种影响力，而被"他者"注目且认可，从而被"他指"为学派，如宋代的湖湘学、蜀学，就属此类。另一种情况亦是一批学者在一个地方围绕相对集中的问题展开研究，并提出鲜明的理论主张和治学原则，有明显的开宗立派之意识，"自称"学派而又获得"他者"的认可，如乐黛云等中国比较文学研究者建构的比较文学"中国学派"，便属此类。还有一种情况，就是一批学者通过对历史文化的梳理、归纳、总结和研究，发现历史上有共同取向的学术源流，而"后认"其为学派的，如清末民初以来的国学，便属此类。总之，无论是"自称""他指"的学派，还是"后认"的学派，都是学者本着学术关怀和现实目的建构起来的。今日建构黔学，大体属于"自称"学派，目前尚未完全获得"他者"的认同而成为"他指"学派，亦非对历史上某一学术思潮的响应而成为"后认"学派。正因为是"自称"学派，所以往往有妄自尊大的嫌疑，或招致"夜郎自大"的讥讽。但是，笔者认为，既然任何学派都不是天然生成的，都是经过学者的努力建构起来的，我们又如何不可以利用本土文化资源研究本土问题而建构本土学派呢？正如鲁迅所说：世上本来没有路，走的人多了，亦就成了路。世上本无"学"，研究的人多了，亦就有了"学"。比如，世上本无红学，研究《红楼梦》的多了，逐渐梳理出其中的种种问题，并予以研究和解答，亦就有了红学。黔学亦是如此，世上本无所谓黔学，研究的人多了，逐渐梳理、总结、归纳出有体系的黔学知识架构和有学理的黔学学术体系，亦就有了黔学。

3. 黔学研究的重要性

黔学研究，对于重建贵州文化形象，彰显贵州文化身份，凝练贵州文化精神，提振贵州文化自信，改变贵州长期以来被忽略、被轻视和被描写的被动状态，具有特别重要的学术意义和现实价值。具体而言，其重要性主要体现在以下几个方面。

第一，社会主义文化强国的战略需要。为实现全面建成小康社会，实现中华民族伟大复兴的宏伟目标，必须推动社会主义文化大发展大繁荣，提高国家文化软实力，扎实推进社会主义文化强国建设。文化强国的战略主张，对于人民思想道德素质和科学文化素质全面提高，建设中华民族共有精神家园，具有重要的战略意义。

对贵州来说，能否与全国同步迈入小康，是中国能否实现全面建成小康社会宏伟目标的关键。贵州要实现经济社会跨越式发展，重要途径就是提振文化自信，加大文化资源经济价值和社会价值的释放力度，通过文化自信，助力地方经济社会的振兴。因此，开展对黔学地域学的创新研究，正是对国家急需发展战略的落实和实践，并为经济相对落后，但文化资源丰富的地区，提供了新的发展范式。

第二，贵州文化软实力提升的重大需求。文化软实力是由文化传统、价值观念、精神风貌等文化因素所产生的凝聚力、创新力和传播力，以及由此产生的影响力和吸引力。它是一个国家或地区综合实力的重要组成部分，是其发展的精神动力和智力支持。贵州历史悠久，文化底蕴深厚，文化资源丰富。从古至今源远流长的中原传统文化的熏陶，多种民族文化的交流浸染，周边荆楚、巴蜀、滇云、八桂等区域文化的穿插影响，还有各种自然宗教、人文宗教的融合传播，共同形塑了千姿百态、异彩纷呈的贵州文化。因此，凝聚贵州精气神，提升文化软实力，是贵州文化发展的重要路径；同时，文化先行，可以为贵州经济社会的跨越式发展提供强大的精神动力。因此，开展对黔学地域学的创新研究，可以极大地提升贵州文化软实力，成为贵州加速发展、加快转型、推动跨越的重要支撑。

第三，全面认知贵州文化，思考贵州文化发展的战略性需求。贵州是一个多民族聚居区，亦是一个多元文化并存发展、共生共荣的地区。如何既从整体上把握贵州文化的历史底蕴、地域特色、现代元素，以及各种文化的交融程度和发展前景，又从地域文化的视域对贵州文化进行分类，并深刻认知各个文化门类的特点和发展规律及时代特征，迫切需要对贵州文化的诸多现象和问题进行分析、论证和探讨。然而，令人遗憾的是，迄今为止，学界尚未开展对贵州诸多文化现象的整体性、深入性研究，由此直接导致了贵州诸多文化领域在全国的影响不大，发展后劲不足。当今世界，经济、政治、文化相互交融，文化越来越成为民族凝聚力和创造力的重要源泉，越来越成为综合国力竞争的重要因素，丰富精神文化生活越来越成为人民群众的热切愿望。面对时代大潮，我们有责任、有义务去全面认识贵州文化，使贵州的传统文化、本土文化与当代社会相适应，与现代文明相协调，使之既保持民族性，又体现时代性。从整体上整理、挖掘、保护、包装贵州文化，使贵州文化为建设中华民族共有的精神家园添砖加瓦，发扬光大。在时代文化大潮的推动下，全国各地都在进行文化发展的战略性思考。贵州这些年文化发展虽成绩可喜，但战略性思考不够，开展黔学地域学的建构和研究，就是立足于从整体上对贵州文化进行战略性思考和研究，以彰显贵州文化的特点，提升贵州文化的地位。

第四，贵州文化品牌战略发展的内生需要。文化品牌是一种文化识别符号，创造与发展文化品牌是文化繁荣和文化产业发展的重大战略。贵州文化资源丰富，整合贵州文化资源、实现文化资源在产业发展中得以充分合理和永久利用的理性选择，是文化繁荣和文化产业可持续发展的必由之路；同时，实施文化品牌发展战略，一方面可以树立贵州文化产品的代表形象，积累贵州文化发展的无形资产，另一方面，在文化资源的产业化运作中可以避免对文化资源的重复开发、低水平开发造成资源的浪费。固然贵州当前已经涌现出一批文化品牌，但是，文化品牌的精心打造以及持久生存、广泛影响毕竟是一个复杂的系统工程。到目前为止，贵州对文化品牌本身的理论梳理与文化内涵研究尚处于初始阶段；文化品牌的文化延展性和纵深度、文化品牌资源信息体系和咨询服务网络建设还存在严重不足。

因此，开展对黔学地域学的创新研究，是完成一项重大的、从古至今与黔地黔人相关的、以学术文化为核心的精神文化集大成的特殊使命，是成为新时代代表贵州特色地域文化身份符号，获取全省上下对其地域文化形象高度认同的创新工作，是创造内蕴丰富、影响持久的贵州文化品牌战略发展的内生需要。

第五，贵州形象和贵州精神建构的现实需要。虽然贵州文化异彩纷呈，但长期以来经济的落后，严重阻滞了贵州在全国的知名度和整体形象的提升，尤其是文化形象有待进一步提高。其原因，一是外界不了解贵州的文化家底和文化资源优势；二是贵州对自身的文化了解不够，在与外界的交往中缺乏文化自信。为增进对贵州文化的认识与理解，迫切需要对贵州的文化家底进行全面的梳理、研究与整合，通过了解自身的文化家底来培育文化的底气。因此，在推进贵州经济社会发展的关键时刻，研究黔学是提振贵州文化自信，重树贵州人文形象，改变贵州长期以来被忽视、被轻视、被描写的被动状态，从而为贵州经济社会的发展和创新提供精神动力。历经十余年的精心培育，"多彩贵州"现已发展成为一个知名的地域文化形象品牌。然而，"多彩贵州"品牌建设与文化传播是一个复杂的系统工程，若要实现其可持续发展，必须加强对品牌本身的理论梳理与文化内涵研究，要将其建构为独特的、文化内涵更为丰富的、能完整表征贵州文化身份的一个地域文化体系，并最终使其成为具有贵州认同、贵州召唤力的高端地域文化符号。因此，着力于贵州诸多文化现象的整体性和深入性研究，以高度的文化自觉为"多彩贵州"品牌发展提供理论与学术支撑。这是当前贵州实现后发赶超和创新贵州精神、复兴贵州文化、建设美丽贵州的迫切需求。

第六，中国地域学研究的重大创新。中国地域学是一门研究地域文化的综合性学问。目前国内已有徽学、桂学、蜀学、湘学、闽学、岭南学等地域之学，已经学者反复论证，逐渐被学术界接受，从而成为中国地域之学的重要组成部分。黔学因其地理环境、地域区位及其人文生态的特殊性，使其在中国地域之学中具有不可替代的地位，并且会极大地丰富中国地域之学。黔学之所以成为"学"，是有学理依据的。"多山多石"的山国地理和"不边不内"的通道区位，以及"割川、滇、湘、粤之剩地"而构成的区域地理和因之而形成的"五方杂处""和而不同"的地域文化，使贵州的地理特征、地域文化、人文风尚和民族性格自成一体，与其他地域相比皆有相当明显的特殊性和独立性，所以建构一门有别于其他地域之学的黔学，不仅是可能的，而且是必要的。黔学是中国地域学中亟待开发的重要组成部分，对研究以喀斯特地貌为特征的中国西南区域文化有重要的引导作用；同时，黔学集中反映了中心文化与边省文化、汉族文化与少数民族文化等多重文化要素的有机结合，从中可以窥视中华文化的统一性与多样性、传播力与辐射力。

综上所述，建构黔学地域学，从学术研究与学科建设来说，是对中国地域学研究的重要补充，是对国学研究的重要支撑；从现实需要来说，是对打造"多彩贵州"形象品牌和提振"贵州精神"的重要支撑。因此，黔学研究，是社会主义文化强国的战略需要，是贵州文化软实力提升的重大需求，是全面认知贵州文化、思考贵州文化发展的战略性需求，是贵州文化品牌战略发展的内生需要，是贵州形象和贵州精神建构的现实需要，是中国地域学研究的重大创新。

结 语

　　在本书中，我们从地域研究现状的反思和相关概念的界定入手，讨论地域意识之发生与地域形象之建构，分析地域形象建构之主体、路径和目的，并在历史的语境中，讨论作为地域称谓、地域空间、地域族群、地域文化和地域经济的"贵州"，回答"何谓贵州？ 何以贵州？ "的问题。分析历代中央王朝对贵州的态度，呈显国家视野下的贵州形象。研究"他者"对贵州的异域感和"畏黔"心理，及其在"述异"心态下对贵州的"异化"描写；"我者"的"去黔"心理和"向化"追求，及其在"向化"追求之影响下对贵州地域文献的整理和地域文脉之建构。讨论在新时期建构"多彩贵州"地域新形象的方法和路径。就目前学术界关于地域研究之现状言，地域形象研究是一个全新的课题。于我个人言，开展地域形象史研究，则是一次初步的尝试。以下，略述个人对贵州地域形象之研究缘起，以及将来可能引申的研究空间。

　　关注贵州地域形象，并着意开展贵州地域形象史的研究，是随着我对贵州地域文献、文学和文化研究的深入而自然延伸出来的课题，亦与我近年来开展"多彩贵州风"文化旅游宣传工作有直接的关系。

　　我的学科背景是中国古代文化与文学，重点研究汉魏晋南北朝文化与文学。但是，最近十多年，我因为工作的需要，有计划地调整自己的关注领域和研究方向，贵州地方文献的搜集整理和地域文化、文学的研究，成为我重点关注的研究领域。通过长期的阅读、思考和研究，逐渐形成集贵州文化、贵州精神和贵州形象三位一体建构当代贵州精神文化体系的学术构想。

　　过去，我在大学里主要从事文献建设、学科建设、教学管理和教学研究等方面的工作。在 2006 年至 2010 年这五年间，我在图书馆工作，根据工作需要和专业特长，着重开展贵州地方文献的搜集、整理和研究，从民间社会搜集到一批包括契约、文书、档案、账册、日记、书信、证件等具有重要学术价值的地方文献，并编著《贵州古近代文学理论辑释》《道真契约文书汇编》等，这是我从文献搜集整理切入贵州地域文化研究的开始。文献整理和研究始终是我从事贵州地域文化研究的一个重要关注点，至今依然还在持续从事"贵州古近代名人日记丛刊""中国乌江流域民国档案丛刊""中国西南布依摩经丛刊"等大型地方文献的整理出版工作。在 2010 年至 2015 年这五年间，我在文学院主持中国语言文学学科建设工作，出于建设特色优势学科之需要，我与我的学术团队着力开展民族性、地域性和应用性的中国语言文学学科建设，重点开展贵州地域文学、文化、语言和艺术的研究。个人以身作则，带头开展"边省地域与文学生产""贵州地域形象史""贵州地域文化精神"等课题的研究工作，提出构建有特色的中国地域之学——黔学的构想，并积极推动相关课题的研究工作。

　　开展"贵州地域形象史"课题研究的目的，是为了给建构当代"多彩贵州"地域形象提供文化背景和精神资源。经过多年的打造和宣传，"多彩贵州"获得域内外人士的普遍认可，成为具有相当美誉度和影响力的地域形象品牌，并渐成风行天下之势，为培育地域认同感、提升地域向心力和凝聚力，增进地域人群的文化自觉和文化自信，发生了重要影响。近几年，我主要从事"多彩贵州风"文化旅游形象的宣传推广工作。在工作中，有两点印象最为深刻：一是深切地感受到，随着贵州区域经济社会的全面发展，作为地域空间的贵州逐渐摆脱被忽略、被轻视和被描写的卑微处境，贵州人开始扬眉吐气，有了一定的文化自觉和文化自信，"多彩贵州"渐成风行天下之势。二是充分认识到"多彩贵州"地域形象品牌尚需进一步丰富其文化内涵。比如，"多彩贵州"有多彩？"多彩贵州风"有几风？这些问题，我常常自问，亦经常被媒体或"他者"追问。实际上，对这些问题，我们并没有思考得很清楚，或者说，"多彩贵州"的内容构成及其内涵特质，尚需作进一步的分析和阐释。

由于管理工作的需要和学术兴趣的驱动，从地方文献的搜集、整理到地域文化、文学的研究、到黔学地域学建构的提出，这是学术研究渐趋深入后的自然演进。兴趣所在，兴之所至，黔学研究成为我一段时期奔走相告、重点关注和积极推动的重点研究领域。进一步思考黔学之用，促使我构想将黔学研究与贵州精神、多彩贵州三者有机整合起来，建构三位一体的当代贵州精神文化体系，以彰显黔学之用。于是，在贵州历史社会和经济社会的大背景上，建构新时期贵州地域精神和贵州地域形象，便成为我学术研究中的题中应有之义。因此，"贵州地域文化精神研究"和"贵州地域形象史研究"两项课题，便先后进入到我的学术视野。

本书的主要内容是，阐释"多彩贵州"地域形象的内容构成和内涵特质，呈显贵州地域形象发生、发展和形成的历史，探讨地域形象建构的方法与路径，研究建构地域形象学的可能性和必要性。

地域研究是当代的一门显学，而地域形象研究则是一项新课题。在当代，全国各地的地方政府和地域知识精英都很重视地域形象的建构，把建构地域形象作为构造地域共同体，凝聚地域向心力，增进地域文化自觉和文化自信的重要手段。但是，就目前所开展的地域形象建构情况来看，成功的例子虽然不少，然大部分皆是"急就章"，通常是由政府相关部门与少数知识精英通过"开会"的方式确定，可以说，既缺乏理论的高度，亦缺乏历史的深度。地域形象是地域空间内政治、经济、地理、历史、文化、礼仪、风俗等因素综合凝聚形成的外在形象，是地域社会政治、经济、文化发展水平的集中呈现，地域形象于地域经济社会的发展至关重要，它的凝练和形成，不是率意而为，而是有一个长期的历史形成过程。我们认为，地域形象的建构，既需要理论的高度，亦需要历史的厚度，或者说，既需要理论的支撑，亦需要历史的语境。

从理论层面看，目前的地域形象研究，基本上是在没有理论指导的情况下自发开展起来的，对于一些基本概念和范畴，未有清晰的界定，如，关于"地域形象"这个概念本身就没有准确的定义，关于建构地域形象之主体、元素、方法和目的等基本问题，即"谁在建构""如何建构""为何建构"等基本问题亦没有深入的研究。所以，呈现出相当盲目无序的状态。本书开展"贵州地域形象史研究"，探讨"多彩贵州"地域形象的内涵构成，我选择从"地域形象"之概念界定和地域形象之建构主体、元素、方法和目的等这些基本问题的探讨入手。即在地域形象建构的一般原理之基础上，探讨贵州地域形象史的发生、发展过程，分析建构"多彩贵州"形象的内涵和元素构成。亦就是说，本书是力图在理论和实践两个层面探讨贵州地域形象的建构、解构与重构。

从历史语境层面看，当下地方政府和地域知识精英虽然都很重视地域形象和地域精神的建构，但通常缺乏一种追本溯源的历史意识，故其所建构的地域形象和凝练的地域精神，大体上皆缺乏一种历史的厚度和文化的根基。我们认为，无论是地域精神还是地域形象，皆是在地域社会的长期历史发展进程中，在地域历史和地域文化之基础上逐渐形成的。因此，无论是地域形象的建构，还是地域精神的凝练，皆需要在历史语境中展开。我们之所以将新时代"多彩贵州"地域形象放置在"贵州地域形象史"语境中来探讨，就是为了呈现"多彩贵州"地域形象的历史语境，显示贵州地域形象建构、解构、重构的曲折发展过程，以及重构新时代"多彩贵州"地域形象的必要性和重要性。地域形象的建构是一个长期的、动态的历史过程。历代中央政府对作为地域空间的贵州的不同态度，历史上的"他者"对贵州的"异化"描写和"我者"的"向化"期待，皆需要在历史的语境中显示。作为建构贵州地域形象的元素，如作为地域称谓的"贵州"，作为地域空间的"贵州"，作为地域族群的"贵州"，作为地域文化的"贵州"，作为地域经济的"贵州"，皆处于一个动态的历史发展进程中，皆需要以历史的眼光辨析其被理解、被诠释和被定义的过程。我们以"风景贵州""风物贵州""风俗贵州""风情贵州""风骨贵州""风骚贵州"定义"多彩贵州"，亦仍然是基于历史语境做出的诠释。

　　综上，基于现实工作需要，从学理上探讨建构"多彩贵州"地域形象的方法、路径及其内涵构成，是本书的写作目的。基于理论语境和历史语境，探讨贵州地域形象的发展历程和建构"多彩贵州"地域形象的必要性和重要性，是本书的写作路径。

　　探讨建构地域形象之要素、方法和路径，在此基础上，在历史语境中研究贵州地域形象史，诠释"多彩贵州"地域形象的内涵，于我而言，这是一次初步的尝试。可以说，此项课题研究，既无现成的地域形象理论可资参考，亦无具体的研究案例和研究范式可资借鉴。正因为是一次初步的尝试，所以值得进一步开掘的空间还很大，需要做的工作还有很多，特别是在借鉴文学形象学和文化形象学的基础上，建构一门隶属于地域学的地域形象学，以指导当下地方政府和社会各界普遍重视的地域形象建构工作，是既有学术价值又有社会价值的学术课题，亦是我打算今后致力的一个学术方向。

参考文献

一、古籍文献类

司马迁著：《史记》，中华书局 1982 年版。

王先谦撰：《汉书补注》，中华书局 1983 年版。

黄晖撰：《论衡校释》，中华书局 1996 年版。

卢弼撰：《三国志集解》，中华书局 1982 年版。

刘琳撰：《华阳国志校注》，巴蜀书社 1984 年版。

浦起龙撰：《史通通释》，江苏广陵古籍刻印社 1991 年版。

王阳明著：《阳明先生辑要》，中华书局 2008 年版。

吴光等编校：《王阳明全集》，上海古籍出版社 2011 年版。

徐霞客著：《徐霞客游记》，河北人民出版社 1998 年版。

华夫编：《赵翼诗编年全集》，天津古籍出版社 1996 年版。

顾祖禹著：《读史方舆纪要》，中华书局 2005 年版。

吴中蕃著：《敝帚集》，《黔南丛书》本，贵阳文通书局铅印本。

关贤柱校注：《杨文骢诗文三种校注》，贵州人民出版社 1990 年版。

周起渭著：《桐埜诗集》，贵州人民出版社 1999 年版。

黄万机等点校：《郑珍全集》，上海古籍出版社 2012 年版。

杨元桢校注：《郑珍巢经巢诗集校注》，贵州人民出版社 1992 年版。

张剑等校点：《莫友芝诗文集》，人民文学出版社 2009 年版。

罗书勤等点校：《黔书·续黔书·黔记·黔语》，贵州人民出版社1992年版。

莫友芝等编：《黔诗纪略》，点校本，贵州人民出版社1993年版。

陈田编：《黔诗纪略后编》，宣统三年陈夔龙京师刻本。

犹法贤著：《黔史》，《中国地方志集成·贵州府县志辑》第1册，巴蜀书社等2006年版。

（万历）《黔记》，《中国地方志集成·贵州府县志辑》第3册，巴蜀书社等2006年版。

（康熙）《贵州通志》，《中国地方志集成·省志辑·贵州》，凤凰出版社2010年版。

（道光）《遵义府志》（点校本），遵义市志编纂委员会办公室整理出版。

（道光）《贵阳府志》（点校本），贵州人民出版社2005年版。

（民国）《贵州通志·人物志》（点校本），贵州人民出版社2001年版。

（民国）《贵州通志·艺文志》（点校本），贵州人民出版社1989年版。

（民国）《续遵义府志》，遵义市红花岗区地方志办公室影印，2000年版。

二、现当代著述类

钱穆著：《国史大纲》，商务印书馆1996年版。

刘兆吉著：《西南采风录》，贵州省文史馆编《民国贵州文献大系》第二辑下册，贵州人民出版社2011年版。

施康强著：《浪迹滇黔桂》，中央编译出版社2001年版。

王利器、王贞珉选编：《中国笑话大观》，北京出版社1995年版。

葛兆光著：《思想史研究课堂讲录》，三联书店2005年版。

葛兆光著：《宅兹中国——重建有关"中国"的历史论述》，中华书局2011年版。

赵世瑜著：《小历史与大历史：区域社会史的理念、方法与实践》，三联书店 2006 年版。

程美宝著：《地域文化与国家认同——晚清以来"广东文化"观的形成》，三联书店（香港）有限公司 2018 年版。

王子今著：《秦汉区域文化研究》，四川人民出版社 1998 年版。

王明珂著：《英雄祖先与弟兄民族——根基历史的文本与情境》，中华书局 2009 年版。

王明珂著：《华夏边缘——历史记忆与族群认同》，浙江人民出版社 2013 年版。

唐莫尧著：《贵州文史丛考》，贵州教育出版社 2000 年版。

周春元著：《贵州近代史》，贵州人民出版社 1987 年版。

刘学洙、史继忠著：《历史的理性思维——大视角看贵州十八题》，贵州教育出版社 2004 年版。

范同寿著：《贵州历史笔记》，贵州人民出版社 2008 年版。

黄万机著：《客籍文人与贵州文化》，贵州人民出版社 1992 年版。

启功主编：《冉冉流芳惊绝代——朱启钤学术讨论会文集》，贵州人民出版社 2005 年版。

蓝勇著：《西南历史文化地理》，西南师范大学出版社 1997 年版。

朱俊明著：《夜郎史稿》，贵州人民出版社 1990 年版。

葛剑雄、吴松弟、曹树基著：《中国移民史》，福建人民出版社 1997 年版。

曹顺庆主编：《比较文学论》，四川教育出版社 2005 年版。

廖宜方著：《唐代的历史记忆》，国立台湾大学文学院历史系博士论文，2009 年。

张晓松著：《山骨印记——贵州文化论》，贵州教育出版社 2000 年版。

王永平著：《中古士人迁移与文化交流》，社会科学文献出版社 2005 年版。

《贵州通史》编委会著：《贵州通史》，当代中国出版社 2002 年版。

王尧礼编：《抗战贵州文录》，贵州人民出版社 2015 年版。

王路平著：《传统哲学与贵州文化——黔学中的形上智慧资源》，中央民族大学出版社 2013 年版。

易闻晓著：《黔学论集》，西南交通大学出版社 2012 年版。

汪文学著：《边省地域与文学生产——文学地理学视野下的黔中古近代文学生产和传播研究》，上海古籍出版社 2016 年版。

［美］克利福德·格尔兹著：《文化的解释》，韩莉译，译林出版社 2014 年版。

［美］柯文著：《在中国发现历史》，林同奇译，中华书局 1989 年版。

［美］施坚雅著：《中华帝国晚期的城市》，叶光庭等译，中华书局 2000 年版。

［美］爱德华·希尔斯著：《论传统》，傅铿、吕乐译，上海人民出版社 1991 年版。

三、学术论文类

黎子耀：《魏晋南北朝史学的旁支——地记与谱学》，《杭州大学学报》1982 年第 2 期。

［法］莫哈：《比较文学形象学》，《中国比较文学通讯》1994 年第 1 期。

［法］巴柔：《比较文学意义上的形象学》，《中国比较文学》1997 年第 1 期。

朱伟华：《地域文化与地域文学之断想》，《山花》1998 年第 2 期。

孟华：《试论他者"套话"的时间性》，见乐黛云、张辉主编《文化传递与文学形象》，北京大学出版社 1999 年版。

程美宝：《地方史、地方性、地方性知识——走出梁启超的新史学片想》，见杨念群、黄兴涛、毛丹主编《新史学：多学科对话的图景》，中国人民大学出版社2003年版。

胡昭羲：《蜀学与蜀学研究榷议》，《天府新论》2004年第3期。

施宣圆：《闽南·闽南人·闽南学》，《闽都文化研究》2004年第12期。

陈春声：《走向历史现场》，"历史·田野丛书"总序，见赵世瑜《小历史与大历史：区域社会史的理念、方法与实践》书首，三联书店2006年版。

刘学洙：《我眼中的朱厚泽（下）》，《贵阳文史》2009年第1期。

孙兆霞、全燕：《"通道"与贵州明清时期民族关系的建构与反思》，《思想战线》2010年第3期。

陈来：《近代"国学"的发生与演变——以老清华国学研究院的典范意义为视角》，《清华大学学报》（哲社版）2011年第3期。

杨志强、赵旭东、曹端波：《重构"古苗疆走廊"——西南地域、民族研究及文化产业发展新视域》，《苗学研究》2012年第1期。

朱汉民：《湘学的源流与学统》，《湖南大学学报》2013年第1期。

胡大雷：《桂学研究的意义与学术构成》，《桂学研究》第一辑，广西师范大学出版社2014年版。

胡大雷：《桂学传统与粤西精神》，见《粤西士人与文化研究》，广西师范大学出版社2014年版。

田阡：《村落·民族走廊·流域——中国人类学区域研究范式转换的脉络与反思》，《新华文摘》2017年第10期。

"汪文学学术作品集"后记

十年前，出版个人学术论文集《汉唐文化与文学论集》，我写过一篇"后记"，名为"读书·教书·著书——十三年学术研究和教书育人之回顾与展望"。整整十年过去了，如今又提笔撰写个人学术作品集之"后记"，对二十三年之学术历程进行回顾和总结。十年一个轮回，十三年做一次反思，二十三年做一次总结，是巧合还是命定？这不好说。但这次总结与前次不同，前次只是一个阶段性的反思，故而简略；此次则是一个转折性的总结，所以务求详尽。以下，便是我对自己二十三年治学经历之回顾与学术工作之反思，以及今后研究方向的展望。

一

过去在大学里从教的时候，我对学生尤其是刚走进大学校门的新同学，特别强调大学四年的学习生活于人生发展的意义。我以为，大学四年的学习，奠定一个人一生的文化背景，确定其人生发展之方向，决定其人生发展的高度。因此，我常常建议我的学生：你必须学有所长，你必须在这四年做出你的人生规划，并根据自己的兴趣和人生规划学习。

其实，这亦是我的经验之谈。我是1987年上的大学，回顾大学四年的学习生活，我只记得做了两件事情：一是写小说，二是学习中国古代文学。大学一、二年级，我的主要工作是写小说。整整两年，我写短篇，写中篇，还写过长篇。记得当时写得很入迷，除了上课之外，几乎所有课余时间都用在了这上面。大学三、四年级，我的主要工作是学习中国古代文学。之所以放弃写小说转而专心学习中国古代文学，一方面是因为写了两年，没有作品发表过，不免有些丧气；另一方面则是因为我对中国古代文学这门课程产生了浓厚兴趣。杨树帆先生在"先秦文学"课程上讲的第一课是"先秦神话"。先生古今中外旁征博引讲述"神话"的定义、研究方法和研究动态，深深地吸引了我，使我放弃小说的写作，转而重点学习中国古代文学。就是这一节课，改变了我的学习兴趣，确定了我的人生方向。因此，在大学三、四年级这两年中，我把所有课余时间都用在了中国古代文学的学习上，整天就泡在图书馆里读书和抄材料，真是达到了如饥似渴的地步。不过，现在想来，前两年的写作训练亦没有白费，它在一定程度上培育了我的文字表达能力，养成了我勤于写作的习惯。

我大学四年就做了这两件事，但就是这两件事奠定了我的知识背景，决定了我的人生方向。我于1991年大学毕业后顺利考上中国古代文学专业的研究生。与现在硕士研究生的批量招生和规模培养不同，我们那个时代硕士研究生招生数量很少，三位导师带两个学生，就像师傅带学徒一样，完全是手把手地带着读书、写笔记和做论文。导师祁和晖先生，主要从事汉唐文学和巴蜀地域文化研究，精研杜诗。先生待我如子，对我关爱有加，其治学上开阔的境界和独特的视角，使我受益匪浅。在我的治学经历中，博览群书之习惯，跨学科的研究取径，多半得自于先生的教诲和启发。导师何宁先生，主要从事先秦两汉诸子之研究，精研《淮南子》，著成《淮南子集释》这样的名山事业。先生秉承乾嘉学派的治学方法，主张一辈子读通一部书。其治学之谨严、待人之宽厚，长者风范，仙风道骨，尤为后学所景仰。很长一段时间，我想做《法言》《人物志》等书之集释或笺注，就是受先生治学精神之影响。导师王发国先生，主要从事中国古代文学理论之研究，精研钟嵘《诗品》，其关于《诗品》之考证著述，尤为学界所推崇。我之所以还能做一些考证性的论文，就是直接受益于先生的教育。

　　作为一位学者，研究方向或者研究课题的选择，与个人兴趣和性格大有关系。记得我在硕士论文选题时，最先尝试的是做初唐诗研究。我大略花了半年多的时间，通读了初唐近百年的诗歌。但是，读完之后，我没有找到任何感觉，亦没有找到研究的切入点，并且发现自己不适合做纯粹的诗词研究。我认为，做纯粹的诗词研究，研究者应当具备较为发达的形象思维能力，具备诗性气质，最好是能够写诗，对诗歌写作本身有比较真切的体验和理解。我不会写诗，形象思维能力较差，这亦是我在小说创作的道路上走不下去的主要原因。自信抽象思维能力比较发达，并且愿意下功夫，比较适合做文化思想史方面的研究。因此，我最后以汉唐文化思想方面的课题作为硕士论文选题，写成"汉唐雄风共性论——唐人慕学汉人风范之历史文化心态研究"一文，有十五六万字。我是基于王勃提出的"唐承汉统"说，研究唐诗中以汉代唐的原因，探讨唐人慕学汉人之历史文化心态。这篇论文的写作，奠定了我侧重从思想文化角度研究中国传统文化的方向。

　　在我的学术生涯中，自谓对学术有浓厚的兴趣，有一定的学术精神和学术理想，既能做一些细密的考证，亦能做一点宏观的研究，与三位恩师的教诲有直接的关系。三年硕士研究生阶段的学习，坚定了我以学术研究为终身职志的选择，奠定了我侧重于从思想文化之角度切入中国传统文化研究的学术取向。所以，硕士研究生学业完成后，我便毫不犹豫地选择去高校从事中国古代文学的教学和研究工作，并且最终如愿以偿。

二

1994 年我硕士研究生毕业，进入贵州民族大学中文系从事中国古代文学的教学和研究工作。我提交给时任系主任李华年先生审查的入职材料，是一本约有五万字的"读扬雄《法言》笔记"。先生对我关爱有加，使我记忆犹新的，是在我刚进校不久，先生与我的一次谈话。大意有两点：一是一定要把课程讲好，这是在高校立足的根本；二是一定要把学问做好，这是在学界立身之根本。二十余年的教学和科研实践，我算是没有辜负先生的期望。自信比较擅长讲课，亦还能够得到学生的欢迎。如果说有什么秘诀的话，那就是我喜欢将自己的读书心得和研究成果带入课堂，以培养学生的学习兴趣、学术想象力和创造力为教学目的，因而深受学生的欢迎。自信对学术研究有浓厚兴趣，有较强的学术精神和学术理想，二十余年先后出版十余种著述，在几个学术专题之研究上，提出了个人的学术见解，亦获得学术界的认同。大体做到以教学促进科研，以科研带动教学，使教学与科研相得益彰。

记得在 1994 年的夏天，因阅读冯天瑜先生的《中华文化史》而对"正统论"课题发生兴趣。书中零星讨论的"正统论"问题，引起我的注意，并意识到这是一个对中国古代政治文化产生过重大影响而又被学术界严重忽略的课题。于是搜集相关材料，撰成《中国古代正统观论纲》一文，于 1995 年 5 月在贵州省中华文化研究会召开的"传

汪文学学术作品集　后记

327

统文化与时代精神"学术会上交流，得到与会专家的认可，于是立意开展系统深入的专题研究。从搜集资料到完成定稿，历时五年，命名为《正统论——发现东方政治智慧》，于 2002 年交由陕西人民出版社出版。这是我的第一部学术著作，书中提出的"正统论是具有古代中国特色的权力合法性理论"的观点，至今依然自信是对"正统论"研究的重要补充。

从事人文社科的学术研究，学术积累不可或缺。但是，一个重要学术课题的捕捉，机缘亦是至关重要的。记得 1998 年 2 月，我在《读书》杂志上读到葛兆光先生的《知识史与思想史——思想史的写法之二》一文，其中关于"东汉博学通儒的知识主义倾向，使得当时知识阶层的知识取径大大拓展"，进而"瓦解了儒家经典作为知识的唯一性"，使"各种杂驳的知识就成了人们阅读的热门"一段文字，引起我的极大兴趣。联想到我曾经关注过的在东汉中后期知识界备受重视的"通人"群体，我意识到东汉中后期知识界盛行的尚通意趣对汉晋文化思潮变迁的重要影响。因此，从汉末魏晋六朝时期知识界盛行的尚通意趣的角度，研究汉晋文化思潮之变迁，成为我当时关注的重点课题。大约花了两年多时间，完成书稿的写作，命名为《汉晋文化思潮变迁研究——以尚通意趣为中心》，于 2003 年交由贵州人民出版社出版。葛兆光先生的这篇文章，是激发我写作这本书的重要机缘。如果没有这篇文章的启发，我不会想到写作这本书。书中提出的"尚通意趣是汉晋文化思潮变迁之关键"的观点，至今依然自信是解释汉晋文化思潮变迁的重要视角。

学术研究的开展和学术课题的捕捉，还与个人的人生经历有关。我出生在一个传统农村家庭中，少时于我影响最深，让我最感亲近的是祖父母。记得在小时候，祖父经常带着我走亲访友。在那时的农村，酒席是四方桌,什么身份坐什么位置,是有相当讲究的。通常的规矩是:祖孙同凳,父子不同席。这个规矩在乡下讲得很严,我多次亲眼看见村中的年轻人因为不懂得这个规矩,坐错了位置,而被人嘲笑。我一直不明白其中的原因,祖父亦未能给我做出明白的解释,好像亦没有人能够说得清楚。祖父享年七十有五,他是在一个特别阴冷的冬天的傍晚,突然中风倒地,就在那天深夜,他靠在我的肩头上离开了人世。祖父去世后,我一直想写点文字纪念那段影响我一生的人伦经历。天生稚拙而沉静的我,最终未能写出这篇纪念文字,倒是由此激发了我对祖孙关系和父子伦理的学术思考,并试图对"祖孙同凳,父子不同席"的礼俗现象做出解释,最终著成《中国古代父子疏离、祖孙亲近现象初探》一文, 并将此作为我对祖父母的一种理性的追忆或怀念。这段人生经历和这篇论文的写作,激发了我对人伦关系的研究兴趣。大约从 2002 年秋天开始,我花了近两年的时间,对传统中国人伦关系进行通盘诠释,撰成《传统人伦关系的现代诠释》一书,交由贵州民族出版社出版。

在《传统人伦关系的现代诠释》中,我对中国传统社会的人伦关系,进行了饶有兴趣的现代诠释。虽然夫妇关系的探讨在书中占有较大的篇幅,但是,我仍感意犹未尽。因为在我看来,两性关系包括夫妇关系和情人关系。此书限于篇幅和体例,于夫妇关系有较详尽的讨论,而于情人关系则是语焉不详。因此,从那时起,我便萌生出写一部专门讨论两性情爱关系的专著的想法。于是,从 2007 年春开始,我花了近四年的时间,集中精力开展传统中国社会男女两性情爱关系的研究,著成《诗性风月——中国古典文学中的情爱》一书,交由中央编译出版社出版。应该说,这本书是顺着《传统人伦关系的现代诠释》一书的学术理路延伸出来的。实际上,此书的研究和写作已经大大超出我最初的设想，一不小心就写出了四十多万字，并且还意犹未尽，许多话题还萦绕在头脑里，欲罢不能，欲弃不忍。有些问题已经初步涉及，但是尚欠深入，或者未能做出令人信服的解释。

因此，由两性情爱关系之研究引申出来的"性别诗学研究"，进入我的学术视野，于是著成《中国古代性别与诗学研究》一书，于2012年交由台湾花木兰文化出版社出版。因研究性别诗学，而延展到对中国古代文学之古典美与现代性的思考，"中国古典诗学理想"课题又进入我的学术视野，于是便有了《温柔敦厚：中国古典诗学理想》一书的写作。

三

学术研究方向和研究课题的选择，还与个人的工作经历有关。我于2006年从中文系调到学校图书馆工作，主要从事地域文献的搜集、整理和研究，构建图书馆的馆藏特色；2010年又从图书馆调到文学院工作，主要从事以地域性、民族性和应用性为特色的中国语言文学学科建设。于是，地域文化、区域文学和地方文献的研究，又逐渐进入到我的学术视野。

众所周知，近代以来出版的中国文学批评史，基本上皆以中土主流精英的经典理论为研究对象，很少涉及地域文献，特别是边省地方文献中的文论材料。当然，代表一个时代文学思想之主体特色和重要成就的，主要还是文化中心地区的主流知识精英之观点。但是，撰写"中国文学批评史"，建构"华夏民族文学理论体系"，除了重点考察主流知识精英的文学观念，亦必须关注文化边缘地区的士子对文学的看法；除了重视中土主流人士之文学理论，亦应当兼顾边省少数民族民间艺术家的文学思想。如此"重写"的"中国文学批评史"和重建的"华夏民族文学理论体系"，才是名副其实的。于是，辑录和校释贵州古近代地方文献中的文学理论资料，编著《贵州古近代文学理论辑释》一书，就是在这种背景下，基于这样的学术理念，利用在图书馆工作的便利条件做出来的。

因为编著《贵州古近代文学理论辑释》一书，接触到大量的贵州地域文献，尤其是其中关于边省地域影响文学生产和传播的史料，引起我的注意，于是撰写《地域环境对黔中明清文学创作的影响研究》一文，发表在《江汉论坛》2009年第5期，并被《中国社会科学文摘》2009年第9期转载。随后，便以这篇论文为基础，开展边省地域对文学生产和传播的影响研究，并于2012年以"边省地域对文学生产和传播的影响研究——以贵州明清文学为例"为题，申请并获得国家社科基金立项资助。此项工作，历时三年有余，著成《边省地域与文学生产——文学地理学视野下的黔中古近代文学生产和传播研究》一书，于2016年交由上海古籍出版社出版。

虽然我的学科背景是中国古代文学，但却时常保持着对文学人类学、文学地理学和文学伦理学等交叉学科的浓厚兴趣，特别是近年来渐成时尚的关于地域学或地方性知识的研究，虽然距离我的学科背景相当遥远，但还是深深地吸引着我。比如赵世瑜先生的《小历史与大历史：区域社会史的理念、方法与实践》一书，就使我大开眼界，恍然大悟：原来学问可以这样做，原来学问必须这样做。无论是作为方法论还是作为研究对象的区域社会史研究，其追求"回到历史现场"的治学理念，其"以民俗乡例证史，以实物碑刻证史，以民间文献证史"的研究方法，其"进村找庙，进庙找碑"的治学路径，的确在史学研究领域树立起一种新的研究"范式"，具有相当重要的启示意义。

尤其是对于像我这样从事从文献至文献的中国古代文学研究者来说，确有耳目一新之感。

区域社会史研究尤其重视地方性资料的发现与整理，地方性知识的搜集与描述。实际上，区域社会史的研究就是通过地域性资料的解读和地方性知识的阐释，以建构地方经济社会的发展历史。贵州区域社会史研究，首先面临的突出问题，就是地方性资料的严重欠缺。贵州地域人文传统的欠缺和单薄，乃至出现"千年断层"现象；贵州文化长期以来一直处于被忽略、被轻视和被描写的地位，主要就是因为贵州地域文献资料长期以来没能得到有效的搜集、整理和传承。由于地方文献资料的严重短缺，必然出现人文传统的"千年断层"；地方文献的大量散佚，体认和建构地域人文传统缺乏必要的支撑，其文化形象就一直处在被忽略、被轻视和被描写的地位。因为缺乏足够的文献资料，所以不能建构起自我的人文传统和塑造出自我的文化形象，缺乏"我者"的自我"描写"，亦就必然陷入"他者"的"描写"之中，其"被描写"的地位就不可避免。在"被描写"的过程中，因为对象不能提供足够的文献资料，"被描写"的真实性、全面性和正确性就大打折扣，被歪曲、被忽略和被轻视亦就在所难免。基于这样的研究现状，沿着这样的学术思路，搜集、整理贵州地域文献资料，就成为我和我的研究团队特别重视的基础工作，于是编校《道真契约文书汇编》，整理严修《蟫香馆使黔日记》，主编"中国乌江流域民国档案丛刊""贵州古近代名人日记丛刊""中国西南布依族抄本文献丛刊"等大型地域文献，就逐渐地开展起来。

2012年，我负笈桂林，在胡大雷先生的指导下攻读博士学位，撰写题为"扬雄与六朝之学"的博士论文。游学胡门三年，其时先生正在主持国家社科基金重大招标课题"桂学研究"的研究工作。先生关于"桂学"的研究和学科体系的建构，深深地吸引了我，激发我建构"黔学"学科的强烈愿望。亦就是从这时起，我不再满足于做贵州地域文化课题的个案研究和贵州地方文献的个别整理，而是产生了更大的学术理想，就是力图建构具有特色的中国地域之学——黔学，建构以黔学研究、贵州精神和多彩贵州三位一体的当代贵州精神文化体系。

黔学能否成为"学"？这是首先必须解决的问题。我认为，"多山多石"的山国地理和"不边不内"的通道地位，以及"割川、滇、湘、粤之剩地"而构成的区域地理和因之而形成的"五方杂处"的地域文化，及其以"大杂居、小聚居"为特点的民族分布格局和因之而形成的"和而不同"的民族文化，使贵州的地理特征、地域区位、人文风尚、地域文化和民族性格皆自成一体，与其他地域相比，皆有相当明显的特殊性和独立性。所以，以自古及今与黔地、黔人相关的精神文化为核心内容，建构一门有别于其他地域之学的黔学，不仅是可能的，而且亦是有学理依据的。黔学的学科基础和学理依据，成为当时我特别关注的课题。

大体上说，贵州精神是灵魂，多彩贵州是形象，黔学研究是基石。三者相辅相成，相得益彰，是建构当代贵州精神文化体系的三大要素。所以，我以为，摆脱长期以来被轻视、被忽略和被描写的尴尬地位，重塑贵州人文形象，重建黔人的文化自信，增强贵州多民族的文化凝聚力和地域认同感，建构当代贵州精神文化体系，是当代贵州经济社会发展建设中必须面对和着力解决的问题。"贵州地域文化精神研究"和"贵州地域形象史研究"等课题，就是在这种学术兴趣之驱动下开展起来的。

四

回顾过去二十余年的学术经历，或是由于个人的学术兴趣，或是因为某种偶然的机缘，或者缘于个人的人生经历，或者由于工作之需要，我在几项学术专题上做了一些研究，积累了一些心得体会，养成了个人的学术习惯，发表了一些个人看法，提出了一些学术观点。就学术习惯而言，以下两点，于我而言是比较受益的。

其一，端正书写的习惯。我的这种习惯养成很早，是在小学三四年级的时候，至今依然保持。自认为个人在学术研究上有一点成绩，与这个习惯大有关系。

记得那是在四十多年前一个晚春的周末，我随了父亲去乡公所的医务室上班，父亲为乡亲们看病拿药，我闲着无事，就在乡公所的楼上楼下、室里室外闲逛。大厅左侧宣传栏上张贴的一些考试试卷吸引了我，那是当时乡村干部的时事政治考试试卷，经过红笔批改，还写有分数，现在我还记得第一道题目是"党的十一大总路线是什么"，第二道题目是"新时期的总任务是什么"。到底是出于什么目的，我至今依然没有想清楚，反正当时我产生了偷走这些试卷的强烈冲动。我装着若无其事的样子，楼上楼下、室里室外逛了一圈，在确认不会被发现的情况下，迅速扯下这些试卷，立即将它揉成一团，塞进裤裆里，偷偷地"跑"回家。那一年我八岁，小学三年级学生，这是我一生中干的第一件"偷鸡摸狗"的事情。回到家，我躲在房间里，仔细"研究"这些试卷，通过精心比照，花了两天时间，整理出一份"标准"答案。不知出于什么原因，我很入迷，反反复复地抄写、背诵这份试卷，持续了差不多两年，几乎是一天抄写一遍。至今在我右手中指指节上的那颗胡豆大小的老茧，就是那时握笔给磨出来的。现在想起来，这件在别人看来毫无意义的事情，对我后来的读书生活产生了重要影响，使我养成工整书写的学习习惯，养成做事认真和爱好整洁的生活习惯。

现在的年轻人都不再用钢笔书写，许多专家学者和年轻人一样，把电脑作为书写的工具。用电脑书写，有方便快捷、便于修改的好处。但是，长期以来，我还是坚持用钢笔书写，大到几十万字的学术专著，小到几千字的学术论文，我都坚持用钢笔在三百字的方格稿纸上一丝不苟地书写。只有这样，我的头脑才是清楚的，思维才是敏捷的，思路才是连贯的。朋友们都笑话我落伍了，但我还是固执地坚持着。我亦这样要求我的孩子和学生。亦许这种做法真的已经落伍，但我还是固执地认为：认真书写对年轻人的成长很重要。我甚至常常偏执地以学生的书写态度论定他的生活态度和工作作风。我以为：你不一定能成为书法家，但你必须提笔书写。一提笔写字，你就得认真。这是一种态度，是学习的态度，亦是生活的态度。

在如今这个信息化时代，资料的获取极其便利，网络环境下的资料搜寻更是方便快捷。再要求学生抄书和背书，的确有些不合时宜。不过，于我个人而言，抄书是有益的，背书是有趣的。从小养成的抄书习惯，一直保持到读研究生那个时候。如今的我已渐渐失去了抄书的热情，虽然为了进行专题研究仍在做一些资料摘录式的读书笔记。但是，我仍然要求我的孩子和学生，在读书阶段应当养成抄书和背书的习惯，应当养成认真书写的习惯。

其二，博览群书的习惯。这种习惯的养成，始于读硕士研究生那几年，至今依然保持。我始终认为，只有博览群书，才能触类旁通，才能博而返约。许多重要的学术突破，往往是在学科边缘之际或交叉学科之间。只有博览群书，才能捕捉到有价值的学术课题，才能触类旁通，进而提升研究之高度、扩展研究之宽度、掘进研究之深度。个人在学术上能够捕捉到一些有价值的课题，能够有一些心得体会和学术见解，多半缘于这个习惯。

我的专业背景是中国古代文学，研究方向是汉魏晋南北朝文学。但是，长期以来，我一直在做着所学专业以外的事情。比如，《正统论——发现东方政治智慧》一书，据说这项研究应该属于政治学的范畴。《汉晋文化思潮变迁研究》一书，据说这本书又属于思想史的范畴。《传统人伦关系的现代诠释》一书，按照学科分类，应当属于伦理学的范畴。《贵州古近代文学理论辑释》一书，这显然属于文献学的范畴。《诗性风月——中国古典文学中的情爱》一书，书名是责任编辑基于图书销售之需要而改定，实际上是关于传统中国文化语境中的两性情爱关系之研究，虽然书中引用了大量的古代文学材料，但本质上不是关于古代文学的研究，其学科归属很难确定。另外，目前正在着手的"两汉之际政治与文化的综合研究"，已经完成的"贵州地域形象史研究""贵州地域文化精神研究"等课题，其学科归属亦很不明确，或者大体可以归入历史学领域。

其实，我的学科疆界划分观念比较淡薄。当我对某个问题产生兴趣，认为它值得研究，并且手边又有一些材料可以利用，以为通过自己的努力又能够做得出来的时候，我便毫不犹豫地去做了，根本不曾想到它到底属于哪个学科门类，所以常常是一不小心就迈进了别人的地盘上去了。这样的做法，说得好听一点，是知识渊博，兴趣广泛；说得不好听一点，是没有专业方向，是杂家，因此亦就不成其为家。其实，从内心里我很尊敬和佩服那些一辈子只研究一本书或一个人的学者，就像我的老师何宁先生，一辈子就做《淮南子》研究，做成《淮南子集释》这样的名山事业；像我的老师王发国先生，一辈子就以钟嵘《诗品》为中心开展中国古代文学理论研究，做成《诗品考索》这样的不朽著作；或者像我的老师祁和晖先生那样，执着于杜甫诗歌的研究；像我的博士导师胡大雷先生，专注于先秦两汉魏晋南北朝文学和文献的研究，成为当代学界在该领域的领军人物。但是，我总是抑制不住自己的好奇心，因为博览群书，常常见异思迁，往往胡思乱想。有时亦扪心自问：耗上几年的时间去经营一些不断涌现出来的一个又一个"胡思乱想"，是不是代价太大？带着这样的疑惑，我曾专程去拜访一位我向来尊重的前辈学者，他的一番点拨让我茅塞顿开，豁然开朗。他说：学问之道当由博返约、由广入专。四十不惑。四十岁以前不妨博览群书，广泛涉猎；四十岁以后应当从事专门之学，以自成一家。遗憾的是，当我准备收住这些"胡思乱想"，打算专注于中国古代文学之研究时，我却离开了学术界，转行做了公务员。看来，此生只能做一个学术杂家了。

五

回顾过去二十余年的学术经历，总结过去的学术研究，反思已往的治学追求和学术理想，下述三个问题常常萦绕于心，这不仅是我过去二十余年的治学心得，亦可能成为影响我今后学术生涯的重要因素。

其一，学术创新与问题意识之关系。创新是学术研究之灵魂，没有创新价值的学术研究就是伪学术，就是制造学术垃圾。我深信，新材料的发现和新方法、新视角的运用是推动学术创新的重要途径。同时，新问题的捕捉，亦是促进学术创新的重要动力。比如，一条大家都耳熟能详的史料摆在面前，有的人匆匆读过，不曾有任何发现，而有的人却能从常见的材料中发现新问题、大问题，通过研究进而推动学术发展。这关键在于学者是否具备独到的学术眼光和敏锐的学术洞察力。有学术眼光和敏锐洞察力的学者，常常具有强烈的问题意识，因而能够在常见材料中捕捉到有价值的学术新问题，开展具有创新价值的学术研究。所以，学术研究之成败得失，往往与学术选题有特别密切的关系。一般而言，选题水平与学者的学术素养有关，与学者是否具备敏锐的学术洞察力有关。

学者必须具备强烈的问题意识。问题意识推动学术创新，在他人没有问题的地方发现问题，在他人信以为真的地方产生怀疑，这就是问题意识，这就是学术精神。我甚至以为，学者的学术生命应该由问题构成，一辈子解决几个学术难题，在几个学术大问题上有独特见解，便算是没有枉费此生。更进一步，就个人兴趣而言，我更追求对一个个具体的学术问题做深度的开掘，提出个人的独立见解，而不大乐于做面上的陈述，如文学史、文化史、思想史之类。当然，真正有价值的文化史或文学史之类的著作，必定是在著作者经历了若干个案问题之研究后所撰著。在问题研究中，我追求"一句话结论"的学术境界，即一部数十万字的研究著作，最终当能用一句话来概括结论，如此方才算有见解，有结论。即使这个见解有问题，这个结论有偏颇，亦略胜于通过数十万字的讨论而没有任何结论的著作。比如，在《正统论——发现东方政治智慧》中，讨论唐宋以来影响广泛的"正统论"，与以梁启超、饶宗颐为代表的学者以"正统论"为中国古代史学理论之观点不同，我提出"正统论是古代中国政治权力合法性理论"的观点，基本实现了"一句话结论"的学术追求。在《汉晋文化思潮变迁研究——以尚通意趣为中心》中，讨论汉晋文化思潮之变迁，得出"尚通意趣是汉晋间学风、士风、文风变迁之关键"的结论，亦大体实现了"一句话结论"的学术追求。在《扬雄与六朝之学》中，我用了近三十万字的篇幅，研究扬雄影响六朝之学的可能性，讨论扬雄对六朝之学的具体影响，提出"六朝之学始于扬雄"这个观点，亦算是得出了"一句话结论"。其他如《诗性风月——中国古典文学中的情爱》《边省地域与文学生产——文学地理学视野下的黔中古近代文学生产和传播研究》《温柔敦厚：中国古典诗学理想》，等等，亦大体实现了"一句话结论"的学术追求。总之，我并不反对其他形式的学术表述，仅是出于个人学术兴趣而偏爱以问题切入研究的学术表达，乐于以问题意识建构自己的学术生命，偏爱"一句话结论"的学术研究模式。

其二，学术高度与研究深度的统一。2012年，我负笈桂林，游学胡门。大雷先生以为：学术研究当是高度与深度的统一，即以某人或某书为出发点，研究一个时代、一种思潮或者一个流派，既有微观的研究以示其深度，又有宏观的展现以示其高度。大雷先生的用意，我能理解：传统中国的学问博大精深，过于宏观的论述往往流于空疏，过于细微的研究容易陷入琐碎。你必须成为某一局部领域的研究者，你必须是古代某位学者文人或专书的研究专家，你在学术界才有立足之地。宏观的研究应当从某人或某书出发，才能达到高度与深度的统一。

学术研究的深度与高度之统一，就是以小见大的问题。在《汉晋文化思潮变迁研究——以尚通意趣为中心》一书中，我从当时知识界流行的尚通意趣这个被一般学者忽略的视角，对汉晋八百年间文化思潮之变迁进行通盘诠释。虽然不是以专书或专人为出发点，但亦基本上做到了小题大做，算是既有高度亦有深度的作品。又如《扬雄与六朝之学》一书，就是基于高度与深度相统一的治学理念展开的。若专注于扬雄之研究，亦许有深度，但可能没有高度；若专注于六朝之学的研究，则有可能流于空疏，有高度而无深度。而研究扬雄与六朝之学之渊源影响关系，则或可能达到高度与深度的统一。

其三，阵地战或者游击战的问题。我常常将学术研究比喻成行军打仗。打仗有两种类型：一是阵地战，二是游击战。正规军一般打的是阵地战，虽然偶尔亦打游击战。学术研究亦是如此，以学术为职志之学者往往打的是阵地战，即以一两个学术问题为中心向周边延展，或者以一个问题为起点向前延伸。虽然亦偶尔对其他问题发生兴趣，打打游击，但其重点则主要是在一两个阵地上。

回顾过去二十余年的学术研究，我打的是阵地战，主要是在三个阵地上经营。一是以"正统论"研究为起点的学术阵地。在 2002 年出版的《正统论——发现东方政治智慧》一书，我从权力合法性理论的角度，对古代中国上层政治权力和政治秩序展开研究。为了全面认识古代中国社会的结构特点，必须对民间社会秩序和网络有一个全面的研究。于是，我又潜心于传统社会人伦关系的研究，著成《传统人伦关系的现代诠释》一书，这是学术研究的自然拓展。在本书中，我用一章的篇幅讨论传统社会的婚姻关系和爱情理想，但因论题、体例和篇幅的限制，许多问题尚未完全展开讨论，尤其是爱情理想和情人关系。于是，我又专注于传统社会情爱关系之研究，企图通过传统中国人的情爱生活视角，研究华夏族人的文化心理和诗性精神，著成《诗性风月——中国古典文学中的情爱》一书。传统中国人的情爱生活中有浓厚的诗性精神，传统中国人的诗学理想有明显的女性化特征，于是性别诗学又进入到我的学术视野，因而有了《中国古代性别与诗学研究》一书。再进一步，因对中国古代诗学之研究，古代诗学之古典美与现代性问题引起我的关注，于是就有了《温柔敦厚：中国古典诗学理想》一书。此研究阵地，将来可能发生的延展，目前尚难预料。

二是汉晋文化与文学研究领域。我在 2000 年前后有近三年的时间，着力于从汉末魏晋时期知识界普遍流行的尚通意趣之视角，对汉晋八百年间学术文化思潮之变迁，作通盘的诠释，撰成《汉晋文化思潮变迁研究——以尚通意趣为中心》一书，以为"魏晋之学始于汉末"，提出"尚通意趣是汉晋间学风、士风、文风转移之关键"的新说。因为讨论汉晋文化思潮之变迁，注意到扬雄在其中所起到的关键作用，故撰成《扬雄与六朝之学》一书，深化或部分修正了"魏晋之学始于汉末"的观点，提出"六朝之学始于扬雄"的新说。

　　三是以贵州地域文化为中心的研究阵地。作为一位贵州本土学者，关注和研究本土地域文化，是责任和担当，亦是情理中事。我用了近三年的时间从贵州古近代地方文献中辑录文学理论资料，进行分类整理和诠释研究，著成《贵州古近代文学理论辑释》一书。因此项工作而涉猎较多的地方文献，在偶然情况下发现一批数量可观且自成体系的民间契约文书，于是又有近两年时间投入到契约文书的整理工作中，著成《道真契约文书汇编》一书。为了构建黔学学术体系，黔学文献的搜集整理成为我特别关注的问题。因此，我用了近两年的时间点校整理严修《蟫香馆使黔日记》，还持续主编"中国乌江流域民国档案丛刊""贵州古近代名人日记丛刊""中国西南布依族抄本文献丛刊"等大型地域文献。因为辑释贵州古近代文学理论资料，从地域角度思考文学的生产和传播，文学地理学研究进入我的学术视野，于是又有近两年的时间投入到边省地域对文学生产和传播的影响研究中，著成《边省地域与文学生产——文学地理学视野下的黔中古近代文学生产和传播研究》一书。因为力图集贵州文化、贵州精神和贵州形象三位一体建构当代贵州精神文化体系，于是关于贵州地域文化精神、贵州地域文化形象等课题进入我的学术视野，因此著成《贵州地域文化精神研究》和《贵州地域形象史研究》二书。如果说前两个阵地主要还是基于个人的学术兴趣，那末在这个阵地上的耕耘，除了学术兴趣外，还有基于重建乡邦文化的社会责任和学术担当。

以问题意识推动学术创新，以问题研究构建学术生命。追求学术高度与研究深度的统一，偏爱既有高度又有深度的学术研究。认真经营几个学术阵地，以一两个学术问题为中心向周边延展。以上三点，是我过去二十余年的学术追求，亦是我今后的学术理想。

六

在过去的学术经历中，我养成的一个习惯，就是每隔一段时间要做一次学术总结和研究规划。回顾过去的研究，分析其得与失；检点当下的工作，清理研究进展和思考问题；谋划未来的工作，规划读书方向和研究课题。总之，力图使自己的研究工作有目的地进行，有计划地开展。

回顾过去二十余年的学术经历，我的学术研究主要是打阵地战，侧重在上述三个阵地上工作。因为在学术研究上主张打阵地战，未来的学术规划，是接着做还是另起炉灶？我主张接着做。如果另起炉灶，重新开辟一个新阵地，则将面临诸多问题：一是知识储备不足，白手起家，做起来将会捉襟见肘，无法得心应手；二是我依然还对上述三个阵地保持着高度的兴趣，以为还有足够的空间可以耕耘；三是人到中年，精力有限，不想阵地过多，战线太长，只想在这三个阵地上持续耕耘下去。

首先，基于"正统论"研究建构起来的学术阵地，其延展之方向和结果，已经大大超出我最初的预料。从注目于中国古代政治权力合法性理论的研究（《正统论——发现东方政治智慧》），延展到探讨传统中国社会的民间秩序和人际伦理（《传统人伦关系的现代诠释》）；因不满足于当下人伦关系之研究对两性情爱关系的普遍忽略，而专题探讨传统中国语境中的两性情爱关系（《诗性风月——中国古典文学中的情爱》）；因对两性情爱关系之诗性特征的重视，而延伸到性别诗学之研究（《中国古代性别与诗学研究》）；因性别诗学研究之延展，而对中国古代诗学之古典美与现代性发生兴趣，于是又有关于中国古典诗学之理想品格的研究（《温柔敦厚：中国古典诗学理想》）。这是学术理路上的自然延伸和学术兴趣上的自然拓展，但是，从权力合法性理论之研究扩展到中国古典诗学之探讨，这是我最初没有预料到的。

从目前个人的学术兴趣来看，此学术阵地仍将沿着中国古代诗学方向继续延展，一些相关的新课题，渐次进入我的学术视野，成为我当下特别关注、近期可能开展的研究课题。一是"想象的诗学——传统中国语境中的孤独诗学研究"。关注孤独诗学研究，始于2012年年初阅读台湾学者蒋勋先生的《孤独六讲》，比较详细的研究方案在2012年6月就已经写出来了。在孤独中想象，因孤独而回忆。孤独中的人，最擅想象，最喜回忆。孤独诗学的研究，实际上包括想象诗学和回忆诗学两个方面。这是一个有趣的学术课题，遗憾的是在很长一段时间都腾不出手来做。二是文学伦理学研究。十多年前，我便对文学伦理问题发生兴趣，试图以"传统中国语境中的文学伦理问题研究"为题开展专题研究，研究工作虽然没有实质性地开展起来，但基本构想已大体形成，研究思路亦比较明晰，问题清单已大体列出。基于文学创作者、文学题材、文学风格、文学欣赏、文学功能这五个层面建构一门文学伦理学，并以中国古代文学为例，开展传统中国语境中的文学伦理问题研究，是我当下特别想做的课题。

其次，在汉晋文化与文学研究阵地上，探讨汉晋文化思潮变迁发展之"内在理路",提出"魏晋之学始于汉末",起于汉末魏晋之尚通意趣(《汉晋文化思潮变迁研究——以尚通意趣为中心》)。据此延展开来,进一步探讨在尚通意趣之影响下,扬雄在汉晋文化思潮变迁中的关键作用,提出"六朝之学始于两汉之际,始于扬雄"的观点(《扬雄与六朝之学》)。这是学术研究向纵深发展的必然结果。

就目前的情况看,此学术阵地的拓展,以下两项课题引起我的极大兴趣。一是"两汉之际政治与文化的综合研究"。因深入研究扬雄的学术思想和文学创作的创新意义,注意到两汉之际,扬雄在思想和文学上的革新、刘歆在学术上的变革和王莽在政治上的改革,实为同一历史文化背景下的时代性大变革。因此,在"六朝之学始于扬雄"这个观点之基础上,"两汉之际政治与文化的综合研究"进入我的学术视野。该课题意在通过两汉之际政治、文化、学术、思想和文学的综合研究,揭示两汉之际在中国文化史上的重大转折意义,以为"两汉之际"实可与"殷周之际""唐宋之际"并列为中国古代历史上的重大转折时刻。二是"顾随诗学研究"。在对扬雄文学深入研究的过程中,我注意到扬雄在中国古代文学古典美之建构上的重要意义,由此而思考中国古代文学古典美之建构、解构与重构问题,认为中国古代文学之古典美建构于扬雄、理论阐释于刘勰、解构于韩愈、重构于顾随,于是"顾随诗学研究"课题进入到我的学术视野。发现顾随在中国诗学史上的价值,对顾随以诗心和诗情为核心的"情操诗学"理论进行初步探讨,以为其是中国晚清民国时期最具系统性和原创性的诗歌理论建构者,其"情操诗学"理论就是对沦落了千余年的中国古典诗学理想品格的重构或再造。

第三,在地域学研究阵地上,从辑释贵州古近代文学理论资料开始(《贵州古近代文学理论辑释》),逐渐侧重贵州地域文献资料的搜集和整理，于是便有对契约文书的关注（《道真契约文书汇编》），对日记文献的重视（《蟫香馆使黔日记》），对档案文献的偏爱（《中国乌江流域民国档案丛刊·沿河卷》），对民族文献的珍视（"中国西南布依族抄本文献丛刊"）等等。因辑释贵州古近代文学理论资料，从地域角度思考文学的生产和传播，文学地理学研究进入我的学术视野，于是便有对边省地域于文学生产和传播之影响的研究（《边省地域与文学生产——文学地理学视野下的黔中古近代文学生产和传播研究》）。因搜集和整理贵州地域文献资料，研究贵州地域文学和区域文化，构建具有特色的中国地域之学——黔学，就成为我在相当长一段时期特别关注的问题，于是便有关于贵州地域文化精神的研究（《贵州地域文化精神研究》），再有关于贵州地域形象的研究（《贵州地域形象史研究》）。

地域文化与文学的研究空间相当广阔，在贵州区域文化与地方文学这个学术阵地上要做的事情还很多。目前重点关注以下几项课题：一是地域文献的搜集整理，比如"中国乌江流域民国档案丛刊""贵州古近代名人日记丛刊""中国西南布依族抄本文献丛刊"等大型地域文献的搜集、整理和出版，还得持续下去。"中国西南苗疆走廊稀见文献资料丛刊""中国清水江、都柳江、盘江流域民国档案丛刊"等大型地域文献的搜集和整理，正在筹划中。二是黔学学术体系和学术品牌的营建，尚需进一步努力，一部名为"黔学十论"的著作正在谋划之中，重点解决"黔学"何以成为学，"黔学"能否成为学，"黔学"的学术体系和理论架构等基础性问题。三是有关贵州地域文化的几项专题研究，如"南明王朝与明清之际贵州社会格局和士人心态研究""苗族的历史记忆与文化心性——基于蚩尤传说的研究""山地爱情——贵州山地民族的爱情文化解读""晚清诗学大背景下的郑珍诗学研究"

等，亦渐次进入我的学术视野，成为我近期可能开展的研究课题。

如前所说，人到中年，精力有限，不想阵地过多，战线太长，主要还是打算在原有的几个学术阵地上持续耕耘。但是，基于当下我从事的文化和旅游工作，文化旅游课题应该亦必须成为我今后重点关注的对象。目前这方面的具体研究计划尚未形成，但是，诸如基于乡土文化的中国乡村旅游研究、贵州山地旅游文化品格之构建研究、贵州人文景观之文化构成与地域分布研究、基于文化线路的古苗疆走廊的人文资源和旅游价值的研究等课题，亦渐次进入我的学术视野，成为我今后学术工作的一个重要组成部分。

汪文学

二〇一八年五月二十日于贵阳花溪